雪珥—中国改革史系列

国 运 1909

晚清帝国的改革突围

雪珥 ——————————————————————— 著

中国青年出版社

改革面对的是没有"剧透"的历史

——改革的逻辑、改革的对象与改革的边界——

皮钧

任何改革都是有逻辑、有对象，也是有边界的。但兹事体大，旁观者难以看清，非躬身入局者，不可察也！

中国史书汗牛充栋，保留了相当珍贵的文献。但从实践角度来看，可以"文人史"与"现实史"划分之。

"文人史"很像今天的网络文章，多为借史抒怀，虽不乏文彩灿然者，却往往隔靴搔痒，见表不见里，疑伪亦疑真，难以直指历史本来面目：为尊者讳，不过是为胜者旌名，但于历史之规律，往往淹没其中。即使是孔子的春秋笔法，"笔则笔、削则削"，也只能说是春秋时代发生的事情，与孔子的道德观有出入而已，但与春秋时代的社会变革本身并没有太多的直接内在联系。此种叙史方式占了中国史书的90％以上。后人读之，莫名其理；但美过往，无益将来。所谓尽信书，不如无书，指的就是这类史书。

"现实史"之所以难写，一方面是关键文献不足，特别是涉及到最高决策层的东西，大家都讳莫如深，导致很多重大历史事件在史书中成了"神话"，无头无尾、无因无果。另一方面是作者见识不足，不能对那些在历史上起到决定性作用的伟大人物所面临的形势进行"归位思考"，特别是在重要转折时期，当时人、当时事的独到眼光与判断，不一定都和盘托出。后人必须从史迹中找出其基本逻辑和本源思考，并还原到历史场景中去，才能看清本真。否则后人无法从历史中汲取有价值的经验与教训。这就需要绝大的现实眼光与时代眼光（注意：不是历史眼光，看了剧透的人是没有资格评论历史的）。这也就是为什么凯撒的《高卢战记》、丘吉尔的《第二次世界大战回忆录》能够成为真正不朽的历史巨著的原因。毛泽东同志的《论持久战》既是一篇光辉的哲学文献，又是一篇光辉的历史文献，其意同也。

"改革史"尤其如此。

本书的作者雪珥先生曾先后在政治领域、经济领域和文化领域工作，又恰逢改革开放之伟大时代，亲历了许多事件，并与诸多决策者保持了良好的互动，加之本人酷爱历史，中英文俱佳，又练就一支妙笔，故而能从纷繁复杂的历史资料中挑出"改革史"这一特殊题材，生成经世致用之佳作。

改革的逻辑

改革都是为了解决具体问题而进行的——改革往往不是结果导向，而是问题导向——没有问题谁改革啊？！

找出改革的出发点和根本原因，才是改革史研究的历史使命，而不是仅仅看结果。从中国历史上看，改革者往往都是以悲剧人物收场。在中国这样一个"成王败寇"文化盛行的场景下，没有几个人愿意认真研究改革者尤其是那些"失败"了的改革者。而历史规律往往提醒我们，要学会在前人停止的地方再出发，而不是重新发明"轮子"。

雪珥先生的改革史恰恰遵循了这一点：《国运 1909》《辛亥：计划外革命》等，都是按照这个逻辑展开的。不仅详述了当时的史实，更重要的是认真考察了改革的推动者即当事人的思考与行动。很多结论都值得深思：如清末的宪政并未改变中央集权的模式，反而是"集权者的尺码从 XXL 换成了地方无数小 S 号"。这个一百多年前改革者面临的中央和地方的关系问题，在毛泽东同志的《论十大关系》中又认真提出，只能说明需要改革的问题并没有在百年前的革命中解决，甚至，很多问题不是革命能够解决的。

因此，改革的落脚点一定是问题，离开问题的改革都是臆想。

改革的对象

改革的对象既不是敌人，也不是朋友，而是"筹码阶层"。

古往今来，人们往往把改革的阻力笼统归于体制因素或是既得利益集团，既不准确，也不科学。因为这样模糊的表达，恰恰说明我们缺乏这方面的知识——有些以壮士断腕的决心改革的人，往往断的是毛发！改革的对象不是孤立的东西，不是虚幻的概念，而是存在于各个领域，是一些与我们有着千丝万缕联系的活生生的人——任何离开人的研究都是歧途。

事实上，改革的对象，是"筹码阶层"。

所谓"筹码阶层"，就是这样一群人：除了被施舍或者占有，他们没有能力生产出自己赖以生存和发展的条件，他们认为自己是一种"筹码"，可以通过讨价还价任意"卖出"自己。他们不是普通的懒汉——懒汉只是好吃懒做，而他们崇尚投机取巧，并且把满足私欲的一切行为也冠以"劳动"这样显贵的名号；他们也不是普通的搭便车的人——搭便车的人只是在占便宜，而他们却千方百计让别人付出改革的成本，自己获取改革的利润。他们没有自己的目标和追求，只是看人下注、因人成事。他们不是发展的动力，却自认为是成功的筹码，甚至还要独占胜利的荣光。本质上他们是一个"不劳而获"的阶层，但平时在人群中却不易被识别和区分，甚至很多事业被葬送的时候，还难以被人察觉。这才是真正的危险之处！

"筹码阶层"存在于政治、经济、文化、社会诸多领域，是创新的最大敌人，是现代化发展的严重障碍，也是懒政怠政的主要人群。他们是个人私欲的奴隶，却要摆出历史主人的派头；没有为历史开道的能力，却要享受创造历史的荣光。其实，古代杰出的政治家对此早有深刻洞察。范雎在其著名的《献秦昭王书》中就深刻指出："善厚家者取之于国，善厚国者取之于诸侯。天下有明主，则诸侯不得擅厚者，何也？为其割荣也。"所以昭王罢黜尸位素餐的穰侯而起用一代名相范雎后，史载"昭王得范雎，强公室，杜私门，蚕食诸侯，使秦成帝业"。如果不能在改革中摆脱"筹码阶层"的束缚，任何政治进步所赢得的民心都将被挥霍殆尽。

我们在雪珥先生的书里可以清晰地看到这个"阶层"的种种嘴脸。今天所遇到的官僚体制、政商关系、社会板结、文化虚无、奢侈浪费，都能够在百年前清末的改革中看到重重迷影。

但是，理有固然，势无必至。历经百年的变革，也并没有取得对这个阶层改革的实效。

改革的边界

改革是有边界的——底线就是避免"始变终乱"，从而引发革命。

改革的目的是为了"存续"，而革命的目的是为了"颠覆"。二者的目标和手段完全不同。因为"改坏了的改革"而引发革命，这在历史上不在少数。但此中得失是不能在革命中寻找的，只能在改革中寻找。因为革命者并不关心改革者关心的问题，二者立场大相径庭。旧王朝的解体和旧体制的崩塌，并不必然带来问题的解决，甚至可能以新的方式在新体制中继续存在。

改革如马拉松，往往需要经过多年的实践，才能够看清其本质。好在中国的历史足够悠久，后人可以跨三代研究（正反合）。如宋代研究唐朝灭亡的原因，认为"安史之乱"是唐朝衰败的根源，由此把改革的矛头直指"节度使"制度，从而形成"抬文抑武"的体制。结果宋朝倒没有亡于内乱，但因这种"羸弱"的体制使得国力如纸，最终竟亡于外患。后人不一定都能看清前朝的问题，真实原因往往并不那么显而易见！

雪珥先生的改革史之所以具有极为强烈的现实意义，即在于尝试厘清上述问题。

从更为广阔的历史视角看，我们今天所做的工作，也是1840年以来中国社会现代化大转折的组成部分。孙中山领导的辛亥革命虽然推翻了帝制，但没有找到复兴的道路，却引发了几十年的军阀混战。是中国共产党理顺了清末改革者与革命者留下的烂摊子——从这个意义上讲，新中国面临的问题，是现代性大转折的组成部分，很多问题，其实在清末就已经显现。我们现在要解的诸多难题，甚至可以说与百年前是同一套"试卷"，只不过当时很多题目还没有来得及作答。

近代史离今人很近，从情感和认识上更易引起共鸣，殷鉴不远，其意可追。同时，我们也看到，现在的国内外局势和经济社会发展又形成了许多新的特点，"将改革进行到底"的难度可想而知。

总之，中国是一个改革大国，"文明早起、政治早熟"，有着极为丰富的改革实践，这是世界上任何一个国家和民族所不能比拟的。加之改革往往与改革者的情怀、命运环环相扣，与国家的盛衰兴亡紧密相连，因此成为中国文化中的独有的道统与意象。加之改革样本丰富，所有的探索对当下的国家治理能力与治理体系现代化，都是有极大帮助的。

真正的改革者从来都承认创造的当代性和主动性，并把历史看作一代又一代人接续奋斗的创造性劳动的历史。真正的改革者也正是在这种实践中克服了狭隘的、地域的意识，而成为具有世界和历史意识的自觉的人。后人完全可以在前人思考与实践停止的地方继续探索——这是我们出版这套改革史的"初心"。

2017 年 7 月 1 日晨于京华三生楼

珍惜改革，珍惜改革者

雪珥

1

曾有一位颇具影响力的政坛老前辈，在聊天时问了我一个问题："你的研究与写作，有影射吗？"

我几乎不假思索就回答："当然有影射。没有影射，我就不写了。"

前辈一愣，他大约没有想到有人会痛快承认影射，毕竟大多数人对此是只做不说、甚至只做不认。

我解释说："我觉得，历史研究的作用就是资治通鉴，要服务于当下的。我的研究向来是'问题导向'，带着针对性做问题研究。我的'影射'，在于确定问题的所在，并非结论先行，结论应该根据史料来判断。这样的'影射'，才是资治通鉴。"

我再补充："我的研究，尤其是传播，将受众确定为政商两界的精英，影响有影响力的人。这些精英都是行过万里路、读过万卷书的，那种结论先行的'影射'，绝无可能赢得他们的丝毫关注。我的所谓的'影射'，无非就是确定贴近现实的研究课题。"

前辈听了，若有所思。

2

研究改革史，对我来说，一度仅仅是个人爱好而已。

初衷其实很简单：走出校园后，我的生活轨迹完全是在政、商两界从事各种实务，见证、参与了如火如荼的改革实践，亲历了不少风雨雷电，亦因此养成了闲暇之余试图跳出事外琢磨改革逻辑的习惯。大约是长期从事实操的关系，我相当厌烦那种跳跃式的、缺乏行为逻辑链条的空头讲章，总是思考：既然历史如同涓涓长河，改朝换代的"抽刀"究竟能有多少"断水"功效？以"砸烂一个旧世界"为基本手段，真能如愿"建设一个新世界"吗？我总觉得，在长达一个半世纪的中国现代化进程中，除了那些政治挂帅的宏大叙述之外，应该存在着更多的"技术操盘"细节，记载了前人的思考、探索，对当下更具有"资治通鉴"的意义。

带着这样的初衷，从"技术操盘"入手，我开始了这个最初完全自娱的探究。后来所发生的一切，完全出乎我的意料：

没想到自己的博客能有这么多"粉丝"；

没想到知名的老牌出版社会主动联络出书；

没想到多位"中堂大人"们能多方力荐；

没想到商学院 EMBA 的企业家学员们能如此喜欢改革史课程……

我发现，关注中国现代化进程"技术操盘"的人，并不在少数，尤其在政商两界精英中非常普遍。这些当家人、挑担者，在经历了错综复杂的实践后，最深的体验就是办事之难绝非坐在象牙塔内冥想那么简便、那么轻佻。

中国改革进展至今，堪称已登上"三千年未有之大变局"之巅，既有的各种理论都显出了疲态，而静下心来在前人的改革探索中披沙沥金，或许是个更为可行的"笨"办法。这大约就是近年对晚清改革的研究突然成为显学的关键动力，我为自己无意间在其中扮演了推手角色颇感自豪。

这些年来，媒体给我安了不少头衔，基本集中在"历史"领域。而在我自己看来，我研究的就是公共管理，无非更多的是从历史维度来入手。这些年，无论是周游列国，还是在国内探亲访友，我打交道最多的，依然是政界、商界人士，听他们谈最为鲜活的当地政经情况。在我看来，这不仅是"接地气"，也是"接天线"。这种习惯，一方面是我自己的人生阅历及既有朋友圈的惯性，另一方面也是因为政、商两界是我的主要研究对象及主要受众群体。

精力有限，我给自己的研究定位了一个基本传播路径：影响有影响力的人。其中一个主要渠道，就是在一些顶尖商学院开设EMBA课程或EDP课程，讲授中国改革史或政商关系演变史。商学院学员无疑是中国社会的精英，至少是成功人士。商学院的课堂亦是竞争最为严酷的：不仅教授要给学员们打分，学员们也给教授打分，优胜劣汰，任何的忽悠都会被无情地碾碎，这给了教授者巨大的压力。学员们不仅事业有成，有丰富的实践经验，其中大多数人读书之广、思考之深，亦已超过不少教授。

在这样的课堂上，靠发牢骚、靠做作的批判根本难以立足，解决问题，至少直面问题、解答问题，是必须具备的能力。我曾经应邀在某商学院为一位著名法学家的跨班级讲座充当点评嘉宾。这是我十分钦佩和敬仰的一位大家，我也基本认可他对中国现实的诸多批判，但我在点评时，也毫不客气地指出：与"看到问题"相比，更难的是"解决问题"；与充当批判者、旁观者相比，更难的是做实践者、挑担者；与扮演"思想家""哲学家"相比，更难的是扮演"工程师"；处于转型期的中国，最好是少些云里雾里的"坐而论道"，多一些脚踏实地的"起而行之"。值得欣慰的是，这位大家及听课的大多数学员们，都认同我的意见。

这些年我最为自豪的是，在诸多商学院里，我多是最受欢迎的教师之一。

3

从"技术操盘"入手研究中国改革史，"问题导向"是必需的。

对我最有影响力的"问题导向"，首先是：中国近代国运之衰，真是因为"闭关锁国"吗？

"闭关锁国"，俨然是国人对近代史的基本认知前提，并由此衍生出国人对近代史的"两蛋"批评：不是"笨蛋"（愚昧），就是"坏蛋"（反动）。国史上主动的"闭关锁国"，主要在于明清两朝。明朝的海禁，始于洪武四年（1371）朱元璋下达"片板不得入海"的政策，到隆庆元年（1567）"开海禁，准贩东西二洋"，实行"隆庆开关"，实施了近200年。清初的海禁，始于顺治十二年（1655）"无许片帆入海，违者立置重典"，终于康熙二十三年（1684）设立闽粤江浙4个海关，为期29年。两者合计约230年，此后直到1949年，再无主动的闭关海禁政策。

无论明清，中国在世界经济中都扮演了重要的角色，成为那一轮全球经济一体化的重要参与者。清朝中叶，对华贸易成为英国东印度公司90%以上利润的来源；在沙俄全国对外贸易中，对华贸易占比达到了7.3%~8.3%，关税占比高达20.4%~38.5%；争夺毛皮这一中国进口的大宗商品市场，也成为列强在北美殖民地进行博弈的主要经济动力……外贸为清帝国带来了巨额白银，根据美国汉学家、大清国海关高级干部马（H.B.Morse）在《中华帝国对外关系史》中估算，从1700—1830年的130年内，仅广州一个口岸流入白银总数在9千万到1亿镑，折合3.6~4亿银元。中国因素成为影响国际经济并进而影响国际政治的重要砝码，清帝国已经深深地嵌入了全球商业运行的齿轮之中。

鸦片战争前的中国，既不闭关也不锁国，如此一来，那么最值得我们思考的"技术"问题就是：造成中国近代悲剧的问题究竟是什么？

对我影响较大的第二个"问题导向"是：中国近代的第一轮经济改革，真是毁于"官督商办"吗？

在这轮被普遍称为"洋务运动"的改革中，"官督商办"是主要的形式，受到当代很多学者的猛批。但是，我们却忽略了两个基本事实：

第一，"官督商办"在当时对中国的经济发展起到了相当大的推动作用。中国资本主义起步时存在两个很大的问题，资本稀缺和平台稀缺。资本稀缺，表现为资本少而散，投资工商业意愿低。平台稀缺，表现为投融资平台和信用交易平台的稀缺。在当时的情况下，只有政府才能弥补这两个缺失。权力首先起到了信贷的功能，财政直接投资、或者间接提供担保；其次搭建了投融资平台和信用交易平台，一定程度上弥补了社会信用和社会信任不足的问题。细细分析投资数据可以发现，无论轮船招商局，还是上海电报局、漠河金矿、开平煤矿等，第一轮改革开放的大多数企业，都是靠财政的投入才得以诞生、得以维持。针对如此大规模的财政投入，实行"官督"无疑是监管的基本需求。

资本之外，当时的政府亦给企业提供"专利"，即一定时空内的市场垄断"专享利益"，以扶持企业发展；同时亦为企业家提供体制内的政治身份，即官职，以利于其在官本位的社会里与官场、民间打交道之用。

总之，"官督商办"是当时条件下的混合所有制实践。在其初期，权力对资本的扶持作用相当显著，甚至可以说，如果没有权力的扶持，中国的资本主义是无法起步的。但是，权力与资本的这种关系，也带来了相当多的弊端，这种混合所有制形式，先天就带着强烈的病毒性。比如，权力作为重要的生产要素投入之后，令资本市场的发育受到极大的影响，而资本市场本来是可以作为投资者用脚投票的主要杠杆的。官督商办的混合所有制企业，虽然也能上市，但几乎所有股票都是记名制的，转让成本十分高昂。同时，权力的过度介入，令这些企业在股票市场上出现了严重的投机化倾向和内幕交易现象，企业的信息透明度极低，暗箱操作居多。如此依赖，企业的"外部治理"机制难以建立。

第二，在忽略"官督商办"的实际价值之外，我们更忽略了：与中国同时起步的日本改革，实行的也是"官督商办"，并持续半个多世纪，政府主导作用也很强，为什么从结果来看他们比我们做得好？问题不在于是否需要政府发挥作用，而是是否规范、以及如何规范政府与市场的边界。

日本比我们更早地通过法治建设，更早明确了权力与资本的边界，而我们在晚清的整个第一轮改革甚至直到当下，都是模糊的。在模糊状态下，企业固然享受了没有边界的扶持，但也承担了没有边界的干扰，"大爱"无边的时候，"大害"也是无边的。在这种状况下，企业家既是受益者，也是受害者；政府也同样既是受益者，也是受害者；而归根到底，在缺乏规则、边界的丛林状况下，无论企业和政府、资本与权力，到最后都是受害者，没有受益者。

晚清这一轮改革的最大问题，就是在于萝卜快了不洗泥，在应该建立规则、可以建立规则的时候、地方，没有建立规则，在可以把水澄清的时候没有去澄清，最终，潜规则取代了显规则，浑水取代了清水，时间一长，无论是政府还是企业，都习惯了潜规则，习惯了在浑水中游泳，乃至后世对此更形成路径依赖，导致中国的政商关系长期地陷在潜规则的浑水泥沼中无法自拔。

4

中国当下的这一轮现代化进程，我认为至少可以溯源到一个半世纪之前。一个半世纪以来，我们总是有意无意地强调中国、尤其是中国所存在的问题的特殊性，而容易忽略在现代化进程中的许多问题或许具有超越国界的共同性。

我认为，造成这种错觉的重要原因之一，是我们的近现代史研究，不仅长期忽略对各种经济数据的搜集与分析，更忽略全球一体化背景下中外交流互动的各种细节分析。

其实，中国在改革转型中出现的各种问题，从腐败到环境污染，在其他任何国家的现代化转型中，尤其美国，都出现过，一个不拉。这些发达国家花费了数十年甚至上百年的时间，才通过不断的制度改进对其进行修补裱糊，这正是"国家治理能力与治理体系现代化"的题中应有之意，也是对耐心与韧性有更高要求的活儿。可以肯定的是，任何推倒重来、砸烂重来，不仅不能解决实际的问题，而且容易将问题暂时掩藏起来、延宕下去，最终往往憋出更大的脓包。

当今改革开放三十多年来，我们已经普遍接受企业管理是一门技术，却并未接受国家治理也是如此。当国家治理需要改进、完善的时候，我们往往不爱研究技术细节，而习惯去怪罪或期许一个虚幻的"主义"。很多年前，胡适先生说过"多研究些问题，少谈些主义"，引起过很多争议，但是，我们应当承认：任何"主义"的推行都必须根基于诸多"问题"的解决，或者说，"主义"确定之后，"问题"就成为实践"主义"、实现"主义"的关键。

改革者的艰难，就在于他在努力解决"问题"的时候，却往往要遭遇别人手持"主义"棍棒的质疑乃至打击，并且，这种质疑与打击同时来自左右两个方向。古今中外的改革者，往往是"虽万千人吾往矣"的孤独者，不是他们天性孤僻，而是改革必然会触及诸多利益群体。手段强硬的改革者，尽管其改革成效"利国利君利民"，却往往因"不利官"而难以善终，被视为"独夫官贼"。自商鞅以降，改革者的悲歌史不绝书。

当然，改革者中也不乏身段柔软者。其或在推动改革的时候，和光同尘、与时俱进，拥抱"海心"、拒绝"地命"，跻身先富起来的人的行列，比如范蠡、比如盛宣怀；其或毕生谨小慎微，忧谗畏讥，比如诸葛孔明、比如恭亲王。无论改革者的下场是哪一类，他们的孤独必定是相同的。

5

对于改革史的研究与写作，我自己当然有一个较宏观、也较宏大的"顶层设计"。不过，在自己的精力、能力都尚不足以支撑修房建屋之前，我必须、也只能在"技术操作"层面上选择每天烧制一块砖、一片瓦，用最为老实、最为笨拙的方式进行积累。因此，迄今我的改革史系列著作，大多都是先在报纸上以专栏形式连载，而后结集修订出版。这些书，依然是砖瓦材料而已，错漏之处不少，留待今后更有精力、能力的时候，再重新搭建，看看此生是否有望盖起理想中的那间房。

自第一本书出版至今，倏忽十年了。多本书的初版版权早已到期，未再加印，二手市场上居然能"炒"到数百元一本，这在当今图书市场大约也算异数。我自己认为，其中原因一是在于"影响有影响力的人"的定位所致；二是因为聚焦近现代改革史的"有效供给"依然严重短缺。

感谢中国青年出版社给我一个机会，将拙著集中作为一个系列修订再版；感谢皮钧社长在百忙之中拨冗亲撰导言；感谢责编、设计师以及发行各部门的通力合作；感谢许多许多朋友们为此付出的一切。

1987 年，我跨进中国青年政治学院的大门时，刚满 17 岁。那时绝对没想到，毕生将与中国的政治难分难舍。本书即将付梓时，恰逢我入都 30 周年纪念，填了一首七律感怀：

少年簪花把吴钩，

意气风高百尺楼。

无路请缨等长风，

有怀投笔觅封侯。

紫竹院外难策马，

昆玉河畔不栖鸥。

江山应在今朝醉，

诗酒且留后人愁。

草于悉尼—北京—华盛顿历次旅途，
改定于 2017 年 7 月 23 日，悉尼北石斋

目 录

沉没的大多数

一个美丽而多金的女子，焦急地站在河边，面对湍急的河水问道："今晚要过河（huo），哪个来背我吗？"

黑暗中，响起了无数的声音："还不是我来背你嘛！"

夜色如墨，掩盖了这些人的真正面容。

这个美丽而多金的女子，名叫"中华"，她将开始一段怎样的暗夜行程？……

中国近代改革史，或许就是一部"石头记"，一部有关一个民族摸着石头哆哆嗦嗦过河的记录。

过河的方法无非有三：架桥、造船、泅水。

架桥、造船难度大、见效慢，而且，主事者不仅需要高瞻远瞩（站得高才能看得远，看得远才能想得周到），也需要文韬武略（既能喊得出动听的口号，也能拿得出扎实的技术功夫），更需要虚怀若谷（架桥、造船等于开创新路，桥通路成之日或许也该是自己自觉或者被迫归隐山林之时）。尤其关键的是，架桥、造船需要分工协作、精诚团结，少争论或不争论。

傻子都能看出，这么多的条件制约，对于这个民族而言，简直是苛求。于是，大家只好纵身入水，哆哆嗦嗦地过河。好在，河里本还有些石头，可以摸着当作路标、踩着当作台阶。

1909 年，水越来越深、越来越急，石头却越来越少、越来越小，时不时地需要潜到水下才能摸着。

石头摸多了，一部分人摸出了门道、摸出了经验：他们不再在乎石头的有无、大小，而是靠石吃石、靠摸吃摸，摸石头成为他们先富起来的路标、先贵起来的台阶。作为最为精通水性的浪里白条，他们甚至发展成为大白鲨，用他们的巨尾扫去他人好不容易踩着的石头，落水的人越多，他们的食物来源就越充足。

也有一部分人，大声地宣称自己就是大救星，手握终极真理，可以实现民族复兴、人类解放，摸着石头过河实在是天下最愚蠢的办法，他们甚至不需要架桥、造船，就能飞跃天堑，条件就是，无条件地爱戴他们、服从他们、追随他们，因为只有他们才是如此伟大、光辉和正确。这些人不断地涌现、不断地试图飞跃，然后不断地从半空中重重地摔落河中。最后他们只是拍拍屁股爬起来，向着淹溺在水中的大多数，一笑了之：就当缴学费了嘛！

更多的人，随大溜儿瞎摸，石头没摸着，更没踩稳，摸到的是满手的荆棘，甚至摸到了鲨鱼的门牙。作为沉默的大多数，他们也不幸成为沉没的大多数，他们的躯体，成为新造的石头，而踩着他们前进的人，则俨然成了弄潮儿……

雪珥

记于 2010 年 11 月悉尼—北京—重庆—上海途中

第一章
金銮殿上
新来的年轻人

1909 年，苍茫暮色里有了新颜色，大清国核心领导层更改执政思路了。这是不得已的，必须找到新出路，时势和人心都要求如此——改革前所未有地成为全民的共识及主流话语体系的主旋律。在执掌朝政 40 余载的慈禧的身后，大清国突然遭遇一帮"80 后"的主政人，不乏眼界与想象力，大张旗鼓地动作起来。只是，欢庆的鞭炮声中含藏着许多仓促和局促，计划中的万象更新不禁有些迷离……

紫禁城的鸡叫

1909 年，大清国终于听到了久违的雄鸡报晓声。

一个叶赫那拉（慈禧太后）走了，另一个叶赫那拉（隆裕太后）来了，新的牝鸡继续司晨，但毕竟还有个摄政王，属于"叔嫂共和"，公鸡算是回到了久违的岗位上。

鸡公、鸡婆一起报晓，尽管有点怪异，却成为大清国末世的一大基本国情。"牝鸡司晨，惟家之索"，这对可怜的母鸡来说实在太苛责了。她在下蛋、孵蛋的本职外，还要挑起本不是她做的报晓任务，既当妈又当爹，却因此成为千夫所指的罪魁；任劳之外还得任怨，似乎家国的所有不幸都源于她的越位，而非公鸡的缺位或无能。

其实，但凡有点姿色的"牝鸡"，往往被历史当作推卸责任的借口，所谓一笑倾城，再笑倾国，男人们倒成了受害者。五代十国时的川妹子花蕊夫人对这样的混账逻辑很是愤然，留下一首麻辣诗篇："君王城头竖降旗，妾在深宫哪得知？十四万人齐解甲，宁无一人是男儿！"骂尽天下儿郎，痛快淋漓！

大清国两代叶赫那拉太后垂帘听政都受苛责：慈禧精干，被责专擅；隆裕无能，又被责窝囊。这仿佛说，她们如果中庸一些，大清就不至于倾覆。江山社稷都承载到了女人的肩膀上，似乎也忒脆弱了点儿，一国的大老爷们儿大概也只留下些指责女人的勇气了。

如果海选历史上的女性反面人物，慈禧太后应该是能进入前三甲的，甚至超过武则天。有关她的私生活不堪入目的八卦都被当作了信史，其实不少是中外抹黑宣传家们的创作，将武则天的小说故事安到了慈禧身上。而在政绩方面，慈禧太后与则天女皇无法相提并论。大清国但凡内政外交的失败，多被归咎到这个深宫里的寡妇身上，仿佛只要她不是那么昏庸、残暴、愚昧，大清国就还一定能屹立在世界的东方。

这样的逻辑是荒谬的。且不说一个能从"清风不识字，何故乱翻书"的无病呻吟中就能看出阶级斗争新动向的王朝怎么可能容忍一个淫乱、腐败的女人母仪天下，继而葬送帝国，即使慈禧太后果真如此五毒俱全，那些自以为是忠臣孝子的人又都做了些什么呢？

中国的政治运动最为娴熟的手腕之一，就是创造一个妖魔，以便他能将所有的责任都承担起来，如此一来，大多数人就可以安心地以为自己是好人了，可以轻装跑步进入灿烂的新时代。更何况，将前朝的一切妖魔化，不仅有利于完善自己的合法性，更有利于建立自己的伟大形象。武则天与慈禧太后的一个很大的不同就在于：前者的孙子更争气，整出了一个开元盛世的好局面，连带着那颇有争议的奶奶也大为争光；而后者的孙子却弄得江山"一会儿就完了"（溥仪登基大典上载沣哄儿子时急不择言的话，被当作亡国的征兆），自身尚且不保，老奶奶的历史评价就更顾不上了，最后连老奶奶的坟墓和遗体都被蹂躏和侮辱。

针对慈禧太后形象的大规模妖魔化运动，是在戊戌政变之后流亡海外的康有为、梁启超们挑起来的。历史考证已经发现，康圣人有关自己在改革中的地位是经过注水和拔高的。在真正的改革主导者们（所谓"军机四卿"，均被拉到菜市口砍头）死无对证、官方又对内情讳莫如深的信息不对称的情况下，康有为将自己成功地塑造成皇帝的忠诚战士和改革的第一旗手。光绪皇帝被无限神化的同时，慈禧太后也被无限妖魔化，营造出以帝后为代表的两条政治路线斗争的假面。康、梁将武则天的野史安到慈禧身上，塑造了一个"政治上反动、生活上淫荡"的妖后，迎合了西方大众无论在上半身还是下半身对中国的简单想象。

西方的耳目已经闭塞了。日本从甲午战争中获得的巨额红利令整个世界艳羡。英、法、德、意等国纷纷改变了自己的中国政策，将老资格、温和的"中国通"们调离驻北京公使的岗位，换上了清一色的非洲事务专家——他们最擅长的就是在地图上用直尺瓜分土地。大清总税务司、英国人赫德在评价英国新任驻华公使、原驻开罗总领事窦纳乐时，就感慨道，"此人对东方一无所知，其工作方法就是基于对付非洲黑人的经验"，这将破坏"我们多年来将中国人视为有文化和文明的民族的努力"。

当时最著名的驻华新闻记者，如《泰晤士报》的莫里循、濮兰德等，甚至根本不熟悉中文，而主要依仗品德上大有问题的英国人巴克斯提供扭曲的报道。莫里循本人所保留的一大批日记（现多收藏于澳大利亚悉尼），与其报道的内容完全不同。而濮兰德与巴克斯合作出版的畅销书《慈禧外传》（直译为"太后治下的中国"）及《清室外记》（直译为"北京宫廷的编年史和研究报告"），几乎完全基于想象与伪造，却被海内外史学界一致当作信史引用了数十年。巴克斯甚至绘声绘色地描写了他和慈禧太后之间奇异的性交往，居然都没有引起史学界的任何怀疑。

被史学界普遍接受了的一个荒唐故事，是所谓慈禧太后与光绪皇帝的母子对立。太后毕竟不是女皇，可以随时撤换太子；太后的权力是儿子做皇帝派生出来的，皮之不存，毛将焉附？在最充满猫腻的戊戌政变中，至今也没有任何直接证据能证明慈禧太后是反改革的。改革是利益的大调整，但正如8年后大清决定推进宪政改革前所分析的——改革利国、利君、利民，就是不利于官，这就需要相当的技巧和策略。甲午战争后积累起来的改革共识，被冒进的维新派们轻率地挥霍滥用，变法成为操切的大跃进，令最需要支持者的改革事业到处无谓树敌，成为孤家寡人。既得利

Le Petit Journal

Le Petit Journal **5** CENTIMES SUPPLÉMENT ILLUSTRÉ **5** CENTIMES ABONNEMENTS

DIMANCHE 29 NOVEMBRE 1908

LA MORT DES SOUVERAINS CHINOIS
Les corps de l'impératrice Tseu-Si et de l'empereur Kouang-Siu exposés dans le pavillon de la Longévité impériale

并排躺在棺木中的慈禧太后与光绪皇帝，

成了法国画报 1908 年 11 月 29 日的"封面人物"。

益者的反弹力度之大，甚至威胁到了皇位。太后出面喊停，实际上是母子分工、红脸白脸，将随时可能爆炸的局面缓和下来。而六君子便如当年的商鞅，脑袋被借当刹车使了。戊戌政变后，除了政治体制改革被喊停外，其他的改革措施基本都得到了继续推行。无论历时30年的洋务运动，还是此后更为深刻的宪政改革，慈禧太后都是以舵手的身份出现在政治舞台上，这是难以用"被迫""伪装"等词汇进行解释的。

只要我们不带偏见，就能发现：如果没有以慈禧太后为核心的决策层的明断和远见，清王朝就不可能从咸丰年那样深度的内忧外患中恢复过来，就不可能驾驭那些文武全才、个个堪为人杰的曾、左、李等能臣，就不可能有"同光中兴"，就不可能在甲午战争后国际国内的复杂局面中继续挺过17年的艰难岁月。

爱新觉罗家是幸运的，当自家的男人萎靡凋亡时，那个被他们剿灭的叶赫部落的女人，却在一个"女人被当作痰盂一样对待的帝国里"顶起了大半边的天。那无法考证的叶赫部咒语自然是无稽之谈：自同治开始，爱新觉罗家的皇帝都流淌着叶赫家的血液，早已是肝胆相照、荣辱与共了。

不管公鸡母鸡，能司晨的都是好鸡。问题是，大清国实在是睡得太久、太沉了，到了非风雨雷电无法唤醒的地步。鸡公鸡婆那微弱的报晓声，只是令大清国的拂晓更显得昏暗苍白，如同黄昏……

1909 年春天的故事

1909 年，那是一个春天，有一位年轻人开始在中南海边画圈。他很努力地在画，却总是画不圆，两年之后，这位年轻人为老大帝国画上了一个并不圆满的句号。

他叫爱新觉罗·载沣，大清国末代皇帝溥仪的生父，是摄政王，是世界上最大帝国的最后一任领导核心，时年 26 岁，正是"要让世界为我激荡"的花样年华。

1909 年，宣统元年，万象更新，大清国本是有着"让世界为我激荡"的机会。数月前，光绪皇帝与慈禧太后双双离世，结束了被外间揣测纷纷又令后世史家聚讼不已的莫须有的"帝后路线斗争"。尤其是慈禧太后这位"铁娘子"的去世，结束了近半个世纪的强人政治。大清国的子民们热泪滂沱，与其说是出于失去了领袖的悲痛，莫如说是对前途的迷茫和恐惧。

曾经的巨人俱已凋零：翁同龢早在 11 年前的戊戌年就被彻底打倒，在落寞中走完了人生；李鸿章则在 8 年前积劳成疾，死在工作岗位上，留下"秋风宝剑孤臣泪，落日旌旗大将坛"的凄凉自挽；硕果仅存的张之洞已被当作熊猫供养起来，将在这一年的秋天离世。刚过五旬大寿的袁世凯，尽管风头无两，但毕竟羽翼未丰，地位不稳。两宫的过世对袁世凯绝非利好消息：一方面，康、梁等在海外大肆渲染戊戌年老袁卖主，并无证据，却也众口铄金；另一方面，他在这几年的改革中大刀阔斧，勇于任事，得罪了太多的既得利益者，不少人很乐意看到他在政治上的倒台，甚至希望从肉体上将他完全、干净、彻底地消灭。在这最高领导人换届的非常时期，袁世凯所能做的，就是夹紧尾巴，多磕头、少说话，诚惶诚恐，战战兢兢。

在过去几十年来导引帝国的大小灯塔似乎都熄灭了。这时，只要谁能发出星火之光，就能划破迷茫的黑夜，成为新的方向。美国《纽约先驱论坛报》驻华记者、后来在中国创办著名《密勒氏评论报》（*The China Weekly Review*）的汤姆斯·密勒（Thomas F. Millard），在慈禧太后过世不久，就以敏锐的观察力在《纽约时报》上撰写整版的长篇政论文《中国的新课题及其意味》（*China's new course and its meaning*），认为两宫的去世"确实为一个新时代的启动打响了发令枪，开创了中华帝国这艘古老航船的另一条航线"。他对载沣赞誉有加："醇亲王是个年轻人，他成长的时代正处于现代思想在东方世界取得立足点之际，他通过自己的眼睛看到了西方世界，其心智和视野并没有因为紫禁城的城墙而受到限制。因此，他可以做到中国其他统治者所没有做到的事情，即立足于现代观点，以透视的目光，从与其他世界强国的对比中来认识自己的国家。"

载沣是可以成为这个伟大的舵手的：巨人离去，朝堂之上无论是极左还是极右的势力，都失却了有分量的大腕，少了很多掣肘，正是鸟飞鱼跃的好时机。载沣再窝囊，此时也足以睥睨群雄，大有可为了。

1909 年，大清国新一代领导核心继承的是一笔相当丰厚的政治遗产，即令抱定"萧规曹随不折腾"宗旨，也必可有一番新气象。

此时，改革已经前所未有地成为全民的共识及主流话语体系的主旋律。此前几年，在慈禧太后的亲自设计下，改革已经从经济、国防等"用"的层面深入到了政治体制这一最微妙、最敏感和最根本的"体"的层面，进入了深水区，"摸着石头过河"成了"踩着石头过河"，有的时候甚至要泅水而过，因为无石可踩。最艰难、最容易引起既得利益者反弹的，莫如干部体制改革（官制改革），也都在老太后的铁腕护航下基本完成。

这场由慈禧太后亲自领导的改革，同 19 世纪那场历时 30 年的"改革开放"（史称"洋务运动"或"自强运动"），从深度上和广度上都有着本质的不同。专注于经济和军事变革的洋务运动被日本的铁甲舰队彻底粉碎，大清国从血泊和耻辱中明白了政治现代化才是关键所在。随后，在经历了极右（如急躁的戊戌变法）和极"左"（如盲动的义和团）的两次大折腾后，朝野上下都明白了：大清国要实现民族复兴和大国崛起，就要防止来自"左"和右的两方面的干扰，尤其是要防"左"。到了 1909 年春天，即令最不合时宜的腐儒也能将宪政当作最"流行"的谈资，民间报刊则如雨后春笋，中国社会似乎充满了朝气和活力，一个"少年中国"俨然诞生，颇似明治年间的日本。

1908 年 11 月 22 日的《纽约时报》整版刊登政论文《中国的新课题及其意味》，并配发载并的画像，却想当然地添了并不存在的大胡子。

无论庙堂还是江湖，无论政治还是经济，改革的最大阻力早已不再是"反改革"的保守势力，也不是靠着黑帮会加手枪炸弹搞"恐怖主义"的革命党，而是改革者或是自我标榜为改革者之间的争斗。舞台上的众多角色尽管各唱各的调，各吹各的号，主旋律却是"同一首歌"。《纽约时报》上的长篇分析认为：在这最高领导权过渡的非常时期，中国之所以出乎意料地保持了稳定，正是因为"所有明智的中国人"都意识到，内部严重而混乱的意见分歧如果发展到不可收拾的地步，则可能给外国人提供干涉中国内政的机会。所以，"人们加倍小心避免这样的情况发生"。在这样的共识下，这一年成为晚清历史上罕见平静的一年。两宫去世后，世界惊奇地看到了"中国在这如此紧要的历史关头却表现得非常镇静，并且没有显示出任何要歇斯底里发作的倾向"，"中国政治家们在面对紧急事态时表现出了十足的信心和能力"。

　　这一年，西方列强依然在使劲攫取利益，但收回路权、矿权的成功成为民族主义的狂欢；革命党依然在发动恐怖暴动，但民心的主流是稳定压倒一切，没有民众的支持，革命只是阿Q们对秀才娘子大床的一种无望的觊觎；民族工业在国际商战中依然弱小，但中国人第一次真实地参与"国际经济一体化"中，上海的股市操控了马来半岛的大量橡胶园……尽管后世的历史学家们出于某种考量，将此时的改革彻底妖魔化，但宪政运动在中华大地上前所未有地开展起来，当家做主的概念从来没有这么清晰过……

　　外无强敌压境，内无政敌作祟，国际、国内环境都是难得的和平安宁；政治改革还在深水区，但最危险的阶段已经过去；改革成为全民共识，而且得到国际上的普遍支持。这无疑是一个天时、地利、人和俱备的时机。剩下的唯一疑问：以载沣为核心的大清国新领导班子，是选择与时俱进，扩大执政基础，推进政治进步，从而实现大清帝国的腾飞，还是畏首畏尾，从维护小团体的利益出发，而葬送历史机遇，最终唱响大清帝国的挽歌？

1909年这个春天的故事，究竟又是如何被一步步演绎成了王朝的悲剧呢？

爱新觉罗"软着陆"

站在1909年的朗朗晴天下，大清国的掌舵人爱新觉罗·载沣被灿烂的阳光照耀着，他的身后拖出了长长的阴影。

这位"嘴上没毛"（照片为证）的"80后"（生于1883年），同乃兄光绪皇帝一样，"相貌清秀，眼睛明亮，嘴唇坚毅，腰板笔挺，虽不及中等身材，但浑身透露着高贵"（美国医生记载）。

能在接班人的内部"海选"中脱颖而出，能被掌国40多年的老佛爷钦定为接班人，小沣哥无疑是有几把刷子的。但吊诡的是，在亲朋、敌手乃至后世史家们眼中，年轻的摄政王却被公认为"优柔寡断""懦弱无能"。史家一般认为，载沣的"出线"凭借的是裙带关系：他虽是庶出，却自幼被嫡母叶赫那拉氏（光绪生母、慈禧亲妹）抚养，进而和老佛爷走得很近；而其婚姻也由"组织"

一手安排——慈禧太后亲自指婚，老丈人就是太后亲信、手握枪杆子的荣禄荣中堂。

大家其实都忽视了，正是在这个"窝囊王爷"手中，下岗了的大清皇族却成功地实现软着陆，全身而退，创造了帝王行业中的奇迹。古今中外，皇帝这个金领职业莫不伴随着巨大风险，下岗皇帝的命运一般只有一个默认选项：被斩草除根。在高喊进步、自由的共和狂飙中，包括法兰西、英格兰等国的君主，其曾经高贵的头颅都被以人民的名义切下；俄罗斯的罗曼诺夫家族，则更是在红色恐怖中被灭门焚尸、锉骨扬灰。"最恨生在帝王家"的感慨，超越了种族和国界。而爱新觉罗家族成了一个例外。

有的时候，历史似乎既不是由英雄创造，也不是由人民创造，而是由十分偶然的机遇创造，比如皇帝的下半身问题。

1909 年之前的半个多世纪，皇帝的下半身问题深深困扰着大清帝国，其影响丝毫不亚于内部的长毛造反及外部的红毛入侵。没有任何研究表明，枝繁叶茂的爱新觉罗家族为什么从 59 年之前（1850 年）咸丰即位开始，生育力的旺盛程度便开始与皇权的距离成反比：越是接近最高权力，越是缺乏生育力。

自入关以来，历届皇帝的子息都相当旺盛，似乎与皇帝本人的治国能力成正比，越能治国平天下，也越能生儿子。入关后的首任皇帝、那位据说为了爱情而牺牲皇位的顺治，虽然在位时间短，效率却很高，总共生育了 8 个儿子。康熙则不仅创造了皇帝在位 61 年的中国最长纪录，其生儿育女的成绩也令世人景仰，共有 32

子10女，真正做到了"活到老，生到老"。在他去世前，已经长大成人并有资格参与皇位PK赛的就有9人；尽管闹出了九王夺嫡的兄弟阋墙悲剧，但毕竟也是竞争上岗，保持了大清帝国的活力。康熙之后，雍正皇帝有10子，乾隆皇帝有17子，嘉庆有5子，道光则有9子。权力不仅是最好的春药，权力本身也需要春药的维持。在当时的医疗水平下，即使贵为皇家，初生儿及幼儿的夭折率也依然很高。要确保权力能作为传家宝代代相传，就必须广种多收，这本是人之常情。凡夫俗子中，但凡有点条件，亦莫不多娶几房姬妾，自娱之外为的也是多多生养，增加抗风险能力。

纵观中国历史，因皇子夺嫡争位而造成的悲剧不在少数，比如唐太宗李世民踩着同胞兄弟的尸体、明成祖朱棣则蹚过侄儿的鲜血踏上皇位，但毕竟江山还是在自家人的手里。对于百姓来说，宫闱内烛影斧声总比天下大乱好一些。广储后宫、多生子女，不仅是保持皇家的领导地位不动摇的保障，甚至也是维持安定团结社会局面的必要条件。这是历史和社会赋予皇帝的一项政治任务，而不只是简单的色与欲的个人爱好。国家制度从来都优先保证优生优育资源向皇帝倾斜，到了清代，八旗女子必须先由皇家"选秀女"之后，才可以择选他人出嫁。为了确保种族的纯粹，生育资源亦被严格限定在八旗内部，满汉不通婚，倒是令这种"优生优育"政策的扰民程度减弱了。

当道光皇帝选择了四子奕詝（咸丰皇帝）作为接班人后，大清皇室广储子息的光荣传统就戛然而止了。无论根据官史还是根据野史，咸丰皇帝似乎并不缺乏作为一个男性，尤其是大权在握的男人的爱好，他遍地风流，无奈只见播种不见收获，就留下了一个儿子——这就是后来的同治皇帝。

咸丰皇帝在传宗接代方面的无能，为其侧妃、同治皇帝的生母叶赫那拉氏走入权力核心铺平了道路，她就是日后著名的慈禧太后。

同治皇帝也遭遇了与其父同样的问题，风流成性却子息艰难，甚至没有留下一儿半女就走完了自己短暂的生命之旅。咸丰活了30岁，同治更少，终年只有19岁。研究表明，造成他们早亡的一个很重要的原因，就是皇帝的"职业病"——纵欲过度。至于他们，更为严重的问题在于纵欲的同时没有开花结果。

同治去世后，慈禧太后再度在权力的角逐中胜出：她选择醇亲王奕譞之子载湉（光绪皇帝）作为接班人，以继嗣咸丰皇帝的方式，确保了自己依然牢牢地坐在太后的位子上。乾隆皇帝给自己子孙排定的辈分字号是"永、绵、奕、载、溥、毓、恒、启"，从法律意义上说，当"载"字辈的同治皇帝去世后，照理该选下一辈的"溥"字辈接班。但那样一来，慈禧太后便成了太皇太后，而同治的皇后便成了新的皇太后，再要垂帘该轮到新的皇太后。当时"溥"字辈大多年幼，道光的长孙溥伦虽然已经17岁了，但其父是过继给道光早夭的长子奕纬的，血缘上并不接近，不仅慈禧太后不能接受，恭亲王等也无法接受。于是，慈禧便决定在同治的堂兄弟中寻找接班人。在"载"字辈的皇族亲贵中，奕譞之子载沣年龄小，便于培养和控制，更为重要的是，载沣的生母、醇亲王福晋是慈禧太后的嫡亲妹妹。

载沣其实是奕譞的第二个儿子。奕譞共生育了7个儿子，其中，头四个都是与慈禧妹妹叶赫那拉氏所生，但长子、三子和四子都夭折，只存二子载沣。奕譞后来与侧福晋刘佳氏生了三子，即载沣、载洵、载涛。

与同父异母的兄弟们子息旺盛不同，光绪皇帝是位"天阉"——先天的阳痿病患者。从常理猜度，同治与光绪的生理问题或许很大程度上是源自于母本；若果真如此，则野史所说"大清王朝葬送在方家园（慈禧太后娘家在京的住地）"倒更有几分可信。但溥仪也是位阳痿病患者，他的兄弟们则照样子孙满堂。从血缘上看，溥仪与"方家园"没有任何关系，或许并非血统的问题，而正是权力本身的问题——权力有时是春药，有时却可能是阉割刀。

早在庚子年逃亡途中，慈禧太后就已经为光绪皇帝预备了接班人，方式则非常独特——为载沣指婚。

这一年的农历十一月（1902年1月），流亡在外的慈禧太后和光绪皇帝回銮到了保定，慈禧太后突然下旨，将荣禄的女儿瓜尔佳氏许配给18岁的载沣。

荣禄是慈禧太后的亲信，野史中有不少他与慈禧的风流故事，但多是康、梁等人与西方记者合谋的政治抹黑宣传。从慈禧太后掌权以来，荣禄一直是她最可靠的枪杆子；庚子事变后，荣禄带兵保护着流亡中的慈禧太后与光绪皇帝，还积极支持张之洞、刘坤一提出的改革主张，成为"辛丑变法"的主要倡导人之一。荣禄的女儿瓜尔佳氏，据说模样相当不错，在家里十分受宠，被慈禧太后收为义女——慈禧曾说过"这姑娘连我也不怕"，关系非同寻常。瓜尔佳氏特别能花钱，据说婚后载沣想过很多办法限制她的开支，都不见效。载沣用过摔家伙的办法，比如拿起条几上的瓶瓶罐罐摔在地上，以示愤怒和决心。因为总摔东西，未免舍不得，后来专门准备了一些摔不碎的铜壶铅罐之类的东西，响声大，损失小，但也没有效果。

慈禧这次指婚，当然首先是为了酬功。载沣当时已经袭了醇亲王的爵位，瓜尔佳氏一过门就是现成的一个王爷福晋，这对荣禄来说是一种特殊的报答。但这一决定遭到了载沣生母、老醇亲王侧福晋刘佳氏的反对。原来，在母亲的主持下，载沣此时已经与希元之女订婚，还放了"大定"，就差圆房了，按习俗便已算是夫妻，此时退婚便等于休妻。希元早已过世，之前曾任过吉林将军。希元的曾祖父就是乾隆年间赫赫有名的蒙古族将领德楞泰。据说刘佳氏向慈禧多方求情，但太后意志坚定，毫无转圜余地。希元之女不愧为将门出身，个性刚烈，退婚之后便自杀身亡。

荣禄之女瓜尔佳氏也是将门之后，性子十分刚烈。清王朝覆亡后，她还经常与那些太妃们变卖首饰等暗中支持复辟运动。因端康太妃（光绪皇帝的瑾妃）对溥仪管束过严，甚至派太监监

大清国"80后"领导人载沣。

视——按照溥仪的说法，"就和西太后对待光绪一样"。在老师们的鼓动下，15岁的溥仪进行了激烈的反抗。端康太妃气急败坏，把瓜尔佳氏叫去痛责，瓜尔佳氏一怒之下就吞了鸦片烟自尽身亡。

如果仅仅是为了酬功，慈禧大可以将荣禄之女指配给其他宗室；但是作为一名老练的政治家，慈禧太后或许想得更为长远。光绪皇帝既然是性无能者，那么越早日解决他的接班人问题就越能维持政权的安定。显然，即使由光绪自己选择，也必然首先从自己亲兄弟的儿子们中选择。载沣虽然只是庶出，却自幼由其嫡母、慈禧太后之妹叶赫那拉氏所抚养，进而和老佛爷走得很近。作为醇亲王家中实际上的长子，载沣无疑将是光绪皇帝今后最可信赖倚靠的手足。为载沣择偶，从某种意义上来说就是为今后的皇帝择母。

而荣禄经营大半辈子，在政界、军界建立了广泛的人脉网络，是当时最有权势的官员，与其结亲，不仅将为载沣及日后的小皇帝增添强大助力，也将令荣禄更为忠心和尽心。实际上，载沣后来能安坐在摄政王的位置上，来自荣禄一系，包括荣禄旧部袁世凯的效忠是基本的条件。

当然，载沣的脱颖而出，也是他自己挣出来的。18岁这年（1901年），一个艰巨的任务落在他头上——出使德国，为庚子年德国公使克林德被杀事件向德国皇帝赔礼道歉。

克林德之死被西方史学界普遍认定为导致八国联军入侵的导火线。克林德是出生在德国波茨坦的贵族，在1881年进入外交部门并被派往中国，之前一直是个军人。来华后，他曾任驻广州和天津等地领事，1889年回国；之后在美国和墨西哥任职，并娶了美国妻子。1899年4月他回到中国，升任驻华公使。此人性格粗暴，自以为是。当时，义和团运动席卷华北，北京城的局势已经相当紧张，而克林德不顾其他国家公使的劝阻，坚持孤身前往总理衙门交涉，在路上与清军发生冲突而被杀。德国皇帝威廉二世为克林德事件大为震怒，在为派往中国的大军送行时要求士兵们毫不留情地教训中国人。德国军队抵达中国时战争早已结束，北京已经在联军的占领之下，但德军依然对北京及周边地区进行了残酷的扫荡。在八国联军逼迫下签订的《辛丑条约》，第一款就是清廷派醇亲王载沣赴德国道歉，并在克林德被杀地点修建一座品级相当的石牌坊，为德国人"涤垢雪侮"。

德国人之所以选中了载沣，一是因为其级别高，贵为亲王，二是因为他是光绪皇帝的亲兄弟。最令大清帝国难堪的是，载沣到达柏林后，被要求在觐见德国皇帝时使用跪拜礼。这并非欧洲的常规礼节，显然德国是要有意羞辱大清国。跪拜是典型的中国特色，自乾隆年间以来就成为中外外交纷争的一个焦点。首批来华的英国特使马戛尔尼坚持认为双膝下跪是一种奇耻大辱，宁可无功而返，也不愿意屈膝。身在柏林的载沣自然不愿意向德皇跪拜，事涉国家形象，北京也坚拒这样的礼仪安排，双方来回拉锯，总算免除了这一要求。

这显然是一个吃力不讨好的差事：硬不起，软不得，搞得不好还会被人骂为汉奸。作为大清国第一个出访西洋的亲王，18岁的载沣却展现了与其年龄不相符的成熟，有理、有利、有节，令本想侮辱中国的德皇对他也称赞有加。德国人认为他"慎重外交，不辱君命"。载沣还主动谢绝了国内各级官员所预备的高规格迎送礼仪，其简朴作风赢得在华西方外交官和国际舆论的一片赞赏。

载沣把一次谢罪之行转变成了18岁年轻人的游学考察，所到之处，无论军校、军火企业、博物馆、电机厂、造船厂，"举凡外洋风土人情，随地随时留心考察"。在王公不得轻易离京的清朝体制下，载沣得以大开眼界，同时也不可避免地大开眼"戒"——在日后掌舵中，他表现出了祖先们无法想象的宽容和豁达。

可以说，德国之行不辱使命，载沣得到了慈禧太后更大的信任和期望。作为青年干部，载沣得到了迅猛提拔：20岁，升任随扈大臣；23岁，执掌首都警卫部队健锐营，并升任正红旗满洲都统，成为一品大员；24岁，受命在军机大臣上学习行走，成为候补国家领导人。在一个变革的年代里，大清国什么最可宝贵？人才，尤其是这种根正苗红而且年轻化、知识化、专业化的"自己人"。老太后正在加快推进对载沣的栽培，"扶上马，送一程"。

除了血统、能力方面的考量，载沣本人能被各种政治力量接受也是关键所在。当时朝中政争旗鼓相当的是两派力量：一方以庆亲王与袁世凯为首，核心是袁世凯；另一方则是瞿鸿。而只有载沣能被他们双方接受。载沣在相当多的问题上不轻易表态，这一贯被人理解为他的能力比较弱，"不能"表态，但也可以理解为他"不愿"表态，以保持一种超然姿态。

1908年12月2日（农历十一月初九），溥仪登基大典在太和殿举行。

溥仪在《我的前半生》中写道：

大典是在太和殿举行的。在大典之前，照章要先在中和殿接受领侍卫内大臣们的叩拜，然后再到太和殿受文武百官朝贺。我被他们折腾了半天，加上那天天气奇冷，因此当他们把我抬到太和殿，放到又高又大的宝座上的时候，早超过了我的耐性限度。我父亲单膝侧身跪在宝座下面，双手扶我，叫我不乱动，我却挣扎着哭喊："我不挨这儿！我要回家！我不挨这儿！我要回家！"父亲急得满头是汗。文武百官的三跪九叩没完没了，我的哭叫也越来越响。我父亲只好哄我说："别哭别哭，快完了，快完了！"

典礼结束后，文武百官窃窃私议起来了："怎么可以说'快完了'呢？""说要回家可是什么意思呵？"……一切的议论，都是垂头丧气的，好像都发现了不祥之兆。

后来有些笔记小品里添枝加叶地说，我是在钟鼓齐鸣声中吓哭了的，又说我父亲在焦急之中拿了一个玩具小老虎哄我，我才止住了哭。其实那次大典因为处于"国丧"期，丹陛大乐只设而不奏，所谓玩具云者更无其事。不过说到大臣们都为了那两句话而惶惑不安，倒是真事。有的书上还说，不到三年，清朝真的完了，要回家的也真回了家，可见当时说的句句是谶语，大臣们早是从这两句话得到了感应的。

　　溥仪当时还是个幼儿，不少细节是后来听人说的。一部《我的前半生》毕竟是写作于巨大的政治压力之下，内容有相当多逢迎的成分，并不能完全当作正史来看。其实，摄政王才是大清国的实际领导核心，当时比溥仪登基更为重要的是确定摄政王的地位。内阁等各衙门经过多次研究，拟定了《摄政王礼节》，总共 16 条，最为关键的有三条——

　　一条有关诏旨："军国政事及黜陟赏罚，悉由监国摄政王裁定，仍以谕旨宣示施行。凡重大事件有必须请皇太后懿旨者，由监国摄政王面请施行，他人不得擅请擅传。"

　　一条有关军权："皇上有统率全国海陆军之权。凡宪法纲要内所定，皇上大权关系军事者，即属之于摄政王。其京外旗绿各营、海陆各军，应归摄政王节制调遣。"

　　再一条关于外交："凡与各国订约遣使，均由监国摄政王主持。其接受外国国书及觐见各礼节，由外务部分别妥拟。"

　　根据这些礼节，载沣无论在形式上还是实质上都行使着皇帝的权力，并且将隆裕太后的权力限制得十分小；他的头像也被印在了大清国的钞票上，面值分别有 1 元、5 元、10 元、100 元四种，成为第一位将自己的头像印在钞票上的中国最高领导人。

　　载沣没有辜负慈禧太后对他的培养和教育。他最为人诟病的所谓"软弱"，恰恰是其宽容、开明的表现。在党争严峻、派系林立的大清朝廷中，"软弱"的载沣最能团结一切可以团结的人。而即使面对着政治上的死敌，载沣也能用自己的宽容为国家减少一点戾气，为皇族留下了退路。

1909年在处理袁世凯这样的权臣时，载沣相当巧妙地给老袁和自己留下了转圜余地。3年后，如果没有老袁这道宏伟的拦洪坝，爱新觉罗家甚至都不够和革命党讨价还价。一年后，载沣在另一件关系其自身安危的大事中，再度展现了宽广的政治胸襟。一个名叫汪兆铭的革命党人，和载沣同龄，使用炸弹谋刺他，因事机不密而被捕。这可是满门抄斩的不赦大罪，传奇的是，专案组组长、民政部尚书肃亲王善耆却对这个用"精卫"之名在报纸上恶毒攻击政府、在行动上采用恐怖主义的年轻人大加欣赏。经过他的斡旋，载沣考虑到"党祸日夕相寻，恐益重其怒，乃作释怨之举，博宽大之名"。肃王善耆"又从事赞成，遂饬法部以扰害治安定拟，判决二人皆处以无期徒刑，加重，永远禁锢"。

显然，政治对司法进行了严重的干预，这次却是为了展现执政者的宽容。这一审理结果得到了国内舆论和国际社会的广泛好评："闻外交界人云，现驻京各国公使对于要犯汪兆铭等一案判定永远监禁，其办法甚为得体。日来多致函外部，盛称摄政王及政府诸大老不处汪等以极刑深合文明国对待国事犯之法律，为中国从来所未有。自有此举，各国均深信中国刑律之改良必能悉臻完善云。"

更为难能可贵的是，几名刺客在狱中享受到了相当的优待，不仅没有刑讯逼供，而且还能看书看报，成为大清司法改革的第一批受益者。如果没有作为一把手兼受害人的摄政王点头，汪精卫那首"慷慨歌燕市，从容作楚囚；引刀成一快，不负少年头"的狱诗就只能当作革命烈士诗抄而流传了。最后，这位日后以汪精卫之名而著称的"恐怖分子"，因"误解朝廷政策"只被判了无期徒刑。

如此谋逆大罪，不杀一人，"是可忍，孰不可忍"，载沣所体现出来的，不光是胸怀，也是其韬略及手腕：杀了一个汪精卫，会有更多的后来人，莫如示人以宽，或许还可以减少矛盾、增进和谐。这即使只是手段，若没有胸怀也难以付诸行动。

如果载沣不是这么"软弱"、这么温情，而是对待敌人像严冬般冷酷，不择手段，誓死捍卫，那清王朝莫非还真能再度雄起不至覆灭吗？这位年轻的王爷绝不比名满天下（也谤满天下）的李鸿章逊色，他们都是这间破屋的裱糊匠，区别在于：李鸿章轰轰烈烈，载沣却不动声色；李鸿章在尽力维持着屋子不倒下来，载沣却还要费尽心机地考虑不得不倒下来时如何减少断瓦残砖造成的巨大伤害。

历史已经证明，选择载沣实在是慈禧太后的远见。载沣能屈能伸：在锐意改革数年而终不成后，他毕竟为皇族赢得了中国历史上唯一的体面而又安全的集体"下岗转制"。

民国年间，孙中山曾拜访载沣。一个是表面风光，其实内心相当失意的革命元勋；一个是内心惶恐，却努力在表面上显得知足常乐的旧朝王爷，正史野史都说两人相谈甚欢。孙中山送给载沣的签名照，被载沣敬奉到终，这被一厢情愿地解释成其对革命元勋的景仰，其实签名照更像是他在新时代请的一张护身符。载沣下岗后自号"书痴"，撰联道："有书有富贵，无事小神仙。"刘阿斗当年也告诉过司马昭："此间乐，不思蜀。"然则，果真不思蜀哉？

载沣的胞弟载涛曾如此评价乃兄："做一个承平时代的王爵尚可，若仰仗他来主持国政，应付事变，则绝难胜任。"此话绝不可当真，如不是谬见，就是违心之论，甚至是哥俩串通好了在新时代装傻自保的烟幕弹。

1906—1911 年 6 年的政治体制改革，尤其是 1909—1911 年 3 年的宣统新政，只要我们不持偏见，就能发现：如果不是载沣的柔软身段，宪政改革将不可能达到如此深度和广度；亚洲的第一个共和国（即使只是表面上的）将不可能以如此微小的代价得以建立；被革命者当作异族政权的清王朝将不可能获得如此宁静的"安乐死"；同样，被革命者当作"鞑虏"要予以驱除的爱新觉罗家族，将更不可能赢得"软着陆"的善终奇遇。

载沣的个性，或许正是解读 1909 年乃至整个宣统朝的密钥之一。

大清青年近卫军

1909 年 10 月，柏林，脑后拖着长辫子的大清代表团成为德国朝野关注的焦点，这是继 1896 年李鸿章、1901 年载沣以来，德意志帝国接待的第三个最高级别的中国代表团。郊迎、阅兵、19 响礼炮、国宴，德国人给予代表团以相当隆重的礼遇。而率领这个代表团的是个年仅 23 岁的青年——大清国瑞郡王、海军大臣载洵（1886—1949）。

8 年前，当时年仅 18 岁的醇亲王载沣出访德国，代表大清帝国就德国驻华公使克林德在义和团动乱中被杀事件向德国皇帝赔礼道歉。谢罪之行，尊严尚且顾不得，遑论接待的规格；弹指 8 年后，载洵却在德国受到了如同当年李鸿章般的热烈欢迎。

载洵在同任筹办海军大臣的老将萨镇冰的陪同下，先后访问意大利、奥匈帝国、德国和英国，考察海军并采购军备，均受到了高规格接待。

从 1909 年 9 月到 1910 年 1 月，在足足几个月的访问中，欧洲继庚子事变后再一次掀起了中国热，而这一次是友好的。

年轻的载洵之所以成为欧洲的宠儿，是因为他肩负着重建中国海军的重任。

公之于世的大清海军 7 年规划是一个预算高达白银 1800 万两的雄心勃勃的计划：在整顿各洋旧有各式兵轮的基础上添造头

等战舰 8 艘、巡洋舰 20 余艘、各种兵轮 10 艘，编制第一、第二、第三各队水鱼雷艇；编定北洋舰队、南洋舰队及闽省等各洋舰队；成立各洋军港和船坞；设立海军大学；等等。大清国将为此而购遍全世界，如此巨额订单，无疑令欧美政界、军界乃至企业界无法漠视，是超重量 GDP 砝码。各国纷纷启动政府公关，向大清国猛送秋波。而在未被列入载洵出访目的地的美国，军火商们大受刺激，纷纷给政府施加压力。

载洵访欧返回北京后，比他还要年轻两岁的钟郡王、军咨大臣（相当于总参谋长）载涛（1888—1970）随即动身，周游日、美、英、法、德、意、奥、俄等八国，考察陆军建设，还参与了邀请德国皇太子访问中国的安排。

设立于 1881 年的军咨处，本属于陆军部，1909 年宣统新政中正式独立设衙，成为拟议中的军事改革的总参谋部，协助陆海军大元帅统筹全国军事改革和建设。

之后，应美国政府的强烈要求，载洵再度出访，考察美国军事建设，受到塔夫脱总统的热情接待，并由此掀开了中美军队跨过大洋的第一次握手。

接二连三的军事出访，在向全世界展现宣统新朝重振军威的雄心之外，也令新生代的中国军队核心层成为西方媒体关注的焦点。这支世界上最庞大而臃肿的军队，继 1905 年开始全面改革以来，令人惊讶地实现了最高统帅层的年轻化，成为当时世界上唯一一支由"80 后"掌控的军队。大清军队的年轻统帅们及其他们

载沣（中）、载洵（右）、载涛（左）三兄弟合影。

的改革似乎得到了列强们（至少在口头上）的一致喝彩。在经历了半个多世纪的血与火的考验及屡战屡败的耻辱后，大清军队似乎迎来了一个国际环境相对和平、国内环境相对稳定的大好良机，复兴的曙光在天边隐隐出现。

"上阵亲兄弟，打虎父子兵"，执掌海军的载洵、执掌陆军的载涛，与陆海军大元帅、摄政王载沣，其实都是光绪皇帝的同胞兄弟，是老醇亲王奕譞的儿子。这样的特殊关系，在确保了军队改革得到最高层鼎力支持的同时，也招致时人和后人的很多讥评。

被史学家和小说家们普遍描写为木讷、懦弱的老醇亲王奕譞，似乎仰赖了其福晋（正妻）是慈禧太后亲妹子的裙带关系，大有吃软饭的嫌疑。

这一特殊的裙带关系，以及奕譞在兄弟中罕见的旺盛生育力，推动了他的权力扩张：先是儿子载湉在同治皇帝驾崩后承嗣咸丰，成为光绪皇帝；继而是载洵过继瑞郡王奕志为嗣，载涛又过继钟郡王奕詥为嗣，并都在 1908 年得到了郡王的头衔。算下来，奕譞一门共出了两个皇帝（光绪、宣统）、一个摄政王（载沣）及两个郡王，毫无异议地成为满洲第一显赫家族。更为重要的是，奕譞以光绪皇帝本生父的特殊身份，丝毫没有受到猜疑，生前不仅执掌了大清陆军的精锐部队神机营，而且还和李鸿章等同掌海军衙门，陆海军一手抓。在一个信奉枪杆子里出政权的国度，父子两代执掌全国精锐武装力量，亦是异数。

宣统新政，以载沣三兄弟为核心的"青年近卫军"崛起，这并非简单的"任人唯亲"可以解释的。在内忧外患的强烈刺激下，在几十年"改革开放"的熏陶下，当时的满洲贵族中出现一批有理想、有文化、有国际视野甚至留洋经验的青年才俊。从阅历和才智等方面看，载沣三兄弟至少在中人以上，绝非靠裙带混饭的纨绔。大清军队的改革固然有之前袁世凯等人打下的基础，但载沣三兄弟上台后，凭借着新生代的锐气和紧迫感，清军的正规化得到飞速发展。在之后的半个世纪中，在城头变换大王旗的频繁内战里，再也没有哪一届执政者能在海军建设方面，超越这个被称为"腐朽、没落"的清王朝。

至于最为人所诟病的"任人唯亲"，其实也是苛责。据说，在1901年出访德国时年仅18岁的载沣就得到德国皇帝威廉二世的耳提面命：枪杆子一定要抓在自己人手中，亲贵典兵是维持稳定的基本准则。其实，毋庸德国人教诲，除了英美少数成熟的宪政国家之外，枪杆子里出政权几乎是普世原则。历史上的改朝换代从来都是以枪杆子为主、笔杆子为辅的综合实力PK的结果。谁指挥枪、谁的枪杆子更硬，就是谁掌握政权的基本前提。以为"宪政"标签一贴，就可以轻率地放弃对武装力量的控制权，这无疑是宋襄公般的幼稚和天真。秦失其鹿，天下共逐之，一个骤然失控的政权，其权力真空所产生的巨大旋涡一定能造成比这个政权本身更为深重的灾难，休克疗法的结果往往是百病齐袭。

1909年，大清的改革仍然在深水区推进。平静的表象下，外则有打着"革命""维新"两大旗号的反对者，均不惜采用武装暴动乃至暗杀等极端手段，内则有林林总总的不同派系，利益争夺之下也恨不能束甲相攻。

载沣兄弟等"青年近卫军"竭力将兵权统一集中，这在很大程度上制约了军中强人们的政治野心，减少了政争演变为热战的危险。

大清国武装力量的少壮派领导核心全面登台亮相。被小说演义成花花公子的载洵，成为晚清遇刺频率最高的官员，刺杀现场从国内的北京、上海直到日本和美国，这也从一个侧面反映了其能力和见识，已成为革命党必欲除之而后快的目标。章太炎就曾有高论，满人"愈材则忌汉之心愈深，愈智则制汉之术愈狡"，因此"但愿满人多桀纣，不愿见尧舜，满洲果有圣人，革命难矣"。

载涛的政治开明程度更是超出一般人想象。北京陆军测绘学堂有学生跑到明陵前宣誓后剪辫，这等于是公开叛乱，学校拟开除其学籍，但身为"总参谋长"的载涛闻讯后，却下令全校集体剪辫。1911 年的宪法"十九信条"规定皇族不能当总理及国务大臣和各省行政官，遭到亲贵们激烈反对，但这项规定事先却获得了载涛的首肯。

真正令大清国如冰山般融化的绝非改革本身，也非亲贵典兵之类的高层权力分配，而是"信用"和"信任"的普遍缺失。满汉之间、官商之间、朝野之间、朝中各派之间、中央与地方之间、在野各党之间、"海归"与"土鳖"之间，甚至南北之间、东西之间，都充满了猜疑与戒备。

这导致大多数人在改革中充满了挫折感，对任何改革措施都给予质疑。

这种充满对抗性的情绪，在改革过程中不断积累和蔓延，得不到任何有效的释放，最后只能形成巨大的破坏力，影响长达数十年。载沣、载洵、载涛，这些绝非纨绔的高干子弟、贵族精英，尽管名字中都带着水，但在1909年那日渐干涸的航道中，显然已经承载不起一艘行将倾覆的巨舸……

"橡皮图章"雄起

金秋十月，秋风送爽，一个喜讯从北京传向全国各地：除新疆之外，全国各省均已成立了地方议会性质的"咨议局"。这是大清国政治生活中的一件大事，是大清特色的政治体制改革的一个里程碑。此时正是1909年10月，紫禁城的天空蓝得最为动人的时候。

建立咨议局，是以摄政王载沣为核心的大清国新一代领导核心改革攻坚的重要环节，也是1909年的工作重点。

这一年年初（2月17日，正月二十七）颁发的一份中央文件（谕旨）强调指出："本年各省均应举行咨议局选举，及筹办各州县地方自治，设立自治研究所，并颁布资政院章程等事。"文件认为，"积小高大，乃能纲举目张"，要求各省督抚及管理地方之将军都统，务必选用公正明慎之员绅，依限成立咨议局，不得延误，并由大清国"体改办"（宪政编查馆）考核驳正。

此前，中央颁布了《各省咨议局章程》，咨议局被定位为"各省采取舆论之地，以指陈通省利弊、筹计地方治安为宗旨"，其职权为：议决本省应兴、应革事件；议决本省岁出岁入的预决算，以及税法、公债及本省"担任义务"的增加；议决本省单行章程规则的增删和修改及权利的存废；选举国家议会（资政院）议员，申复资政院、督抚咨询事件；公断和解本省自治会的争议事件；收受自治会或人民陈请建议事件等。简单地说，咨议局虽然只是立宪改革过程中的一个过渡性机构，但事实上就是地方议会，是大清国民众参与国家政治生活最为主要的制度性途径。

参选咨议局议员，必须至少符合以下一项条件：一、曾在本省地方办理学务及其他公益事业，满三年以上著有成绩者；二、曾在本国或外国中学堂及其与中学同等或中学以上学堂毕业得文凭者；三、有举贡生员以上之出身者；四、曾任实缺职官文七品、武五品以上未被参革者；五、在本省地方有 5000 元以上之营业资本或不动产者。概而言之，作为地方议员，必须符合"有公益贡献、有文化素质、有公共服务经验、有一定资产"四者之一。这样的限制，成为后世论者将咨议局解读为"假民主"的证据之一。其实，平心而论，连这四者之一都不具备的人，却又如何参政议政，"指陈通省利病"呢？

参选议员有条件限制，咨议局的选举本身相当严格、郑重，既不搞事先酝酿、上级圈定，也不搞鼓掌通过等花样形式。议员，包括议长、副议长及常驻议员（类似常委）等，均以无记名投票方式选举产生。更为重要的是，咨议局第一次打破了中国官员终身制惯例，议长、副议长、常驻议员至多只能连任一届。

各地咨议局基本照搬了西方的地方议会模式，从会议程序到议案处理方式，再到民众的自由旁听权，乃至重要议案的"三读"方式，全盘西化。每个环节都进行了严格的制度化设定，至少在表面上切实达到了公开、民主的要求，在制度层面上令大清国民众第一次参与宪政有了基本的保障——尽管后世的太史公们出于某种需要，对咨议局、资政院连同整个晚清政治改革多加抨击，认为其是"假立宪""假民主"，但纵观此后的民国议会史，其公开性、民主性并没有比晚清有更大的进步，相反因为执政者更为熟练地掌握了"碰见红灯绕着走"的技巧，宪政民主的话语往往成为非宪政、非民主内核的外包装，有时甚至连这层包装都省略了，直接提出了"一个领袖、一个主义、一个政党"的主张。

根据大清国的政治体制改革设计，咨议局与地方政府之间应该是"相互监督、长期共存"的政治协商框架：咨议局就是地方立法机构，地方政府必须坚决服从；而地方督抚虽然有权报请中央后解散咨议局，但依法必须在两个月之内重新选举开会。在这样的制度框架下，地方督抚基本选择了与咨议局紧密合作，共同进退，以期减少行政的阻力，民意也因此得以更为充分地在地方行政中体现出来。

因此，在诞生之初，咨议局就没有把自己定位为橡皮图章，而是锋芒毕露。

对于"不听招呼"的地方政府，咨议局甚至不惜以集体辞职施压。江苏咨议局就曾经为预算案而与政府争执，议长和副议长带领全体常驻议员以辞职而抗争。这种风气蔓延到国家议会，资政院议员们为了阻止政府举借外债，也不惜以集体辞职而抗争。根据有关材料记载，在议会如此强势下，相当多的省级官员在议会领袖面前十分惶恐，行政权一权独大的传统局面得到抑制。资政院后来甚至敢于弹劾政坛上的不倒翁、内阁总理大臣奕劻。

议会政治迅速吸引了精英人士的参与。从 1909 年各省咨议局第一次选举的结果看，约九成的议员既拥有传统功名，又接受过新式教育。这些议员兼跨传统与现代的双重精英身份，具有相当强大的资源动员能力，令咨议局成为全面改革的加速器。

1910 年开始，各省咨议局四次大串联，组织大规模的请愿团，进京给中央政府施加压力，要求尽快组织责任内阁，颁布议院法及选举法，以期一年内召集国会，领头人就是大清国的状元张謇，与海外的梁启超遥相呼应。国家议会（资政院）会议期间，各省咨议局再度向资政院上书，并向各地的督抚施压，要求加快政治体制改革；一呼百应，中央不得不缩短此前已经颁布的预备立宪期，迅速组建中国有史以来的第一届责任内阁。

大清中央之所以积极推动地方议会及地方自治运动，首要目的就是动员民意，对日益尾大不掉的地方督抚实行监督和牵制。当然，政治是一种利益博弈游戏，处于夹缝中的地方督抚转而与地方议会全面合作，由此，作为设计初衷的地方立法机构与地方行政机构的博弈，转化为地方与中央的博弈。在共同利益的驱动下，地方议会与督抚联手向中央索要更大的地方自主权。宪政这样一种价值体系乃至生活方式，异化为实用政治工具，"宪法"与"民主"成为政争中有力的投枪与匕首。

曾经是皇帝候选者之一的溥伦，担任国家议会的议长（资政院总裁）后，政治立场似乎发生了巨大的变化，从天潢贵胄摇身一变成为宪政旗手，不仅不接政府的茬，反而带头"刁难"政府。因为其打着宪政大旗，代表着"政治正确"，不仅理直气壮，而且可以结成最为广泛的统一战线，构建自己的政治影响力。这是典型的"屁股决定脑袋"的行为，所谓靠山吃山、靠水吃水，如果因此而认为溥伦是权贵中的改革者，那至少是不全面的。

权力的本质，既不是职位，也不是头衔，而是影响力。咨议局和资政院这样的代议机构，正是构建影响力的最好平台，从而能够为体制内的失意者提供一个卷土重来的机会。在旗手们的眼中，无论红脸白脸，无非都是一场戏，核心目的就是为了自己能上位。不择手段早已成为大清政治舞台上各种角色的"同一首歌"，提倡民主与宽容的立宪运动成为非黑即白的零和游戏，任何的制度设计最后都被不择手段的权争污染，宪政不仅被工具化，而且被庸俗化。议会成为各色人等捞取政治资本的时尚猎场。根据媒体记载，1911 年资政院召开第二届常年会时议员到会人数很少，但在支领旅费、公费的那天却人头济济。

曾经被立宪派看作是天经地义的"先开民智后开国会"，不久就在夺权的动机下彻底变样，因果颠倒，认为只要开国会就一定能开民智——"吾民资格在争开国会，果能争开国会，则总有资格，吾民之资格在乎争不争"。宪政成为一种权力分割工具后，各地的咨议局极大地推动了地方分离主义，离心倾向遍及全国。一些必须依靠中央统筹才能完成的重大项目，如铁路，在地方分离主义的干涉下，不仅各自为政，甚至以邻为壑，"不与他路联"的"死路"和"不通江海"的"僻路"大量出现，本就有限的社会资源在民营铁路的大跃进浪潮中被大量浪费。

地方咨议局及其地方分离主义更是成为辛亥革命的真正主力。武昌城头一声炮响，依赖黑道和暗杀的革命党还没回过神，地方咨议局就一哄而上，彻底抛弃了旧的中央政权。而宪政改革被革命的大潮中断，一个大的专制者被推翻，无数小的专制者在废墟上立即站立起来，中国再度进入靠枪杆子和拳头说话的历史循环，议会则成为一件"髦得合时"的新包装，可以随意剪裁。在整个民国历史中，无论是国家议会还是地方议会都彻底地橡皮图章化，理直气壮地提出了"军政""训政"作为"宪政"前提的口号，"一个领袖、一个主义、一个政党"成为政治生活的主旋律……

大海航行"拷"舵手

1909 年春夏之交，日本前首相、时任朝鲜统监的伊藤博文发出了一个惊人的预测：3年之内，中国将爆发革命。

这位日本政治家俨然就是一位精准的政治巫师：两年半后（1911年10月），辛亥革命爆发；又过了4个月（1912年2月），大清皇帝宣布逊位，中国在一场流血并不严重的"革命"中建立了亚洲第一个共和国。

伊藤博文是在会见英国驻日公使窦纳乐（Claude M. MacDonald）时做出这番预测的。当时，伊藤博文刚陪同大韩帝国皇帝分两次巡视了朝鲜南方和北方，因伤风而回到日本，在濑户内海著名的道后温泉休养，而窦纳乐即将回伦敦休假。窦纳乐在甲午战争后至庚子事变期间一直担任英国驻华公使，随后与驻日公使萨道义（Ernest Mason Satow）两人对换，因此对东亚的局势相当熟悉和了解。被深深震撼了的窦纳乐将会见情况向英国外交大臣葛雷（Edward Grey）做了详细的书面汇报。

伊藤博文认为，中国的各种政治势力都忙于争夺权势，最为致命的是，中央政府过于衰落，其权威荡然无存，而"各省咨议局被赋予了太大的权力"，这些咨议局对地方督抚形成了巨大的牵制，进一步加剧了地方的离心倾向。

当时，中国民族主义情绪极为高涨，要求从列强手中收回利权的运动此起彼伏，曾经主导了日本挽回利权运动的伊藤博文对此却大不以为然。他认为，中国的当务之急是要处理好内政，然后才能对外收回利权。伊藤以日本为例，向窦纳乐指出，"慎重和调和"的政策对于中国来说是十分必要的。日本首相桂太郎对

大清国的航船。（英国水彩画）

日本政治家伊藤博文，
精确地预言了中华帝国的末日。

此表示赞同。他忧心忡忡地告诉窦纳乐，中国的事态令人不安，"宪法、国会、资政院这些东西本身虽是极好的，可是要使一个国家能运用它们，必须要做许多准备工作"，而中国显然并没有足够的准备，"中国现在实在走得太远，会出毛病的"。

半年之后，已经改任日本枢密院议长的伊藤博文，最后一次到访中国。他在拜会东三省总督锡良、奉天巡抚程德全时再一次表达了同样的担忧。伊藤说："中国初办宪政，一切正在艰难，民意断难即恃，更不可妄恃强力。贵国现在热心主张收回权利，收回权利固属好事，然不知收回权利尤须能保此权利不更为他人侵害。若徒将权利主张收回，而不能实保权利，则旋收旋失，徒然无益。一切机关俱不完全，则尚非真收回权利。此次我系旁观之人，故特反复言之，尤愿贵国以后千万勿以感情二字作政治上之观念。"

伊藤还提醒说："贵国土地辽阔，统一甚难，办理宪政亦非容易。中央政府自不可放弃权力，然地面太大，亦易为人倾覆，我为此事，极为贵国忧虑。不怕贵国见怪，此事艰难异常，一时恐难办好。今尚有一不利之言，即是革命二字。贵国政府防范虽极严密，然万一发生，于国家即大有妨害。此时贵国办理新政，外面极为安帖，一旦有意外不测，危险不可不防。"3天后，伊藤博文在哈尔滨遇刺身亡，这段话成为他对中国的政治遗言。

在几乎所有西方列强都对大清国的政治体制改革表态支持并大捞好处时，日本是唯一一泼冷水的一家。当时的日本依然忙于消

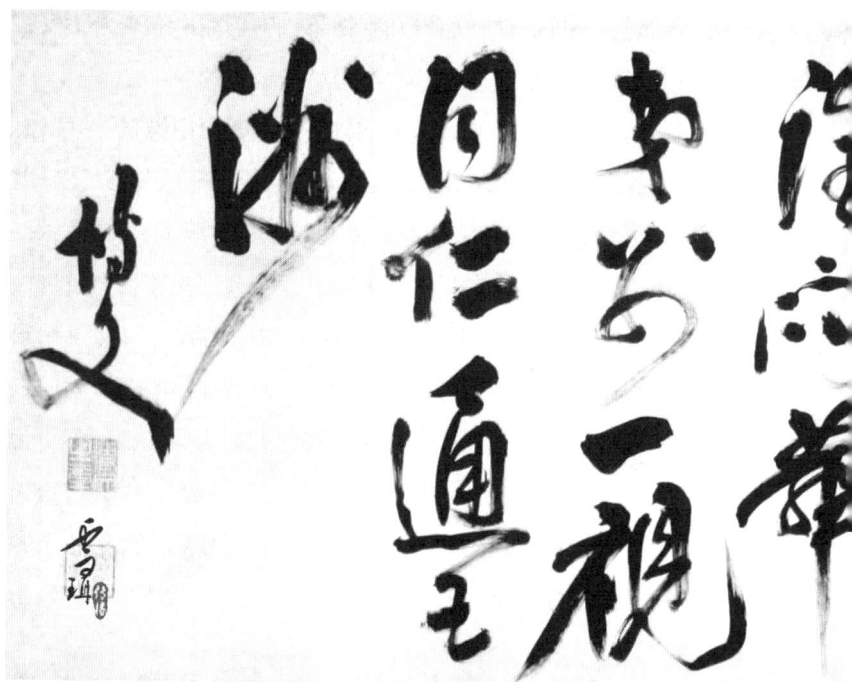

伊藤博文书法。

化甲午战争、日俄战争这两大胜利果实，最需要维持东北亚地区的现状。日本人直白地表示：安定团结、循序渐进才是大清国一切改革与发展的基础，在政治体制上的激进变革将令大清国崩溃。

尽管日本人主要是为了自身利益，但伊藤博文的预测在后来的历史中应验了：大清国的政治体制改革打开了要求政权分享的潘多拉盒子，不仅没有成为凝聚民心的旗帜，反而成为社会分化、地方分离、族群分裂的加速器。

大清国的改革抉择，对于执政者来说相当艰难：内忧外患，不改革必然是死路一条，这在甲午战争后，尤其在经过极右（戊戌变法）和极"左"（义和团运动）两场大风波后，已经成为共识。问题是，改革与革命不同，它不只需要变改，更需要建设，需要在"变"的同时保持"稳"。在政治和经济两方面，改革的目标是一致的，即推进平等和进步，但其路径要求却有一定的矛盾：经济的发展需要进一步的权力集中，集中力量办大事，而政治的发展则要求不断的权力分解与分享。

这其中，分寸、角度、时机的拿捏，都是对改革者的严峻挑战。从开始于1901年的新政起，尤其在开始于1906年的政治体制改革中，大清国的中央领导层日益陷入两难处境：一方面，政治上不断地分权、放权，严重削弱了中央政府的行政能力和在财政、组织人事等方面的调控能力，很多好的设想难以推行，或推行后严重走样；另一方面，在日益激进且不需要考虑全局行政问题的地方立宪人士看来，改革的胆子依然不够大、步子依然不够快。

更为严峻的是，自镇压太平天国以来，大清政府为了应急而打开的放权闸门难以关上，地方不仅在一般行政上获得了巨大权力，甚至也干预过问军事、外交等代表国家主权、理应掌握在中央手里的"禁脔"，历朝历代最为忌讳的"问鼎"在大清国似乎成了普遍现象。在权威资源日益枯竭的情况下，中央虽对改革的节奏、步伐有着相当成熟（未必完善）的考虑，比如设定了预备立宪的时间表，却不得不俯就民意的要求，在准备不足的情况下跑步前进。

最为关键的问题在于，这种日益激进的改革民意其实是地方实力派或其他政治群体要求分享权力的幌子，"政治上垒"的手段取代了"政治改善"的目的，动听的宪政诉求异化成为争夺权力的新式武器。中央政府从公共领域的每一次撤退，并没有带来理想状态的"国退民进"，而是表现为"（中）央退地（方）进，权力的运作依然是集权和专制，只不过是集权者的尺码从中央的"XXL"换成了地方的无数小"S"号）；甚至在不少地方和不少领域，表现为"白退黑进"，一些特殊小集团迅速占领了中央的权力失地，不少地方出现了基层政权"黑帮化"的倾向。大清国对基层政权的控制力被日益削弱，地方自治运动与中国固有的"马铃薯"分离状态相结合，"绅权"极度膨胀，土豪劣绅就在这种改制和转轨的空当中蓬勃发展，并在今后的半个世纪中，史无前例地成为中国社会，尤其是广大的乡村社会动荡不安的主要根源。

大海航行靠舵手，这在大清国是人人皆知的道理，也是当时应对国际国内复杂局面的必要前提。在立宪的高调之下，包括摄政王载沣在内，没有多少人敢于理直气壮地提出这个国家实在需要伟大的领袖，但在私底下怀揣着"彼可取而代之"梦想的项羽式人物并不在少数。无论康、梁，还是孙、黄，都身兼高唱宪政（或共和）的超级男声与不择手段的权谋大师的双重头衔，如此一来，大清国的政治便成为对人对己实行双重标准的"伪君子"们的大舞台，翻手为云，覆手为雨，"痞子运动"的主旋律高亢入云。

秦失其鹿，天下共逐之。大清国这条"泰坦尼克"号没有了舵手，距离冰山还有多远呢？

第二章

老官场的弯弯道

改革历来一靠政策，二靠执行力。而大清国官场如赌场，大家都在试身手。鱼龙混杂：敷衍了事的人，雄心勃勃的人，或钩心斗角，或与世无争，或逆流而上，或就坡下驴，唱高调，唱反调，荒腔跑调的比比皆是。在"改革开放"的大旗下，这些国之栋梁、人中之龙忙着拨弄自己的小算盘，而他们掌管着的是大清国"上令下达"与"下情上传"的要道，一旦堵塞，颟顸无为，后果可想而知……

袁世凯冬眠

袁世凯冬眠了，在 1909 年乍暖还寒的春天。

这成了震撼世界的大新闻，其风头远盖过了此前光绪皇帝、慈禧太后离奇的集中去世。袁世凯被解职后两小时，美国、德国、英国等国驻华大使在英国使馆紧急商议采取统一行动；次日，八国大使再次在美国使馆开会。德国外交部干脆宣布，鉴于局势不明朗，德国将推迟从中国撤回远征军的计划。

《纽约时报》（New York Times）报道说，袁世凯因"风湿"而被解职的消息，"雷倒"（thunderstruck）了国际外交界，中国将发生更多的"革命暴动"；《泰晤士报》（The Times）指出，清廷有关解职的公告冷淡无情，没有对袁世凯的政绩做出任何评价；《芝加哥每日论坛报》（Chicago Daily Tribune）认为，袁被解职标志着中国的改革将因此而停滞；《华盛顿邮报》（The

Washington Post）认为，这是满洲人的夺权阴谋，估计将会激起更强烈的反满情绪；《洛杉矶时报》（*Los Angeles Times*）则用粗体字转载美联社报道的《天朝动荡：列强发出北京局势警报》……

欧美报刊注意到，日本是唯一一个提前得到该消息的国家，事后也只有日本表态说此事将不会影响到两国关系。而袁世凯正是大清朝廷中最坚定且有着丰富实战经验的抗日派。

如同所有自动或被迫选择冬眠的物种一样，袁世凯此次的政治冬眠，既是形格势禁，为了躲避凶险，也是韬光养晦，为了积蓄力量。

Head of Reform Movement in China
Whose Dismissal Worries the Powers.

YUAN SHI KAI

1909 年 1 月 3 日的美国《芝加哥每日论坛报》，配发袁世凯照片，为中国改革前景担忧。

充斥中国近代史的诸多谎言之一，宣称袁世凯与摄政王载沣是不共戴天的仇人，因为袁在戊戌年出卖了光绪、背叛了改革。袁的这一"滔天罪行"源于康、梁流亡海外后的宣传。康有为此人的政治品格相当"三鹿"，其所捏造的衣带诏之类的神话成为他在海外敛财渔色的道具；所谓慈禧与光绪母子的不谐，很大程度上也来自康圣人为了自抬身份而将帝后母子分别"神化"与"妖魔化"的伎俩，美国有学者就将康直呼为"野狐禅"（Wild Fox）。

如果袁世凯果因戊戌年间的事而与光绪、载沣兄弟结下深仇，光绪果如野史所说的天天在瀛台画乌龟做箭靶，把乌龟当作袁世凯替身，射箭解恨，那精明强悍如慈禧太后者岂能不知这矛头其实是针对她老人家吗？岂还会认为载沣能做到"你办事，我放心"而让溥仪入承大统？毕竟，在近支亲贵中能与慈禧太后娘家沾上血缘关系并有资格成为接班人的，并非载沣一支，更非溥仪一人。

袁世凯所面临的凶险与任何一个权臣都一样，实际上来自于高处不胜寒的权力和地位。所谓"匹夫无罪，怀璧其罪"，在大清国老一辈领导人相继凋零后，在能力与地位、思路与出路基本不成正比的大清官场，袁世凯这一"有作为就会有地位"的另类，固然能成为时代的一面旗帜，也必然会成为同僚的一面靶子，而且旗帜扬得越高，招来的攻击也会越凶猛。

1906 年开始的政治体制改革，袁世凯是最早的倡议者和最坚定的执行者。在此前为期 30 年的经济体制改革（"洋务运动"）中，既得利益者凭借权力资本，在国有民营（"官督商办"）等进行各种折腾。那一时期的反对者，多是出于真诚的意识形态顾虑，想保卫大清国社会制度和政治制度。而在新一轮改革中，既得利益者成为改革的主要对象，袁世凯虽有功于社稷，却开罪于当朝，如今靠山已倒、幼主即位，正是对老袁进行修理整顿的好时机。而年轻的载沣要巩固自己及儿子的地位，就不得不寻求既得利益者们更广泛的支持。何况，老袁这么大的一棵萝卜，占了这么大的一个坑，即使他不因改革而得罪人，把他挪开后也有相当的空间可以安置好几棵新萝卜，团结一大批新老干部。

其实，袁世凯自己又何尝不该选择急流勇退呢？从商鞅开始，功成而身败几乎是历史上改革者的宿命。改革虽然不像革命那样要靠枪杆子为手段，但毕竟也"不是请客吃饭，不是做文章，不是绘画绣花"，智慧、思路之外，更需要实力、魄力。因此，改革者真要"不唯上，不唯书，只唯实"，个人便难免"跋扈"（或"有魄力"），有点戆劲，不怕得罪人。

改革者所承受的风险是巨大的。改革失败，他就是乱政的罪魁，祸国殃民，反对者自然拍手称快，而昔日的支持者也会翻脸，嫌你把事情办坏了；而一旦改革成功，伴随着改革必然产生的副作用，同样可能会被"请君入瓮"——既然你为改革可以牺牲一切，朕现在就借你的脑袋用用，化解矛盾，推进和谐。改革者要避免这种囚徒困境，唯一的办法就是尽可能地攫取权力以自卫——先是韬光养晦、和光同尘，夹紧尾巴、多装孙子。问题是，在这个大费周章地攫取权力的过程中，改革者本人也容易被同化——改革或被放弃，或被异化成了权争的幌子。

袁世凯在大清的混浊河水里摸了好多年的石头，甘苦自知。如今来了些"看人挑担不吃力"的纨绔，正好洗脚上岸，让他们来摸摸石头，趟趟旋涡。一个愿打，一个愿挨，袁世凯和载沣你情我愿，洋人们的担心真是自作多情。堂堂上谕所公布袁世凯解职的理由为"足疾"，这样缺乏技术含量的借口常常被后世嘲讽，其实这或许正是载沣的政治智慧所在，他要向袁世凯以及全世界传递一个信号：老袁下台，我亦无奈！

金枪不倒张之洞

1909 年，宣统新朝，大批出身亲贵的年轻人被提拔到了国家领导岗位。一位老人则被虔诚地供奉在"改革开放"的神龛上，充当着小一辈的护身符、挡箭牌。

大清国的"改革开放"大致可以分成三个阶段：从 19 世纪 60 年代到甲午战争前的洋务运动，侧重于经济和国防现代化；随后是思想、政治和社会的"十年动乱"，对民族危亡及出路的不同认知，加上全民的急躁与盲动，酿成了戊戌年与庚子年尖锐的流血冲突和社会动荡；而从 1905 年开始，朝野上下又基本达成了共识，开始进入深层面的政治体制改革。

到了 1909 年，托福于如刀岁月，曾经作为改革旗手的老干部

张之洞左右逢源，最后变成一个"靠不住的人"。

们只剩下人称香帅的张之洞（字香涛），被当作吉祥物供奉起来，为各种各样的改革或折腾背书。

在大清国的政治股市中，张之洞是绝无仅有的坚挺蓝筹股，熊市、牛市通吃。与张之洞那条持续走高的阳线相比，李鸿章则走出了一条阴阳不定的曲线，该股在甲午战争之后更是景气凋零，行情下探谷底，俨然垃圾股。

八国联军进北京，李鸿章奉命"维和"，在大清国的很多人看来，这无非是 ST 的一次重组，无论成败，都可以毫不吝啬地作为垫脚石而被抛弃。李鸿章的老对手翁同龢则遭遇彻底崩盘，陡峭的阴线甚至击穿了底部，颗粒无收，不得善终。在其他同一量级的大佬中，曾国藩则因为强烈的自虐（或自我保护意识），在行情未到顶峰的时候就强行自我平仓。能勉强和张之洞相媲美的，只有一个——左宗棠。

改革是一种艰难的利益调整，而作为改革的旗手之一，张之洞居然能做到左右逢源，在危机处处的官场中毫发无损，展现了他个人卓越的运作能力。但是，这样一个灿烂光鲜的滑不溜手的"琉璃蛋"，对更需要锋芒和棱角乃至牺牲的大清改革来说，未必就是福分。

张之洞本是北京城的"名记"，以撰写抨击显要的"内参"而闻名，成为清流派的"青牛角"（"青牛"是"清流"的谐音），挡者披靡。张之洞就靠着这支"万人敌"的笔杆子，一篇文章一个脚印，成长为封疆大吏。张之洞是个聪明人，更是个"积极要求进步"的人，因此他的笔是长眼睛、有分寸的，有所为也有所不为。

光绪五年，同治皇帝下葬，有些不长眼睛的笔杆子出来聒噪，提出了今后光绪的子嗣究竟是为光绪还是同治承嗣的大难题，令慈禧太后相当尴尬。在这"大是大非"的关键时刻，张之洞旗帜鲜明地站出来，"援引经旨，侃侃谔谔"，证明慈禧太后选择光绪是如何的英明。以张的眼光，自然明白哪条大腿最粗且值得紧紧拥抱，何况慈禧太后于他的确还有知遇之恩。1863 年张之洞参加"高考"，本是二甲第一名，但慈禧太后将他改为一甲第三名。钦点"探花"，那比状元和榜眼都还要风光，张之洞从此也只能誓死捍卫太后。何况，秉公而言，对一个已经运行了 5 年，甚至把绪统的难言之隐直接写在了年号上的体制，任何的质疑都只能导致无谓的纷争，于和谐大局有害无利。张之洞以"青牛角"为慈禧太后站台压阵，客观上也的确起到了稳定大局的作用。能在关键时候发出关键的声音，且公私兼顾、浑然天成，这就是张之洞的政治智慧。

戊戌年，张之洞曾经力挺康梁等人，出钱出力出关系，但也敏锐地看到维新派的外强中干和急功近利。在变法主旋律响彻朝野时，张之洞逆市操盘，"不识时务"地抛出了著名的《劝学篇》，呼吁"激发忠爱，讲求富强，尊朝廷，卫社稷"，将维护三纲五常作为改革的首要目的，以此巧妙地将自己与康梁切割开来。

在戊戌年持续的政治大地震中，《劝学篇》为张之洞搭建了一座风雨不侵的防震棚。先是光绪皇帝"详加披览",认为"于学术人心大有裨益",传旨总理衙门排印 300 册,作为维新教科书,甚至要求各省督抚人手一册认真学习领会。戊戌政变,"六君子"喋血菜市口,其中有张之洞的门生杨锐,张之洞却"以先著《劝学篇》得免议"。《劝学篇》继续成为官方力挺的畅销书,据说前后发行量高达 200 万册。

一方面高调地待在风口浪尖,做出弄潮儿冲浪的姿态,另一方面却总是穿着或明或暗的救生衣,避免任何可能的溺水,这就是张之洞金枪不倒的秘诀。这当然需要眼光、魄力和手段。张之洞能将复杂的改革目标简洁地归结为一句政治口号"保名教",身兼改革者与卫道士两个身份,其一生的改革功业莫不带有浓厚的舞台剧色彩,改革成为展示他个人才艺的"星光大道"。

张之洞以"屠财"著称,与袁世凯"屠民"、岑春煊"屠官"并列清末"三屠"。《清史稿》说张香帅"莅官所至,必有兴作,务宏大,不问费多寡"。张的改革项目多是形象工程、面子工程,耗费巨大而收获甚微。著名的汉阳铁厂,从选址、引进设备到技术工艺,几乎步步出错;轰轰烈烈大炼钢铁,造就了一大堆劣质产品。整个项目实际上成为豆腐渣工程,最后自然是财政埋单了账。

总是和钞票过不去的张之洞,有一点品质相当过硬——廉政,仅此一俊,便可遮尽百丑。在他的清廉外表下,那些危害绝不亚于贪污受贿的面子工程,得到时人和后人的一概谅解,就当作"交学费"了嘛。

　　甚至在他那些因管理缺位而贪污盛行的改革事业中，小鬼们的腐败也被阎王的清廉彻底漂白，无人问津。同时代的刘鹗在其《老残游记》里痛责这类"清官"："赃官可恨，人人知之，清官尤可恨，人多不知。赃官自知有病，不敢公然为非；清官则以为不要钱，何所不可？刚愎自用，小则杀人，大则误国，吾人亲眼所见，不知凡几矣。"

　　张之洞的改革，表面看炉火烧得通红，内里其实冷静如冰。改革只是道具和手段而已。张之洞能做到金枪不倒、举而弥坚，就是常年修炼此类冰火两重天的成果。张之洞晚年取越王勾践"冬常抱冰，夏还握火"自勉，自号为"抱冰"，却不选择"握火"，其趋避之精明亦可见一斑。

　　如果说李鸿章"勇于"任事，那张之洞就是"善于"任事。勇于任事者，很多时候明知不可为而为之，有相当的棱角，甚至要有"我不入地狱谁入地狱"的牺牲精神；而善于任事者，则凡事趋利避害，见风使舵。

　　张之洞是改革的出色票友，调门高，余音可绕梁，当岁月将他推上了改革神龛的崇高地位时，也为大清改革添加了更为浓厚的戏剧化色彩。

　　口号取代行动，炒作替换实干，1909年乃至整个宣统朝间，改革就是一场色彩灿烂的文艺汇演，剧终人散后空留下白茫茫一片大地。

1909 年 10 月，张之洞人生谢幕。令他在九泉之下郁闷的是，西方媒体对他的逝世似乎并不感兴趣，《纽约时报》连电头日期在内仅做了 17 个单词的简短报道，惜字如金，与李鸿章去世时的连篇累牍成天壤之别。

一个以戏子心态捭阖政坛的强人，最后的谢幕无人喝彩。这也暗示了大清国的改革在粉墨登场、自得其乐时，四下里却响起了"下课"和"退票"的呐喊……

庆亲王的首富宿命

1909 年的宣统新朝，留任而有实权的老干部，只有一个年过七旬的庆亲王奕劻（1838—1917）了，掌管着各部之首的外务部。这与被仅仅当作图腾而供奉起来的张之洞自然大不相同。

作为四朝元老及少数参与了大清国"改革开放"全过程的老干部，奕劻在国际和国内都享有极大的知名度。举凡大清国的历次重大事件，他都是前台的活跃角色。遍查当时的西方报纸，Prince Ching（当时"庆亲王"的普遍翻译）的曝光度仅次于李鸿章、袁世凯和慈禧太后。

除了"国务活动者"的头衔外，奕劻还以贪腐闻名全球。时人说他家是"细大不捐，门庭如市"，"异常挥霍尚能积蓄巨款"。著名的《泰晤士报》《纽约时报》等也提到他家就是中国官场"集市"（market），连门房都设了"收费站"（toll）。后世有人称他为大清"首富",虽未必尽然,但可以肯定的是,他仅在汇丰银行就有超过 200 万两白银的存款。而他的宅第正是当年和珅的老宅,如此巧合,更容易让人想入非非。

奕劻并非大清国的近支皇亲,他在政治上的崛起得益于慈禧太后与恭亲王奕訢的政争。1884 年,奕訢再度被慈禧太后踢开后,奕劻因缘际会取代了奕訢在总理衙门中的位置,并晋位为庆郡王。从此,他的官运一路亨通,权力横跨外交、内务、财政和军队,远超光绪皇帝的本生父醇亲王奕譞。按照清制,爵秩例降递一等承袭,即亲王子只能袭郡王,郡王子只能袭贝勒。亲王如果得到世袭罔替,就是所谓的"铁帽子王"。咸丰年之后,只有恭亲王奕訢和醇亲王奕譞得到"铁帽子",而他俩是咸丰的亲弟弟,奕劻以远房宗室成为"铁帽子王",开创了政坛奇迹。

一个腐败到令全地球人都知道的贪官,为什么会在风云诡谲的晚清政坛中从边缘进入核心,并始终屹立在潮头?这自然不是"纨绔"二字能解释的。尤为难得的是,无论是甲午战争、戊戌变法及政变、义和团运动及八国联军入侵,还是随后轰轰烈烈的宪政改革,奕劻都表现出了丝毫不亚于恭亲王奕訢的开明姿态和灵活身段,并以其特殊地位为李鸿章和袁世凯等人保驾护航,成为致力于实践和探索的"浊流"们(与崇尚空谈的"清流"相对)的幕后支撑者。英国公使窦纳乐甚至认为他是"推动中国政府(进步)的一个杠杆"。

奕劻的政治本色和品格,在庚子事变的狂风暴雨中展露无遗。

庆亲王奕劻的非标准像。

CHINA'S FIRST PRIME MINISTER.

PRINCE CHING AND HIS RECORD.

In a cabled despatch published in *The Times* of May 9 our Peking Correspondent announced the issue of an Imperial Edict abolishing the Grand Council and creating a Cabinet, with Prince Ching as Prime Minister. The following article describes his life :—

(FROM OUR OWN CORRESPONDENT.)

PEKING, APRIL 27.

Prince Ching has been for years the most conspicuous and the most notorious figure in China. The story of his life is the story of China for

incapacity. He has been Comptroller-Gene of the Army Board—its success in large meass is due to his abstention from any duties cc nected with it. The last important conventi to which he affixed his name was the Manchuri Convention of December 22, 1905, and supplementary Agreement, one of the stipu tions of which provided for the transformati of the Japanese military railway betwe Antung and Mukden. China's violation this undertaking compelled Japan to proce to the construction of the railway witho awaiting China's consent, this being but c of the many humiliations which Prince Chi has succeeded in bringing upon his count a more recent instance being the Russi ultimatum regarding Mongolia.

As President of the Wai Wu Pu he l systematically evaded his duties. Minist of powerful foreign States have been treated him in a way that would not be tolerated

1911 年 5 月 17 日，《泰晤士报》发表长篇报道《中国第一任总理》，向世界介绍庆亲王。

作为朝廷中熟悉国际国内情况的少数明白人，奕劻坚决主张及早防止事态失控，以避免外交乃至军事上的巨大麻烦。他的右倾言论遭到以端郡王载漪为首的"不明外事，专袒义和团"的极"左"派的不满。英国外交官在发给伦敦的报告中认为："在北京的主要政治家之间，庆亲王和大学士荣禄似乎已成为仅有的对端王或董福祥提督起牵制作用的人物。"

载漪等把奕劻看成是必须清除的政敌，义和团们则将他描绘成了大汉奸，攻击奕劻的大字报贴满北京街头，已经失控的民间暴力清晰地将矛头指向了这位王爷。在此后讨论局势的高层会议上，奕劻一概装聋作哑，但从未改变自己的观点。

高喊着"扶清灭洋"动人口号的极"左"派们最后留下一地鸡毛，在八国联军的炮声中撒腿就跑，把收拾烂摊子乃至不得不"卖国"的脏活慷慨地留给他们本想诛之而后快的"汉奸"奕劻和李鸿章。在八国联军的刺刀下，奕劻和李鸿章如"囚徒"或"受到礼遇的俘虏"，为明知不可争的城下之盟而勉强一争，其间酸苦唯其自知。史家比较公认的是，因为这一功劳，慈禧太后终其一生都对奕劻和李鸿章优容有加。

从 1906 年开始的政治体制改革，是大清乃至中国历史上范围最广、难度最大、力度最强的改革。这一改革的主力袁世凯自然成为众矢之的，如果没有奕劻各种手段的保驾护航，小袁或许早就成为改革的烈士了。

后人多将奕劻与袁世凯的交往看成是利益输送，而忽视了在大清国的特殊国情下，无论忠臣还是奸臣，其实都是孤掌难鸣的。"君子"果真"不党"，没有统一战线，则无论好事坏事都将一事无成。

奕劻的双手，在推动改革的同时也毫不掩饰地往自己兜里大把捞钱，高调地成为大清国的"首富"之一。晚清两次以反腐败的名义出现的台谏风潮，矛头都直指奕劻。

第一次是 1907 年的一起权色交易。奕劻的儿子、商部尚书载振出差路过天津，看中了名歌姬杨翠喜，候补道段芝贵随即用重金为美人赎身，将其献给载部长。如果到此为止，无非是一段风流佳话。但不久，段芝贵便被破格提拔，一跃成了黑龙江巡抚。御史赵启霖立即上奏弹劾，认定之前是"性贿赂"。

朝廷派了载沣等人去查，结果"查无实据"，赵启霖反被革职，这激发了御史们的公愤。最后，赵御史复职，段巡抚被免职，载部长主动辞职。

第二次是 3 年后（1910 年），另一御史江春霖又向奕劻发难，弹章的题目就是《劾庆亲王老奸窃位多引匪人疏》，火药味很浓，震动朝野。江春霖被责为"沽名钓誉""莠言乱政"，但处分仅是"回原衙门行走"，换个工作岗位；结果他干脆辞职，炒了朝廷的鱿鱼，一下子名动四海。御史们群起效仿，"不让江氏一人独为君子，访查中外大臣劣迹，联名入奏，以尽职责"，掀起了舆论监督的大高潮，逼得奕劻只好请假躲避。

其实，两次反腐斗争的背后都有复杂的政治背景。前一案，正值东北"龙兴之地"改制设省，这成为北洋（奕劻父子多被视为北洋的保护人和代言人）权力扩张的良机，即使没有这起风流案，北洋也会想方设法将段芝贵等"自己人"顶上关键岗位。结果因小失大，留下破绽。后一案则更是御史们的"自卫"之战。在新的干部体制改革中，1909 年成立了资政院后，都察院的弹劾监督权被吸纳，对其裁撤势在必行，御史们只好冒险一搏，为了保饭碗而绝地反击，拿庆亲王开刀。载沣曾告诫江春霖等"不可乱聪明"。此话很值得玩味：高唱着慷慨主旋律的悲情歌手，其潸然泪下未必真是为了天下之忧！最为吊诡的是，政治经验显然极为丰富的奕劻，似乎并不想收敛和掩饰自己的贪腐形象；而且他还照样圣眷不衰，不仅得到了"铁帽子"，而且其妻妾中还可封六位福晋，超出了清制规定的亲王只能封五位福晋的限额。

其实，到了奕劻这种已经"不胜寒"的地位，唯一要做的只剩下如何展示自己胸无大志。一个道德形象与工作能力都完美得无可挑剔的下属，对大多数的领导人来说，并非是件可以高枕无忧的好事。高调地展示自己对醇酒美人的低级趣味，是历史上韬光养晦的不二法则，也是"可持续发展"的关键：既减少政治风险，又畅快地享受人生，何乐而不为呢？

从这个角度看，奕劻的"首富"非当不可。

一场包括以建立高效廉洁政府为使命的改革，却不得不倚重一位享有国际知名度的大贪官；而这位贪得如此高调的巨贪，却在某种程度上以自污而获得政治上的安全感，这种看似荒谬的故事，却正是 1909 年乃至整个宣统朝改革的胎毒，渗透在血液之中，难以自行摆脱。

1917 年，奕劻去世，宣统皇帝赐谥曰"密"，意思是追补前过，隐责其应对大清国的灭亡负责——仿佛多出几个清官，就可以继续"一统江山万年清"。这无疑表明，丢掉了江山却侥幸留得性命的天潢贵胄，并没有真正明白黄龙旗为什么不能继续飘扬了……

弄潮儿溺水

1909 年 6 月 23 日（宣统元年五月初六），一道人事任免状在大清官场引起不小的骚动。陕甘总督升允被免职，理由是"反对改革"——确切地说，是反对"立宪"。人们不禁惊诧：大清中央对政治体制改革居然有如此大的决心，甚至不惜将发出反对声音的高官拿下？！

升允其实并不是个反对改革的人，更不是个反对中央的人。

能在大清国熬上个总督宝座并非易事，除了能力、机遇、手腕、资历外，更为关键的是"立场坚定"：必须能在正确的时间站在正确的队伍里，并且高举着正确的旗帜。

总督或许是大清国含金量最高的官职了。一是权重，"综制文武，察举官吏，修饬封疆"，尽管才是正二品，只有"享受部长级别"（加尚书衔）的才与驻防将军（从一品）平级，但一手抓枪杆子，一手抓钱袋子，实际权力大大超越只管军事的驻防将军，当然更超越只管民政的巡抚。二是稀缺，直隶、两江、湖广、两广、云贵、四川、闽浙、陕甘，全国拢共才8个总督，1906年政制改革后又添了个东三省总督，总督是多少官员梦寐以求的肥缺。

总督人选，自然都必须是中央信得过的，确切地说，必须是中央领导班子的核心信得过的，唯有如此，才能做到"你办事，我放心"。当上了总督，除非脑子进水站错队、跟错人，一般是绝不会因为经济腐败或生活作风等"小问题"而下台的。即使是新一代领导核心上台，要腾出位置来安置自己嫡系，也大多会妥善处理，大家心照不宣，无论面子和里子都会配合默契。像升允这样被罢免，并不多见。

宣统年间的官场主旋律就是深化改革。而在全国九大总督里，已经干了4年的升允绝对可称是改革的弄潮儿，丝毫不逊于东南沿海的同僚们。这位蒙古族高级领导人，履历上毫无瑕疵，不仅出身于干部家庭，根正苗红，在能诗会文之外，还曾在任职外交部（总理衙门）时广泛地考察过欧洲各国。那时的大清官场，出洋还是被当作艰苦兼痛苦的"鬼使"，而非日后名利双收的"神差"。在"读万卷书"的基础上，而今又"行万里路"，升允的见闻和视野，自然比"土鳖"干部们广博，对欧洲的工、农、商、学有第一手的切身体验。这为日后他在"改革开放"的新形势下成为不仅可用且可以重用的干部，奠定了坚实的基础。

调任地方后，升允不断地迁转，于1901年春起出任陕西巡抚。

就在这一年，因八国联军入侵，慈禧太后与光绪皇帝逃难到了西安。升允充分抓住机遇，在与中央核心共患难的过程中得到了进一步的赏识。流亡途中，痛定思痛的大清中央发出了改革的号令，史称"辛丑变法"。

升允的陕西俨然已经是新的"直隶"，改革举措连连，包括建立了日后著名的陕西大学堂（西北大学）。

1905年，升允升任陕甘总督兼甘肃巡抚，在他的率领下，陕甘地区，尤其甘肃，在工业、农业、国防和教育"四个现代化"方面，其热闹程度丝毫不亚于东部沿海地区。而突飞猛进的改革是要成本的，是要有人埋单的。随着升允的改革摊子越铺越大，各种捐税也越来越多。无奈群众觉悟普遍不高，看看自己没怎么尝到改革的甜头，却先吃到了改革的苦头，就开始怀念起前任总督崧蕃，一个因循保守但为政宽厚的庸官。

民间甚至还用这两任总督的名字编了个顺口溜："走了个松泛，来了个呻唤（呻吟之意）。"民意对改革折腾的抱怨，在全国都很普遍，何况群众是否满意从来都不是大清国提拔干部的权衡因素。所以，你抱怨你的，我改革我的，升允的改革大戏照样锣鼓喧天。

升允其实是自请辞职的。

1909年宣统新朝开张，继续高扬立宪改革的大旗，全国的高级领导干部自然要纷纷紧跟。偏偏这位升总督要反潮流，他上奏说："立宪固属刻不容缓之举，惟不求其本，徒袭皮毛。舍中国数千余年相沿之成法与我列祖列宗建国之方略，事事步武泰西，而又操之过急，窃恐新章所练之陆军，他日皆成敌国，保甲所改之巡警，将来变为匪徒。"升允表示自己没办法执行这样的改革，要求自行辞职。

这哪里是反改革、反宪政？看其意思，所反的其实是草率的、皮毛的改革，所图的是更为稳健的、更为根本的改革。考诸后来的历史，升允的见解还是相当深刻与精准的，那些皮毛改革的成果在在都成了颠覆大清政权的工具。

奏折一上，在中央几位大员中，张之洞实际上是赞同升允的观点的。

根据张的年谱记载，他认为升允"言虽过当"，但"在满员中究属正派一流，所请宜不允"。

升允话虽没错，说话的时机却错了。当时的国情，立宪改革俨然已经成了新的政治图腾。一方面，各地民意汹汹，莫不把立宪作为大清王朝复兴的唯一希望，认为只要一立宪、一开国会，中国的所有问题立即迎刃而解，如同日本一般崛起在世界的东方；另一方面，立宪既是慈禧太后和光绪皇帝留下的政治遗产，也已经成了团结和凝聚，乃至清洗和重建干部队伍的主要"抓手"，地位还没稳固的摄政王载沣自然也只能继续高举这面大旗，为其所用，对于立宪的任何质疑和挑战都会被视为政治上的异端和组织上的异己。

升允就是在这个时候撞上了枪口，何况中央还有个对他十分

兰州老城，画面中的黄河铁桥（现名中山桥）就是升允在任时所建，
于 1909 年正式投入使用。

不满的庆亲王奕劻。两人的结怨始于 1904 年慈禧太后七十寿诞。庆亲王倡议全国献金祝寿，升允不仅不从，反而上疏进谏，令庆亲王颜面大扫。载沣当政，资历不足，而又百废待兴，资历深厚且十分开明的庆亲王便成为他的主要政治盟友，载沣对其言听计从。升允自请辞职，正中庆亲王下怀，所以即使有张之洞反对，中央最后也还是接受了。载沣私下暗示升允，要他韬光养晦等待时机，而张之洞则"意颇抑郁"。

升允辞职的背后，除了权力的博弈之外，其实反映了大清改革的狂躁和浮夸，稳健已经被抛在脑后，整个国家被激情引领着（或者说裹挟着），开始了全面的"大跃进"。

自甲午战争失败以来，尤其是日俄战争中弱小的日本打败强大的沙俄后，"制度万能论"便成为大清朝野的共识，坚信只有立宪才能救中国，且只要一立宪就一定能救中国。这种厚望迅速升格为政治上的浪漫主义，康有为在戊戌年所提出的中国只要 3 年就可以在政制上"超英赶日"的论断，并没有随着康梁势力被打倒而稍减，要求"跑步进入立宪主义"的呼声越来越高。而对变革应有的制度准备、社会动员、步骤规划，均被激情的洪流蔑视。一方面是各种动机的强烈的政治参与，一方面是因缺乏权威而逐渐失控的秩序，政治改革在大清国不仅不能如日本那样形成凝聚力，反而形成了越来越大的离心力，改革的快车失却了任何刹车制动装置。

改革毕竟不是只着眼于破坏和推翻的革命，而是更为艰巨的建设。

在改革的理念已经成为共识之后，剩下的就是"细节决定成败"。而要在拥有如此漫长的专制历史的庞大国度内移植外来的政治体制，改革者必须具备足够的权威性资源，社会也必须保持安定（即使不甚"团结"）局面。但大清国的爱国者们越来越不屑于投入应有的耐心与宽容，更缺乏应有的合作与妥协，调门一个比一个高亢，行动一个比一个浮躁，改革逐渐演变为对话语权及领导权的争夺，那些动听的政治名词更多地成为向执政者发难乃至"彼可取而代之"的工具，改革陷入了"城头变换大王旗"的循环。

弄潮儿溺水，至少能说明：水势无常，下水谨慎！

不端的年代

1909 年 6 月 28 日，中央政府任命端方出任直隶总督，接替两天前突然去世的杨世骧。

这样一名省部级官员的任命，却引起了万里之遥的美国的强烈关注。美国各大报纷纷在次日进行了报道。著名的《华盛顿邮报》（*The Washington Post*）报道的题目就是《塔夫脱（总统）观察中国，从端方的任命看到伟大的商贸开放》，同时透露，总统任命了西弗吉尼亚州前州长 Dawson 出任驻华商务总监，国务院也表示将迅速加强在华外交机构的服务功能。

48 岁的端方此前担任两江总督。大清国的总督，上马掌军，下马治民，权力很大。其中尤以直隶与两江为重，分别兼任北洋大臣和南洋大臣，参与外交与财政。

端方是根正苗红的旗人，又出身于科举正道，名列"旗下三才子"，所谓"大荣（荣庆，曾因建议先反腐败再政改而被后世列入'保守派'）、小那（那桐，著名的腐败分子，与庆亲王合称为'庆那公司'）、端老四（端方）"，是上级着力培养的青年干部。自 1882 年出道之后，端方进步神速，只用了十多年的时间就从一名普通的机关干部成长为国家高级领导人，历任直隶霸昌道、陕西布政使、河南布政使、湖北巡抚、闽浙总督、两江总督、直隶总督等职。

戊戌变法时，还只是厅局级干部（道员）的端方被赏加三品卿衔，主持新设立的农工商总局的工作。戊戌政变后，端方继续受到重用，担任了陕西布政使，并代理巡抚。义和团运动期间，端方表现出了难得的政治清醒，在他的强力维持下，陕西境内民教和谐、中外相安，没有出现大规模的动乱——这也是八国联军入侵后，慈禧太后和光绪皇帝选择逃难到西安的基本因素。端方在湖北巡抚任上，与湖广总督张之洞并不十分和谐，端方的改革步骤、力度远超出张之洞，甚至在政治上表现得十分自由化，包括顶着张的压力资助湖北的留日学生办报。当然，因为他的旗人身份，没人会质疑他的政治动机。他在两江担任总督时，"设学堂，办警察，造兵舰，练陆军，定长江巡缉章程，声闻益著"。

端方在朝野的口碑都不错，"尤有政治才，在满人中亦不多见"（邵镜人语），"为近时之贤督抚"（严复语）。当时的留学生，包括那些倾向于排满革命的人士，也与他保持着相当不错的私交。在他的幕府中，人才荟萃，既包括刘师培这样的无政府主义者，也包括蔡锷这样的革命党人。

端方1905—1906年与戴鸿慈、载泽等带团出访欧美十国，历时8个月，考察政治。回国之后，端方等总结考察成果，上《请定国是以安大计折》，力主推行政治体制改革。他们编纂的《欧美政治要义》，成为中国立宪运动的奠基之作。早在出国考察前，端方就是少数坚定地要求进行政治体制改革的旗籍官员。尤其1905年的日俄战争，"立宪"日本战胜"专制"俄国后，在中俄这两个世界上最大的专制国家内同时爆发出了政治体制改革的呼声。据说，端方在拜见慈禧时，太后说："新政都在施行，朝廷该办的都办了吧？"端方立即回答道："还有一事，尚未立宪。"慈禧问："立宪又能如何？"端方说："朝廷如行立宪，则皇上可世袭罔替！"这令慈禧动容，沉思良久。

正当国内外都对端方出任直隶总督而给予热望时，端方却在半年内因严重违纪而被"双开"。

1909年11月20日，李鸿章之孙、农工商部左丞李国杰弹劾端方，称其在慈禧太后葬礼上"大不敬"，证据有三：葬礼中沿途派人照相；迁奠礼上焚化冠服时，端方的大轿从侧旁"横冲神路"；于风水墙内借行树为电杆（其实是为了照明）。根据曹

端方，人如其名。

TAFT'S EYE ON CHINA

Sees Great Trade Opening in Appointment of Tuan.

OUR AGENTS TO SCOUR FIELD

President Will Place Former Gov. W. M. O. Dawson, of West Virginia, in Charge of Special Commercial Corps That Will Have Headquarters in Peking—Seeking Competent Minister.

The changes that are taking place in the Chinese empire are being watched closely by this government and the

华盛顿邮报关于端方出任直隶总督的报道。

汝霖的回忆，李国杰参加典礼后与农工商部郎中冒广生谈及此事，冒广生说："此属大不敬，你为御前大臣，敢弹劾吗？"李国杰经他一激，即说："为何不敢？"遂由冒广生草奏，李国杰参劾。奏折一上，摄政王批示交部严议，3天后以"恣意任性，不知大体"为由革除端方职务，另调湖广总督陈夔龙出任直隶总督。

曹汝霖记载："伟侯（李国杰）公子好出风头，鹤亭（冒广生）名士喜弄笔墨，而摄政王对于大行皇帝之事特别严重，二人或有揣摹迎合之意亦未可知。余与二人均系熟友，一日我问伟侯，君与午桥（端方）是否有过节？彼笑答，因鹤亭激而出此，想不到午桥竟受到这样的处分。言时有悔意，可见上奏权不应滥用也。"

端方是满汉平等的首倡者，他的女儿就嫁给了袁世凯的儿子，有人认为端方的下台是载沣为了清除政治上的异己。其实，作为大清"董事长"的载沣与有可能作为"总经理"的袁世凯本无根本冲突，与袁矛盾很深的是铁良等另一些地位相仿的满洲亲贵。载沣当国时年仅26岁，凭借的只是慈禧太后那"你办事，我放心"的政治遗嘱，因此，他只能也必须推行两个"凡是"——"凡是老太后做出的决策，我们都坚决维护；凡是老太后的指示，我们都始终不渝地遵循"。而对于端方的"大不敬"，一旦有人举报了还不处理，载沣就很容易引火烧身。野史表明，真正动怒的其实是当时的隆裕太后，西方的媒体报道也认为端方毁在她的手里。后世有人因此感慨："清有长城如此，而顾以微瑕黜之，此清之所以亡哉！"

墙倒众人推。不久，御史胡思敬弹劾端方在两江总督任上"贪横"的十条罪状，内阁发交张人骏调查，结论是"尚无罔利行私实情，惟束身不检，用人太滥，难辞疏忽之咎。现在业已革职，即著毋庸置议"。

1911年，端方再度被起用，受命督办川汉、粤汉铁路。此时正值中央大力推行铁路国有化，要整顿铁路建设的混乱局面。民营的四川铁路公司趁机要求政府承担其公司高管挪用公款在上海炒股造成的数百万巨额亏损，遭到政府严拒，该公司随即以爱国口号为包装，指责铁路国有化是为了引进西方资本的"卖国"行为，革命党乘势鼓动，四川局势迅速转厄。

在这危难之际，端方受命带湖北新军入川，此举造成湖北空虚，武昌随即暴动。消息传到驻扎于四川资州的端方军营，军心动摇。该部本是端方在湖北巡抚任上的旧部，且端方待下宽厚，在官兵中很有人缘。但此时"革命意志"战胜了个人情感，哗变士兵用砍刀残忍地处决了端方及其曾在日本学习铁路建设的五弟端锦。改革者的脑袋被装在盒子里，浸满煤油以防腐，呈送给了武昌的革命者作为"投名状"。

根据不被民国官史认可的资料，当时端方已决定带兵返回武汉，但因他从成都银行商借的4万两军饷未到，士兵们拒绝开拔，并怀疑端方欺骗他们。在端方兄弟被处决后的第二天，成都来的饷银就到了资州。上海《字林西报》（*North China Daily News*）、美国《纽约时报》等英文媒体纷纷报道端方之死，感慨于一代改革者死于贪财的军士之手。一年后，王国维写下《蜀道难》的长篇悼诗，内有"朝趋武帐呼元戎，暮叩辕门诉索虏"，为叵测的人心而叹息。

辛亥革命中罕有清廷高官被杀，包括"瑞澂辈误国殃民，罪魁祸首，竟逃显戮"，一个个平安着陆。时人感慨："独端方不保首领，岂天之欲成其名耶！"其实，革命党早欲除去端方，就因其突出的能力与号召力，如"使其久督畿辅，则革命事业不得成矣"。在"壮烈"的革命恐怖行动之中，被列入暗杀对象的都非贪腐而民愤极大者，而是有能力乃至有操守的官员。根据"革命"的逻辑，桀纣是同盟者，而尧舜则是敌人，一切都以是否能帮助自己登堂入室、猎取政权为标准。

被强行"扫进历史垃圾堆"的端方，曾经深刻地认为：立宪与专制有优劣之分，而君主与共和则只有形式之分。如果宪法受到尊重，则君、官、民都只是同一规则下的游戏参与者；而如果宪法就是垃圾，则任何人都可能成为国家的破坏者。他指出："设立政府所以谋公共利益，保全国民之治安兴盛利乐，非为一人一家或一种人之幸福尊荣私利也。"在共和的新装下，"一人一家"或许已无能将政权视为私产，但纵观民国史，"一种人"的小团体却在自我神化之后堂皇地提出"一个国家、一个主义、一个政党"，党同伐异，成王败寇，赢者通吃。

一个惯用他人脑袋作为投名状的新时代开始了，秀才娘子的大床与小尼姑的光头，成为阿 Q 们的革命动力。身处如此"不端"与"不方"的时代，又"端"又"方"的端方，除了悲剧之外，还可能有别的结局吗？

"蒙""瞎"官府

1909年2月9日，在袁世凯因为"健康问题"从领导岗位上退下来之后仅一个多月，袁的亲密战友徐世昌也从位高权重的东三省总督任上离开，而回到北京出任邮传部部长（"尚书"），接替因腐败问题而被"双开"的陈璧。

从管理战略地位最重要的"块块"到管理油水最足的"条条"，摄政王载沣还是给足了徐世昌面子。尽管按照组织路线的山头来划分，徐绝非是载沣可以放手重用的人。

作为大清国第一任东三省总督，徐世昌在东北文治武功均有相当建树。即使青年一代的领导核心也能认识到徐的价值。大清国年仅22岁的总参谋长（军咨大臣）载涛从欧洲考察陆军建设回国时，经过奉天（沈阳），"见马路、电灯、军警无不备具，街市焕然一新，乃宿公署，俨然欧式，益服世昌新政经画，非它省疆吏所及，还朝即力荐其值枢府焉"。

当然，也有愤青们对此不以为然。王照在《方家园杂咏纪事》中说，徐世昌到东北后，干的无非都是面子工程、形象工程，"先以数十万金建新公署，其奏章曰：以耸外人观听。而此折且发刊宫门抄，外人腾笑。此一小事，足见中国大臣全班之愚陋矣"。

王照的评价相当偏颇，却也描摹出大清国改革的另一幅画卷。时人记载道："易私塾门榜即为学堂，改亲兵衣饰即为巡警，建一二洋式衙署，用一二留学生，即为崇奉西法。"轰轰烈烈的改革被各级领导干部有效地当作了道具和工具，而政绩斐然如徐世昌者，在官场的同僚看来，最为艳羡的还是那些外在的市政建设。各地官员也莫不倾力在马路、电灯、军警这些看得见、摸得着的表面文章上大下功夫，锣鼓喧天，色彩烂漫。

改革如戏，梨园一梦，只具有短期的观赏价值。

粉墨登场是大清国官员们最为拿手的绝活，他们往往把自己作为舞台的主角，全力打造"高、大、全"的光辉形象，养成了浮夸、疲怠的工作作风。在政治体制改革刚刚启动时，中央就曾经想将改革的刀子对准干部队伍的形式主义与官僚主义，监察官员（御史）甚至具体选定了烦琐的官场礼仪作为下刀的对象，认为领导干部们的官威森严已经成为一大问题。御史吴钫在1907年的一份报告（《御史吴钫奏更定官制宜厘订选用升转俸给仪节四端折》）中描绘道，大清国官员的"过自尊贵"已经"相沿成习"：平日深居简出，脱离群众，而一旦离开那奢华的办公场所则又"盛陈仪卫，道路避人"。改革的成果似乎还是显著的：以往扛着"肃静"和"回避"导牌、挎着腰刀的衙役们，换成了装束精神、扛着洋枪的警察，军乐则取代了敲锣。领导干部们在日理万机中也还能抽空心系群众，设立了"接待日"（告期）。当然，"接待日"之外恕不接待，违反此规定、非要领导接待的百姓就是恶性上访，扰乱国家机关的正常工作秩序。不仅接见群众要定日子，就连接见下属也同样要有"衙期"。至于"告期""衙期"之外，领导干部们都在忙些什么，那是大清国的国家机密，与平头百姓没啥关系。

在珍稀的"告期""衙期"到来之时，烦琐的礼仪却忙于包装和凸显领导干部的威严，"于是百姓视州县为神圣，属官视长官如帝大"，升堂问案的实际时间就很少了。据记载，在国家机关持久的"自我雄起"包装下，贵州苗人甚至将所有的官员一律尊称为"皇帝"，而把北京城的皇帝称为"京中老皇帝"。没有史料表明，被称为"皇帝"的大小领导干部们是泰然受之还是惴惴不安，但遍布史料的是，地方官的确如同小皇帝，恨不能在自己的一亩三分地里也建个天安门、金銮殿。追求"更大、更牛、更雷"排场的官场礼仪，造成的危害是"疾苦无所周知，利弊无以上达"，时人将此归咎于"专制政体养成骄泰之习，数千年于兹矣"。

吴铽认为，那些"告期衙期、跪拜请安、称卑道小"的陋习，会造成"上骄""下谄"两方面问题。"上骄"就是领导干部自我陶醉，表扬与自我表扬相结合，并且以自我表扬为主，忘乎所以；"下谄"就是人们在权力面前无法"养成高尚之人格"，官大一级压死人，爹亲娘亲不如长官亲。吴铽指出，政治体制改革的目的，无非就是让国民担当起国家的重任，而这就必须"先使国民有爱国亲上之热诚"，而"官场之仪节不除，则上下之意情

尽管早已睁眼看世界，大清国对于西方官员的亲民态度还是只能艳羡。
图为 1902 年清廷高官宴请来访的德国皇太子。

终阁"，只有将那些陋习革除尽净，才能"通难言之民隐、合已涣之群情"。

当时，早已经走向世界的大清国，对西方的情势并不隔阂。几乎每一个出访西方的大清代表团都会注意到，在西方国家，尤其美国、法国等共和国家，"其总统与民相见，称谓同，报礼同，节目疏阔，而情意周浃，皞暤乎其盛也"。大清国那些饱读诗书的使者都会因此联想到书本中所描绘的上古淳朴社会，联想到以天子之尊而"下车泣罪""止辇受言"的古老故事。

戒除官气，不仅是监察官员们的呼声，也是那些掌握实权的改革派官员的呼声，包括张之洞、刘坤一等的。"古之言治者，曰亲民，曰忘势"，"忘"却自己的威"势"，正是亲民的基础。但要"忘势"，仅仅依靠官员们的自觉是完全不可能的。

大清官场的习气早已扩散到全社会，即使企业也要学官场，将架势撑起来。据史料记载，轮船招商局、机器织布局等国有企业的衙门作风比机关还有过之而无不及。盛宣怀每次到机器织布局的各工厂检查工作，厂里都要组织员工夹道欢迎和欢送，各级经理人员也如同官场一样，捧着手本，依序站班，等候接见。即使民营企业家们，也无不以捐个官阶为荣，便于在名片上印上"相当于处级（或局级）"之类的官衔，乐于被称为"×长"而非"×总"。

在各级官员们扯着改革的大旗可劲为自己包装造势的同时，大清国的官场主流并没有任何改变。光荣的送礼传统被保持下来，并且得到了发扬光大。夏天的"冰敬"、冬天的"炭敬"、送给领导夫人的"妆敬"、送给领导孩子的"文敬",随着"改革开放"的深化而不断与时俱进,从土货升级到西洋的奢侈品,从银子升级到美元英镑。

这其中最有创造性的,当属盛宣怀。1908 年,这位在官商两道都极有能量的大腕,积极谋划在辖下的各国有企业进行股份制改造的过程中,留出一定的股份作为"内府公股"送给皇室。给皇家送干股,这在"普天之下,莫非王土"的旧观念下十之八九要被斥为居心叵测,而如今是"改(革)开(放)搞(活)"的新时代,就看谁的思想更为解放、步子更为大胆,更要看谁最能体谅当权者的苦衷、主动投怀送抱。大清国的经济体制改革远远比政治体制改革历史悠久、成效显著,其中相当闪光的就是股份制改造。国有与私有的政策不断左右摇摆,而每一次摇摆都是股份的整合与重组,权力资本在其中"挟官以凌商,挟商以蒙官",充分利用官商两道的信息不对称,两头忽悠,实现自己的利益最大化,占据不少股份。1886 年盛宣怀刚刚接管招商局时,户部在拒绝通过李鸿章提出的为招商局的漕粮运费加价的请求时,一针见血地指出:"稽之案牍,证之人言,知所谓利权,上不在国,下不在商,尽归于中饱之员绅。"

在庞大的官僚体制过滤下,大清国的改革被不断地异化变形,"清理财政而漏危愈大,编练新军而哗兵愈众,改轻刑律而断狱愈多,事事有尽更其故之思,人人有不如其初之慨",人们甚至开始怀念起改革之前的旧社会来。至于那演艺已经炉火纯青的干部队伍,虽然被称为"皇帝",其实苗人私下里却将其称为"蒙"。无独有偶,粤西的瑶人则称官府为"瞎"。一"蒙"一"瞎",似乎倒也形容得一针见血……

腐败的跳蚤

1909 年 1 月 14 日,已是农历腊月廿三。慈禧太后与光绪皇帝逝世还不到 3 个月,全国人民显然(或者显得)还必须沉浸在悲痛之中,北京城自然还是八音遏密,过年的气氛淡了不少。就在这时候,一场反腐风暴突然刮起。

这一天,纪检官员(监察御史)谢远涵上了两道奏折。第一道奏折弹劾邮传部尚书陈璧"虚糜国帑、徇私纳贿",具体罪状有"订借洋款、秘密分润、开设粮行、公行贿赂"等。第二道奏折则是综述,认为现在"吏治窳败,请严饬实行整顿",并列举了组织人事方面的四大问题:一是"荐擢太滥",二是"升迁太速",三是"更调太繁",四是"兼差太多",建议中央"循名核实,严定考成"。

谢远涵是京城"名记""清流"中坚,其奏折一上,最高领导当天就下达批示:对于弹劾陈璧之事,由大学士孙家鼐、那桐"秉公查办、毋稍徇隐";而将第二份奏折转给专门负责新政改革的"大清体改办"(会议政务处,原称"督办政务处"),要求他们会同组织部（吏部）研究商议。

大过年的，平地里响起这样一声惊雷，令中央国家机关的干部们忐忑不安。此时正值宣统新朝开张，人事上照例要有一番除旧布新。两周前（1月2日），炙手可热的袁世凯已经因"足疾"开缺回籍，袁的死党、民政部侍郎赵秉钧也已被免职。

媒体披露的、未经证实的消息表明，陈璧的腐败，一是经手国际贷款时收受巨额回扣，二是利用职权卖官。英国《泰晤士报》估计陈璧的涉案金额在585万英镑之巨。邮传部是大清国官场肥缺最多的机关，掌管着邮政、电信、铁路等新兴事业，其影响力甚至延续到民国，形成了强大的政治帮派"交通系"。

惴惴然地过完了年，元宵节后，组织上的调查结论就出来了。关于陈璧贪污受贿，查无实据，或许舆论真是冤枉了陈璧，或许不同的派系之间经过了政治协商。陈璧被认定要对两个罪名承担领导责任：一是"开支用款，颇多靡费"，二是"前后所调各员，不免冒滥"。"交部严加议处"的结果相当严厉，陈璧被"双开"。这就是清末著名的"陈璧案"。

至此，陈璧已经任职一年零八个月，成为邮传部在位时间最长的部长（尚书），而5年间（1906—1911年）13次更换部长的邮传部也被当时的媒体戏称为"运动部"。

陈璧被革职，敲山震虎的效果显露出来。邮传部开始清理整顿，裁撤冗员，削减经费，据当时的《盛京日报》报道，每年可以节省经费六七万两。《申报》也报道说，陈璧一案令其他中央机关大为震动，法部、民政部、农工商部、大理院等纷纷主动开始裁员节费。

其实陈璧的工作能力还是很强的，他上任后，整顿机关工作作风、收回京汉铁路、收回商办电报、创办交通银行等，政绩斐然。但他的大刀阔斧也被人理解为"气度偏浅，遇事不知从大处着手，且好挑剔细故，自诩精能"，因此"舆论多薄之"。自然也有人为他抱不平，如《大公报》就认为，"今日贪官污吏足跻满朝，而陈独负其重咎"，认为这还是一种政治路线清洗，陈的错误在于站错了队、跟错了人。

"贪官污吏足跻满朝"，的确生动反映了1909年大清国的国情。从辛丑变法（1901年）开始，大清国的新一轮改革已经历时8年，依然没有能在治理腐败痼疾上取得任何成效，反而越演越烈。当时的北大校长（京师大学总监督）刘廷琛总结道："私亲遍植于要津，人才半成于贿赂，故日言整纪纲而小人愈肆，日言饬官而幸门益开，日言养民而祇增苛扰之烦，日言察吏而转启贪横之习，日言治军而克扣之弊转甚绿营，日言理财而挥霍之风公侵国帑。"新政改革已经成为各级官员大肆寻租肥己的好机会。

早在新政伊始，大清中央就不断地高唱反腐倡廉的主旋律，动之以情、晓之以理、慑之以威，但在"贪官污吏足跻满朝"的大背景下，敲警钟都被当作了敲木鱼，甚至越能贪腐者也越能高唱反腐。

1906年，在宣布立宪改革之前，大清中央召集了核心的王公大臣们会议，针对政治体制改革的节奏、步骤、路径等进行辩论。在会议上，教育部部长（学部尚书）荣庆认为，政改应该缓行，因为当前"政体宽大，渐流驰紊"，官员队伍过于腐败无能，不仅不能依靠他们实行改革，而且改革会给这些"神奸巨蠹"们提供更多的机会。他认为，当务之急应该是"整饬纪纲，综核名实，立居中驭外之规，定上下相维之制，行之数年，使官吏尽知奉法，然后徐议立宪"，必须充分考虑到大清的国情，不可"不察中外国势之异"，更要实事求是，不可"徒徇立宪之美名"。

历史记录没有显示荣庆的观点是否受到其他与会者的反驳，但显然，中央集体考虑到了改革的条件并不完全成熟。会议的结论是：一、必须实行立宪政治改革；二、鉴于"目前规制未备，民智未开，若操切从事，徒饰空文"，政改不能一步到位，必须先行预备。

反腐败与政治改革，的确是个先有鸡还是先有蛋的悖论。一方面，腐败不除，依靠这支"成事不足，败事有余"的干部队伍，任何改革都会变形走样，成为新的寻租工具；另一方面，普遍的腐败已经表明了旧的体制和机制不具备自我代谢的能力，不改革就无法消除腐败。对于任何一个执政者而言，如何下手都是一个艰难的抉择。

在野者"看人挑担"，自然无法感受其不可承受之重，只是一味地高喊口号，开出空头支票。保皇党、革命党抓住政府的腐败大做文章，章太炎就认为"现在官场情景是微虫霉菌，到处流

电报等新兴产业，让邮传部成为最肥的部门。
图为晚清的电报房。

毒，不是平民革命，怎么辟得这些瘴气"，却从来没有论证过为什么以及凭什么平民革命就能"辟得这些瘴气"。这些反对势力开出来的唯一药方，核心就是两个字：我能！果真能吗？

保皇党与革命党在反腐败问题上有一个共同特征：矛头永远只指向政府和政敌，在不择手段地妖魔化当权者的同时，不遗余力地将自己打扮成了永远正确、不需监督的天使。这成为今后中国一切反对势力的固定操盘模式。

保皇党从流亡的那一刻起，就将"保皇""勤王"的口号转化为了在海外锦衣玉食的"生产力"。而革命党在高喊着民主共和的同时，将自己的团体日益演化为从形式到实质都并不民主也不共和的地下帮会。

清廷灭亡之后，动听的政治口号不断填充着中国的近代史册，而腐败症状却没有丝毫减退。相比而言，"腐朽没落"的大清国至少显露了一丝坦率：它从来就没有否认过自身腐败的严峻与危急，更没有掩耳盗铃地高唱形势一片大好及越来越好。

早在甲午战争时期，深刻研究了中国国情的日本间谍宗方小太郎就认为，中国的腐败并非只是官场独有，而是全民丧失信仰，"人心腐败已达极点"。他指出，国家是人民的集合体，人民是国家组织的一"分子"，"分子"一旦腐败，国家岂能独强？中国"分子"们集体腐败，国家的元气就丧失消亡，这比政策的失误还要可怕，政策的失误尚且可以扭转过来，而国家元气的腐败就"不易返回中道"了。宗方小太郎因此估计，以当时（1895

年）的形势来看，早则 10 年，迟则 30 年，中国"必将支离破碎呈现一大变化"。

日本间谍的分析，的确是对全体大清国民的诛心之论。腐败在大清国并非无源之水、无本之木，而是有着广泛和深厚的群众基础——几乎人人都在筛选寻租的机会，"有权不用，过期作废"几乎是全民的信仰，区别只在于机会的有无、大小。

同样，所谓的"反腐败"并非都是为了建立制衡权力的清明政治，更多的是未得利益者向既得利益者、少得利益者向多得利益者的斗争手腕，骨子里崇尚的还是"彼可取而代之"。

自大清国实行"改革开放"以来，西方的主义与思潮就不断流行，但作为西方政治理念中最本质的对于权力的质疑与约束，从来没有被中国人，尤其是那些焦急等待着"上垒"的政治反对者们真正接受。对于旨在改朝换代的改革（或革命）而言，反腐败无非是手段、手腕和策略。

贯穿在这些改革（或革命）中的，是对人对己的双重标准，一方面"己所不欲，必施于人"，另一方面"施于人者，己必不欲"。当自己总是凌驾于改革（或革命）之上，即使播种下去的果真是龙种，收获的也绝对依然是跳蚤……

司法独立 vs 私法独利

1909 年，大清国已经进入了宣统新朝，中央纪检部门却还在为上一任领导光绪皇帝亲自交办的一桩腐败渎职要案而忙碌：案件的主角是正一品大员绥远城将军贻谷。

就大清国的潜规则而言，查办一品大员的腐败问题往往只是政治路线和组织路线方面的清洗。但这次似乎并没有高层政治斗争的因素，中央实在是想树立一个真正的反腐败典型。

作为大清国掌握枪杆子的大腕，驻防将军是"八旗指挥枪"这一基本原则的最主要体现。驻防将军的人选，必须是"又红又专"的绝对能让中央放心的"自己人"。

贻谷是满洲镶黄旗人，先天可靠，"革命化"没有问题。他还是科举正道出身，点过翰林，"知识化"也符合条件。在"专业化"方面，他是能文能武的全才：从1875年参加工作后，先在国防部（兵部）任职，参与海军建设；后改任翰林院庶吉士，升任翰林院编修，内阁学士兼礼部侍郎，又任镶蓝旗蒙古副都统；八国联军入侵后，他又在危难之中出任国防部第一副部长（兵部左侍郎），随后再转回文职，担任国史馆副总裁。这样几番磨砺后，被委以重任，出任督办蒙旗垦务大臣，赴绥远督办西蒙垦务，享受部长级别（加理藩院尚书衔），直到出任绥远城将军，正式掌握枪杆子，文治武功，政绩斐然。

大清国怕就怕"认真"二字，贻谷就是太认真了，破坏了官场潜规则，最后被人家给"潜规则"下去。事缘他核查边防用款，发现了一笔7年前（1900年）的军械修理费用，实际开支仅774两，而报账报了8475两。

几千两银子的事情，在大清官场实在是小数目，就算当学费交了，也是"洒洒水"的小 case。可贻谷一顶真，当时经办此事的部队领导人——原绥远城协领荣昌和原绥远城防御文哲珲就坐不住了。这两人现在也都是官居一二品的高级领导干部，消息灵通，能量也大，自然是多方传话，希望贻谷顾及领导干部之间来之不易的和谐团结局面。野史甚至还流传八卦段子，说文哲珲试图用自己的小妾对贻谷进行性贿赂，但都不管用。于是，文哲珲抢先动手，在1908年年初举报贻谷破坏蒙满民族关系，引起民族矛盾，"后患堪忧"，上纲上线，恶人先告状。贻谷举报文哲珲贪污的奏折不久也到达北京，本来一滩清澈的水开始越搅越浑。

两位大员互相指责，中央当然很重视，由新成立的法部为主，组织专案组进行现场调查。结果，专案组中实际办事的樊增祥是贻谷的老对头，趁机报复，给贻谷定了个"二误四罪"。光绪皇帝闻讯大怒，不顾御史的反对和绥远民间的鸣冤请愿，将贻谷"革职拿问、押解来京、监追治罪"，下场与文哲珲没有什么区别。

不久，光绪皇帝和慈禧太后相继辞世，政局动荡，贻谷便在法部的大牢里开始了漫长的等待。1909年，摄政王载沣基本搭好了管理架构后，法部才开始审理这一大案。这一案件牵连到民族关系和边疆开垦，情节复杂，涉案的人、财、物、事庞杂，内查外调需要大动干戈，直到1911年才定案，将贻谷发派新疆。但人还没出直隶，辛亥革命就爆发了。

1921年，北洋政府下令为贻谷平反，并予以褒奖，徐世昌总

晚清司法改革的最大亮点，除了司法独立之外，就是废除酷刑。
图为西方人拍摄的晚清酷刑之一"站笼"。

统向贻谷颁发了一块"耆英望重"金字匾额。此是后话。

值得注意的是，贻谷一案成了当时愤青们攻击"司法独立"的口实，他们坚信这一冤案的背后就是法部受贿，故意把水搅浑，以便"吃了原告吃被告"。大清愤青们编了个段子，将当时正在积极提倡的"司法独立"四字改为"私法独利"："私者，私弊也；法者，枉法也；利者，利益也……（法院）只知道枉法营私，独得利益，不管两造谁是谁非，就如此具结了案。"

中国的司法，从来都是行政的"二奶"，司法与行政的混一、司法屈从于行政，是数千年的中国特色。大清国的政治体制改革却选择了这个最难啃的硬骨头进行攻坚，将司法独立作为政改的重中之重。尽管司法独立在很多地方演变成了"私法独利"，但其改革的深度、广度与力度，前无古人，后少来者——至少从民国实践来看，除了调子唱得比大清国更好听外，实质上并没能超越多少。

大清国的政治体制改革奉行的一项基本原则就是立法、司法和行政三权分立，其核心就是司法独立。当时主持修订大清国法律的著名法学家沈家本认为，没有真正的司法独立，就不会有真正的宪政，"东西各国宪政之萌芽，俱本于司法之独立"，"宪法精理以裁判独立为要义"，"西国司法独立，无论何人皆不能干涉裁判之事。虽以君主之命，总统之权，但有赦免而无改正"。

当时的舆论也认为：所谓立宪者何？立法也。"夫所谓宪者何？法也。立宪国者何？法治国也。法治国者何？以所立之法，为一国最高之主权之机关。一国之事皆归法以范围之，一国之人皆归法以统治之，无所谓贵，无所谓贱，无所谓尊，无所谓卑，无所谓君，无所谓臣，皆栖息于法之下，非法之所定者，不能有命令；非法之所定者，不得有服从。凡处一国主权之管辖者，皆同一阶级，而无不平等者。此立宪之定义也。"

在中央机构的调整中，司法机关是变动最大的。原来的刑部改成法部，专管全国的司法行政，原则上不再兼理审判；原来冷衙门的大理寺改名为大理院，作为大清国的最高审判机关，沈家本出任最高法院院长（大理院正卿）。《大理院审判编制法》明确规定："在大理院以下及本院直辖各审判厅局关于司法裁判权不受行政衙门干涉，以重国家司法独立大权，而保人民身体财产。"这是中国司法史上最重大的变革，司法终于破天荒地结束了数千年来的"二奶"命运，第一次与行政平起平坐，至少在理论上如此。

1910年，中国历史上第一部《法院编制法》公布，大清的中央文件（上谕）继续强调："立宪政体必使司法、行政各官权限分明，责任乃无诿卸，亦不得互越范围 ……嗣后各审判衙门，朝廷既予以独立执法之权，行政各官即不准违法干涉。"这部法律明确规定，各级法院的法官独立行使审判职能，其他任何人不得干预审判，或破坏法官终身制，即使最高法院院长，虽然"有统一解释法令、必须处置之权，但不得指挥审判官所掌理之审判"，"法部对于推事（法官）及检察员，不得有勒令调任、借补、停职、免职、减俸等事"。这些规定，至少在制度设计层面上试图确保法官的完全独立审判权。

当然，渐进的改革本身就是利益不断调整重组的过程。司法独立的原则虽然被写入了法律，宣示于朝野，但执行起来还有相当艰难的过程。

在中央机构设置上体现了三权分立原则后，地方机构改革中司法独立未能得到保障：司法行政与审判的干部任免权限依然在地方总督、巡抚手上——政治前途被捏在人家手中，法官的独立审判当然大受影响。

尽管困难重重，但司法独立在大清国迅速成为代表着政治正确的主旋律，无人敢公然挑战。即使位高权重如摄政王载沣，即使他为了政治大局的考量，也只能"遇见红灯绕着走"，而不敢强司法之所难。

最为典型的案例，就是对 1910 年汪精卫刺杀摄政王的处理。此案如果依法办理，需由掌管公安职责的民政部移交给大理院，则汪精卫必死无疑。但载沣考虑到"党祸日夕相寻，恐益重其怒，乃作释怨之举，博宽大之名"。肃王善耆"又从事赞成，遂饬法部以扰害治安定拟，判决二人皆处以无期徒刑，加重，永远禁锢"。显然，为了展现执政者的宽容，政治再度对司法进行了干预。虽然这一宽容与和解的姿态赢得了海内外的一片喝彩，但最高法院却依然敢于对如此公然践踏法律的行为表示不满。据《申报》报道："大理院中人因此颇以民政部逾越权限为辞。盖大理院虽只有按律定拟之办法，然具奏后仍可由特旨减免死罪。况监禁罪名，属于刑法，他部未便干预。大理院之政论，如是按照法理，此论固属正当。惟此案一经法庭正式审问，所有株连之人，势必尽数逮问，不但迁延时日，且恐诸多窒碍。民政部此举，盖为消弭党祸其见。其中亦有不得已之苦心，并非有意侵越司法权限云。"

尽管存在着"私法独利"，尽管更多的依然只是遥远的目标，但当最高领导人都将司法独立看作是不可触摸的高压线时，这无疑是被后世贬为"腐朽没落"的大清国的一个巨大进步，而历史在一个急转弯后，一切似乎都又从头再来了……

善耆不善骑

快到年终了，北京照例是格外的冷。

严寒并没有能阻止各省咨议局请愿代表的上访，他们在中央各个部门不停转悠，递交请愿信，要求提前立宪、早开国会。主流史家一般认为，作为中央领导核心的载沣对此相当恼怒，因为他并不想真正地实行宪政。此时，立宪万能论已成为大清国的主旋律，人们或过于天真地相信，或过于世故地假装相信，只要一立宪，大清国的任何问题都能迎刃而解。尽管对比当时的立宪第一榜样日本，大清国的立宪预备期显得过于短暂，但各省咨议局还是希望这一政改能超常规地跳跃式发展。深知柴米贵的当家人，难以认同这种毫无根据的乐观，尽管他们也实在希望尽快建立这个能令"皇上世袭罔替"的宪政体制。

请愿团成了 1909 年寒冬里最烫手的政治烤红薯，各部门领导难以表态，只好三十六计走为上，避开雷区，明智地保持了沉默。

只有一个人例外，他就是民政部尚书、肃亲王善耆。这位"铁帽子王"在民政部大堂接见了请愿代表，认真听取他们的意见，介绍了民政部在预备立宪方面的各项工作，但没有直接表态。根据并不十分可靠的史料记载，在谈话过程中，这位京剧超级发烧友突然把头上的帽子扔到地上，唱了一句《空城计》中的戏词"先帝爷白帝城龙归天境"，举座愕然。善耆哈哈一笑："诸君莫慌，咱们都是好朋友，你们也不说是代表，我也不说是王爷，横竖咱们乐一晌就得了。"这为一场气氛僵硬的政治谈判，增添了一抹娱乐的轻松色彩。

后世史家普遍认为，这一戏剧性场景是善耆在表白：如果先帝（光绪）在世，立宪早已实现，其矛头直指载沣。这种一厢情愿的揣测，其实是后世史家非黑即白的思维模式使然。善耆虽然是铁帽子王，但爵位与实职是两码事，依然可能随时被清理出权力中心，去过那"享受王爷级别待遇"的政治平民生活。他没有任何必要与载沣结怨，更没有任何史料证明他与载沣有过节，非要在各省代表面前抖搂。与其说那是善耆对立宪请愿的含蓄支持，毋宁说是他在一个难以表态的问题上的特殊搪塞。

善耆基本上是一位善于驾驭复杂局势的好"骑手"。

在出任民政部尚书的数年间，他成为最为活跃的改革弄潮儿之一，丝毫不亚于当时的地方督抚们。民政部权限很大，既要负责地方自治那样的深层次体制改革，也要承担公安部及新闻审察署的职能，负责全国警政及报刊监察，并且还是首都市政基础设施建设的负责机关。善耆在推行新政方面政绩斐然，成为中央部委领导中的坚定改革派。

在政治方面，善耆的宽容甚至表现出了相当程度的自由化倾向。对于立宪请愿运动，激进的地方督抚们大多并不能与谨慎的中央保持一致，但善耆却是中央政府中少见的"速进派"。北京的"国会请愿同志会"向民政部申请备案，主管官员吃不准如何处理这家天子脚下的抗议团体，怕担责任，不敢表态，也建议善耆审慎对待，最好把球踢给军机大臣们。但善耆却直接批准了。他表示："凡人民结社立会能不违背法律者，本部即有保护之专责。查国会请愿一事，多系志士热心爱国，以和平主义力求进行，该会既无强挟之要求，即为不背法律，应即允准立案，毋庸请商政府，以致多所转折。"善耆甚至"指使"民政部侍郎黎宗岳，出面组织"国会期成会"，创办《国报》，直接鼓吹立宪。

如此旗帜鲜明，当然是与善耆铁帽子王的身份直接有关。此类"太子党"因为掌握着更为丰厚的政治资源，抗风险能力更强，往往能成为改革的有力先锋。

善耆在推行警政时就以铁腕著称。为了贯彻治安管理条例，他经常微服私访。有贝勒乘马车超速行驶且逃避巡警执法，善耆闻讯后，亲自出面查扣违规车辆，震动京师。在他的保驾护航下，

在驾驭复杂局势时，其表现是『善骑』还是"不善骑"，
这是善耆留给历史的思考题。

北京巡警执法力度很大。甚至连他的夫人违反交通规则也照样被处罚，他不仅不指责巡警，反而给予表彰。1908 年年底，国家连遭大丧，人心不稳，西方外交官们普遍认为，北京能在这一特殊时期维持稳定，光绪与慈禧的两大国葬皆能顺利进行，颇得益于善耆的运筹有方。

善耆第一次引起西方的特别关注，是在 1900 年春夏之交的义和团动乱期间。他的肃王府在东交民巷内，位于冲突的核心地带，在那非常时刻，他同意接纳了数千名躲避义和团追杀的中国教徒。他携家眷撤离后，王府就被使馆卫队接管，成为主要的防御阵地之一，在战斗中大部被毁。肃王府因此成为西方各国报道中出现频率最高的地名之一。

光绪与慈禧逃离北京时，善耆一直护送在侧，但随后被派回北京，会同庆亲王和李鸿章办理日常政务。在这期间，他与主持日本占领区治安工作的川岛浪速成为朋友，随后聘用川岛建立北京的巡警制度，并将自己的女儿过继给川岛为养女（这就是日后赫赫有名的川岛芳子）。

局势略微稳定后，中央任命善耆为崇文门税务监督。这是大清国最著名的肥缺之一，其关税收入曾一度在全国各关卡中高居第四，当年和珅就是靠着这个职位成为大清国先富起来的一批人。但善耆却很"傻"，一上手就推行廉政风暴，对贪污挪用公款的官员严厉查办，在国家税收直线上升的同时断了不少人的财路，"肃王轻佻而好喜功"的评价便在北京城满天飞，如果不是他过硬的"太子党"血统，早就被这些急红眼了的既得利益者们整趴下了。时人对善耆的评价很高："得材干之人易，得廉洁之人难；得廉洁之人易，得廉洁而能体下情之人难。使天下办事人尽如肃王，何患不百废俱兴焉！"

勇于任事、善于任事之外，善耆的最大特点就是能与三教九流都友好相处。

新政开始后，善耆便派贵胄学堂监督李步青主动联络海外的康、梁等人，1909—1910年，他还特别批准了康有为的"帝国统一党"在北京登记注册，这样的举动令向来尖酸刻薄的康有为也大为叹服，称为"中国官认立党之雷震第一声"。

对于提倡暴力排满的革命党，善耆也多方笼络。他不仅在幕府中聘有革命党人，还曾经为同盟会总部捐了3万元，表示自己"一心推行宪政，故望党人支持"，因此赢得了不少革命党人的好感，客观上削弱了他们的"革命意志"。但他还是严守着自己的基本原则，当章太炎希望这位"贤王"能加入同盟会，"要使千载而下，睹其史书，瞻其铜像"时，被他谢绝；而当日本人出面为革命党要求将西藏分割出来作为"民主政治实验国"时，更是遭到善耆严拒。

最令时人及后人感慨的，是在善耆的斡旋下，刺杀国家最高领导人的"恐怖分子"汪精卫居然得以免除一死。善耆在此案中"亲临审讯，兆铭从容陈词，无几微乞恩意。王且愤且怜之曰：'此书生不晓事，何庸杀也。'""一切皆照国事犯文明之法相待"，让汪精卫等人站着说话、不下跪、不刑讯逼供，甚至还给他们送书送报，开创了中国历史上优待政治犯的先例。汪精卫的罪行本应依法处死，在他的斡旋后，摄政王不惜"践踏法律"，改判为"永远监禁"，为此还引发了大理院的严重抗议。

其实，早在处理光复会徐锡麟刺杀恩铭一案时，因恩铭于徐锡麟个人有恩，且为长辈，徐为政治信念而不惜"恩将仇报"，挑战了伦理底线，激起中央大员的众怒，多数人主张应加重处罚，要求对其实行挖心酷刑，甚至恢复灭九族"以戒后之为逆者"。善耆坚决反对，他认为对付革命者，一要"刷新政治，以去党人口实"，二要"宽容党人，开其自新之路"，"夷灭九族，非文明之法制，而酷刑尤伤宽仁之德。彼革命排满之徒，已心甘鼎镬，不畏一死，酷刑重罚，已难禁其逆谋。何若将该逆正法外，其亲眷戚族，均勿连累，以示朝廷德泽之厚"。他的意见没被采纳。他就联合醇亲王载沣等斡旋，将徐锡麟的家属保全了下来。

后世史家多将善耆的宽容解读为对革命的畏惧与忽悠，只是表面"迎合"。一个实力完全占据上风的执政者，不惜低声下气地"迎合"羽翼未丰的反叛者，而不是将威风进行到底，痛打落水狗，这样的自律与宽容在中国历史上前乏古人、后缺来者。或许，这也是在日后的疾风暴雨中爱新觉罗家族得以软着陆的原因之一。

善耆曾经为那个时代做了精辟的总结："革命思想之兴起，是由于政治不良基因所致，此类事为远在法国、近在葡萄牙等国的革命经历所证实。如果一国的政治得到民众的信任，则欲革命也无人呼应。由此如欲根绝革命运动唯有实行良政，别无他法。然而我大清上自亲贵下至小吏，并不解政治为何物，只知肥私。如此失去天下之人心，其趋势已接近亡国。"

在位时似乎总与革命党勾勾搭搭的善耆，在辛亥革命后却展露了其对于故主的无比忠诚，成为宗社党的坚定成员。相反，当年那些对革命党喊打喊杀的"爱国者"们，在新形势下一反常态，为了争取优待与保全，对新政权曲意逢迎。在那个痞子运动风起云涌的年代，善耆不合时宜地成为一个另类，在关系到个人前途的问题上，他似乎总是不合时宜地要逆流而行，成为一个并不"善骑"的孤臣……

"唐僧"不是吃素的

"唐僧"当然不吃素，这是全大清国的领导干部们都知道的。

"唐僧"大名唐绍仪，大清国正部级领导干部、后来的中华民国第一任总理，时人多在日记、书信中用隐语"三藏"称谓之，与称呼李鸿章为"合肥"、翁同龢为"常熟"相仿佛。

唐绍仪和唐僧一般生得十分端正，而且据说身高在 1.80 米，以此伟仪出任中国外交部长乃至总理，当然很能为国争光。

"三藏"不吃素，而是杂食、通吃。作为美国哥伦比亚大学毕业生，他熟悉美国式的政治"西餐"，民主、文明不离口，令美国人爱煞乐煞，《纽约时报》等大报不时刊发有关他的报道。

"西餐"之外，唐绍仪对中国特色的权力烹饪亦颇为拿手，烹煮煎炒，左右逢源。

在大清国他能一人兼任外务部右侍郎、全国铁路总公司督办、税务处会办大臣、邮传部左侍郎等，跨越外交、交通、财税各领域，到了民国则能迅速与革命党混成同志加兄弟（他是最早加入同盟会的前清干部），乃至成为中华民国第一任总理。

中国历史，尤其近现代史，从来就不缺风派人物，但风派人物做到上水平、上档次、上规模，则唐绍仪绝对是凤毛麟角。

1909年对于"唐僧"来说有点流年不利，风向不好判断。

开年的时候，他正好在美国忙着外交大事，一是为东北的开发开放争取美国援助；二是响应德国皇帝的号召，争取建立中、美、德三国同盟。这两件都是全球瞩目的大事，因此，当唐绍仪在1908年的秋天率团到达美国后，美国报纸就一直在紧密追踪，《纽约时报》专门刊发了两个整版的长篇报道，配发了唐绍仪的大幅照片。

"唐僧"到了西天，虽然宾至如归，却只拿到了无字的经书。现实的美国人为了自身的利益，最终选择了与日本妥协，以承认日本在东北的特权换取日本对这一地区门户开放、利益均沾的承诺。

当唐绍仪在华盛顿的新年钟声中郁闷彷徨时，国内传来惊人消息：大清国改革开放的旗手袁世凯，离奇而突然地由于健康原因退居二线。

一直密切关注着中国动态的罗斯福总统于1909年1月2日致

信德国皇帝，认为袁的下台表明"中国人不管在内政还是外交上，都难以执行任何既定政策，我们除了和他们更为慎重地打交道外，没有别的选择"。总统同时提到，"此间的中国特使"被这一消息震惊了，将立即回国。

一周之后（1月8日），北京下令召回唐绍仪。次日，《纽约时报》《洛杉矶时报》等美国各大报同时刊登了这一消息，明确指出，唐被召回是受到了袁世凯事件的牵连。同一天的《基督教箴言报》（*Christian Science Monitor*）则用将近整版的篇幅刊登文章《当代中国为年轻美国提供巨大机遇》（*Modern China Offers Great Opportunities to the Young American*），将唐绍仪的照片与摄政王载沣的照片并列，并在导读中用显著的字体写道："袁世凯的命运关系到中国的外交政策以及中美关系的发展。"

在袁派人物中，唐绍仪第一个随袁下课。随后，民政部侍郎赵秉钧、邮传部尚书陈璧、东三省总督徐世昌等纷纷跟进，或因健康问题退居二线，或因腐败而被"双开"，或因"工作需要"被明升暗降。大洗牌开始了！

唐绍仪和袁世凯能成为铁哥们是一段洋溢着古典英雄主义的佳话。

唐绍仪是广东人，其父唐巨川是茶叶商，专做外贸，十分平凡，但他却有一个相当不凡的族叔——唐廷枢。唐廷枢是大清国首批外资企业"首代"，是著名的怡和洋行（Jardine Matheson & Co.）的买办，后来成为李鸿章大搞经济改革的得力干将，主持或参与创办了轮船招商局、开平矿务局等，在官场与商场、内企与外企、民企与国企之间游刃有余，大小通吃。

托福于"改革开放"，大清国在内忧外患中放下身段，与时俱进，扩大执政基础，唐家这样的新兴阶层被迅速地纳入大清国组织人事部门的培养考察对象。唐绍仪 12 岁那年（1874 年）被选为公费留学生前往美国，在那里生活了足足 7 年。从日后唐绍仪的表现来看，这不仅令他掌握了流利的英文，而且还让他熟练掌握了将政治作为走秀的美式风格。

难能可贵的是，"洋装虽然穿在身，我心依然是中国心"，唐绍仪没有成为内白外黄、不适应中国国情的香蕉式人物，他融汇中西，以其深厚的跨文化修养为基础，以美式作秀为独门武器，迅速在中国特色的厚黑官场中脱颖而出。

1881 年，年仅 19 岁的唐绍仪回到了伟大祖国，作为组织上重点培养的又红又专的接班人，被派到朝鲜任朝鲜海关帮办、德国人穆麟德（P. G. von Mollendorff）的秘书——作为宗主国，当时中国直接掌管朝鲜的外交、海关等事务。广阔天地大有作为，中日角逐朝鲜为唐绍仪提供了一个巨大的舞台。1884 年朝鲜甲申政变，22 岁的唐绍仪因此与 26 岁的袁世凯相识。当时，朝鲜亲华高官被亲日派打伤，避居海关公署，袁世凯前去探望，正好唐绍仪亲自扛枪守卫在门口，其勃勃英姿给袁世凯留下了深刻印象。从那时起，两人结为知交，小袁由此十分关注小唐在政治上的进步，积极提携，一帮一，一对红。更具古典传奇色彩的是，10 年后在甲午战争打响之前，有情报显示日本人决心刺杀抗日最力的袁世凯，为协助袁撤离，唐绍仪亲自带着两支枪、两把刀、两匹马，连夜护送袁世凯转移到英国军舰上。

托庇于袁世凯的大力提携，加上本身与李鸿章的特殊关系，唐绍仪在甲午战争后成为中国首任驻朝鲜总领事，时年 33 岁；随后又随改任两广总督的李鸿章回到家乡广东任职。当袁世凯出任山东巡抚时，他协助袁处理最为棘手和微妙的外交事务，为袁平安度过 1900 年春夏之交的义和团及八国联军动乱立下汗马功劳。1901 年，袁世凯出任直隶总督兼北洋大臣，成为国家领导人之一，唐绍仪被任命为天津海关道，执掌了大清国最著名的肥缺之一。

1904 年英国入侵西藏，中央决定派唐绍仪率团前往印度，主持对英谈判。自此，42 岁的唐绍仪开始单飞，当然按照官场潜规则，他依然是袁派人马。谈判十分成功，唐绍仪的外交才干受到朝野更大关注，他得到了迅速提拔，继而在外交、国税、交通等方面同时执掌重任。

唐绍仪的工作作风是相当美国式的，雷厉风行，不大给人留余地留情面，由此也树敌不少。他在个人操守上并不十分严谨。《申报》就曾报道说，唐绍仪在担任副部长时，嫌工资待遇低，"用款浩繁，入不敷出"，请求老哥们儿袁世凯帮忙，把他调回广东去督办粤汉铁路，但被中央拒绝。《申报》评价其"实不外拜金主义也"。

根据翰林院侍读马吉樟的弹劾，唐在担任邮传部副部长时，

"所用垂参，皆其同乡亲戚，以贿而行，咨调司员，亦多以贿成者"。虽然史料中并没有证据对此证实或证伪，但从唐在1910年出任邮传部第一把手时的表现来看，弹劾内容当不是道听途说。根据《民立报》报道，唐绍仪出任部长后，"日食非百金不乐，一切举动，皆摹仿西洋豪华，非中国诸王大臣所可及。惟对于部中司员异常刻薄，闻近日又有裁员减薪之举，邮部之司员无不怨形于色。夫减之诚是，然唐自待亦太过也"。

时人也记载说唐绍仪"广交游，善挥霍，每日四餐，每餐十金，犹云无可下箸"。日本人佐藤铁治郎的记载干脆说"唐本骄奢淫逸，无利不为"。

可以确认的是，有点狂傲而又不很自律的唐绍仪，其同僚关系及群众关系并不很好，因此《民立报》说"唐之为人，京官排挤者甚多"；但因为唐个人的工作能力及袁世凯的照应，其官位一直坐得稳如磐石。

擅长公款吃喝的唐绍仪，在政治上的胃口也不错，来者不拒。到了民国，袁世凯当大总统，唐绍仪当国务院总理，几十年的老哥们却自此闹别扭。后世的主流史家多将两人的矛盾解读为人治与法制、独裁与民主的政见之争，其实唐在骨子里是很有点魏延式风格的，脑有反骨。与他十分熟悉的叶恭绰在晚年回忆道：唐绍仪"有劝人退位之习惯，以为政治家无身临绝境之理，退可复进。故劝清帝退位，劝袁退位，劝段（祺瑞）退位，又劝孙（中山）退位，劝蒋退位，而不知除清室被逼外，余皆不听其言，蒋尤误会，以及干祸"。

一贯通吃的唐绍仪，在日本大举侵华时，不顾各界劝说继续留在上海，与日方颇多可疑来往，最终被重庆下令"定点清除"。军统特工冒充古董商混入其家，用利斧将其劈死，从容撤退。唐绍仪可算是清末民初名人中死得最惨的一人。

江湖有江湖的道道，政治有政治的规矩，出来混迟早都是要还的。

唐绍仪的悲剧在于太缺乏政治信用，随风摇曳，虽然讨巧，却也招嫌，聪明反被聪明误。在晚清乃至民国的不端年代，"不择手段"日益成为主旋律，不仅难以觅得值得爱戴珍惜的同志加兄弟，而且也难以找到值得尊重致敬的敌人。"潜规则"乃至"无规则"成为真正的规则，软的怕硬的，硬的怕横的，横的则怕耍赖的，刘邦类型的无原则的"痞子"才能成为笑到最后的胜利者……

官场如赌

1909年5月2日（农历三月十三），两江总督端方向中央请示，鉴于两江从农工商部所借的款项还有大量未能归还，请求中央批准将两江的"捐输"再延期一年。中央领导批转相关部门研究，最后决定同意端方的要求。这意味着，两江将继续获得"特殊政策"的扶持：公开出售官阶（"捐输"）以增加财政收入。

这时，离光绪皇帝明令禁止"捐输"已经 8 年，作为首要改革对象的"卖官鬻爵"却依然是大清国长盛不衰的经济增长点，以支柱产业的姿态支持着包括改革本身在内的各种白色、灰色、黑色的财政开支。即使睿智、勤勉如端方者，也不能例外。

大清帝国官场如市，交投两旺。

靠山吃山，靠水吃水，皇帝老子的最大资源就是权力，当然要盘活它。而把权力资源变成资产，不外乎两个办法：一个是"豪夺"，以专政工具做后盾，翻手为云覆手为雨，要你方就得方，要你圆就得圆，但这种方式技术含量不高，吃相难看，后遗症大；另一个就是"巧取"，将一小部分资源提供出来共享，明码标价，一手交钱一手交货。

把官位当作商品来销售，根据《史记》，似乎是从嬴政大帝开始的。

秦王政四年（前 243 年）因蝗灾大疫颁发了一个特殊政策，百姓如纳粟千石则可拜爵一级。史料没有详细记录这次促销活动的成果。发明了"皇帝"这个职业名称的嬴政，不仅在"豪夺"方面成为后世的楷模，其在"巧取"上也展露了极其精明的商业头脑。几千年来一直有八卦传言，说他可能是吕不韦的亲生儿子，是这个著名商人的一项极有眼光的战略投资；虽然已无法对此进行最为可靠的亲子鉴定，但嬴政的这一举动却似乎很能代表某种基因的遗传。值得注意的是，嬴政并非"卖官"，而只是"鬻爵"，销售的只是一种荣誉头衔，买家并没有机会能真正握上印把子。

后世的皇帝们便没有嬴政这般能够把握分寸，纯粹用虚名去换现金。明朝末年，崇祯皇帝因公殉职后，福王朱由崧在南京称帝，史称"弘光"小朝廷，帝国的权力资产便进行了有史以来最为"弘光"的清仓大甩卖：传统的科举制度被连根改革，不再根据考试成绩，而是根据捐银多寡进行名次拍卖。县级以上三级正官也一律公开"招挂拍"。于是，还剩下半壁江山的大明朝，官员泛滥，干部成堆："中书随地有，翰林满街走。监纪多如羊，职方贱如狗。"时人还填了阕《西江月》：弓箭不如私荐，人才怎比钱财？吏兵两部挂招牌，文武官员出卖。四镇按兵不举，东奴西寇齐来。虚传阁部过江淮，天子烧刀醉坏。

满洲入关后，时时刻刻以明朝的政治阙失为镜鉴，也继承了明代的卖官制度，第一动力当然是国家财政困难，需要多方敛财。但是，即使在康乾盛世，捐纳也并没有停止，其中容易被主流史学者们忽视的是，除了敛财的动机外还有更为深刻的政治考量：羁縻人才。"为天下承平日久，士者十倍于前"，而知识分子的出路除了科举做官外并无他途，公务员的录取比例很低。出路影响思路，屁股指挥脑袋，大量的知识分子总是处于"待业"或"失业"状态，可能就会成为一种危险的力量，而捐纳就可成为一种有效的减压阀。康熙皇帝曾经高姿态地表示："国家用人不必分其门而阻其途，实政惠民，不必格于成议而拘迂见。"雍正皇帝则毫不掩饰，认为正途人员容易徇私结党，因此，保持捐纳渠道就可以"藉以牵制科甲，庶合先圣立贤用人无方之意"。这绝非

大清国官场如市场。
图为 1901 年北京的集市。

敛财的开脱之词，而是极为深刻透彻的帝王之术。

盛世卖官，还可算是生财有道及政治羁縻，到了乱世和衰世就成了饮鸩止渴了。随着内忧外患的加剧，来自捐纳的收入成为大清财政的支柱之一。大清国的官场日渐成为"将本逐利"的市场，甚至还出现了集资合股买官的雷人故事。根据徐珂《清稗类钞》的记录，浙江绍兴人蒋渊如曾与四友集资去购买"知县"，成功后，按照约定，蒋为县令，其他人则分别担任不同职务，"五人者舞文弄法，狼狈为奸，辇部民之金以入邑廨者岁可以二十余万"。3年后干部考核，蒋县令因贪腐而被双开，但5人已经"满载而归矣"。

据说，太平天国的杨秀清就利用清廷的捐纳机会安排"潜伏"队伍："挑取端正魁梧者百余人，令其诡捏姓名籍贯，赴京捐输，并指捐省份，至省候补，预伏内应。甚有捐至道府者，一时竟无从查察也。"光复会的首领徐锡麟也是利用捐纳制度混进了大清国的干部队伍，身居四品，成功地刺杀了安徽巡抚恩铭。

捐纳制度还带动了相关产业的发展。据记载，当时专门有一种被称为"赌子"的人为有潜力的捐纳者提供信贷服务，条件就是买官者上任后要聘用"赌子"担任账房师爷，对当官所得利润进行分成，有的是五五平分，也有的是三七开，甚至全部归师爷。这方面最有戏剧性也最成功的案例，就是胡雪岩投资王有龄。当然，胡雪岩的故事有人情味，不那么赤裸裸。

萝卜多，坑却不多，大量的官员处于无坑可待的候补状态。

据记载，"宣统末年，在江宁的候补道有三百余员，府、直隶州三百余员，州、县一千四五百员，其他佐贰杂职约二千余员，冠盖荟萃，备极一时之盛。顾此三数千候补人员与江宁所设差缺数目相较，仅能得三十与一之比例"。《剑桥中国晚清史》则援引张仲礼《中国的绅士》一书的统计资料，在太平天国过后，在大清国有官衔的人群中捐纳者的比例已经从战前的32%上升到了66%，几乎到了无官不捐的地步。

如此广泛的捐纳当然侵蚀到科举的正途："小康子弟，不事诗书，则积资捐职，以为将来噉饭地，故又美其名曰'讨饭碗'。至若富商巨室拥有多金者，襁褓中乳臭物（指婴儿），莫不红顶翠翎，捐候选道加二品顶戴并花翎也。"

更为致命的是，捐纳本身带来的官场退化，也反过来影响到了捐纳的敛财效率，捐纳所得被大量地揣入了那些有着组织人事任免权的官员兜里，公家所得甚少。而且，捐纳贬值厉害，朝廷不得不打折降价处理。

庚子事变后，两江总督刘坤一和湖广总督张之洞联衔上奏，要求全面改革，其中革除捐纳制度成为重点："捐纳实官，最有妨于新政，嬲乱吏治，阻阂人才，莫此为甚。今欲整顿变法，请即下诏永远停止，庶几人人向学。"最高决策层深以为然，批转全国执行。

吊诡的是，改革本身所带来的巨大财政负担，却反过来逼迫高喊改革的第一线官员们重新向中央要求网开一面，在局部地区开放捐纳。

特例越开越多，捐纳越演越烈，犹如"微生物滋漫，所在皆是矣"，反反复复，直到 1906 年才最后下决心彻底停办"实官"捐输，而只发放荣誉头衔。

在 1909 年开始的宣统朝中央十分自律，严格控制捐纳冲动；即使到了 1911 年的暴风雨前夜，中央还坚决驳回了财政部（度支部）要求开放捐纳的报告。在宣统朝，捐纳收入被正式列入国家财政预算，这成为后世研究者攻击清廷腐败的一大武器。其实，预算内的捐纳只是"鬻爵"，而非"卖官"，两者有着本质的区别。时人亦有"与其卖官，毋宁鬻爵"的办法，显然，多多赐匾建坊的确是兼顾面子和里子的两全之策。

大清国的干部队伍来源，一是科举，二是保荐，三是捐纳。其中，科举是最为公平的，八股面前人人平等；捐纳次之，基本能做到金钱面前人人平等。至于保荐，则最容易产生黑箱操作，是无规可循的。

宣统新朝的组织人事制度改革越改越乱的症结就在于：停办了科举与捐纳后，"不拘一格降人才"反而为掌管干部任免权的官员们提供了更多的寻租机会，"公卖"转为"私售"，"官价"称为"黑市"，比改革之前更为混乱与腐败。

1909 年，御史谢远涵就在奏折中剀切指出："变法至今，长官但举故旧，士夫不讳钻营。请严定章程，以贪劣闻者，反坐荐主，加以惩处。"这份奏折的处理结果只是转发传阅而已。

大清国的组织人事制度日渐失范，严重削弱了其本就薄弱的执政能力。庞大的干部队伍，既丢失了传统科举制度带来的职业荣誉感，也遗弃了捐纳制度带来的商业荣誉感，官场成了一个没有规则的赌场，大清国也就只能走上"十赌九输"的宿命道路了。

第三章
黄龙旗下的资本主义

铁路、煤矿、公司、股市、特区，这些新鲜名词在 1909 年的大清国越发地惹人注目，说到底都是钱闹的。大清国不比当年"天朝物产丰盈"，屡战屡败后欠下了一大笔的饥荒。好在有了新的揽钱门路，正想拿这个接一口气。然而"政治经济"是一体的，官商不分，皂白不分，恶习一概都沾染过来，先"富"起来的人也"贵"起来了，大清国的里子却依旧破烂困窘……

"铁老大"出轨

1909 年元旦，大清矿务铁路总局局长梁士诒、京汉铁路监督郑清濂，正式从比利时人手里收回了京汉铁路管理权。就在 3 天前，大清国驻比利时公使李盛铎在巴黎将高达两亿多法郎的赎款移交给了比利时方面，成为这个西欧小国有史以来收到的最丰厚的圣诞大礼。

西方报纸显然没有意识到这一事件对中国乃至世界的巨大意义，几乎没有进行任何报道。两个月前（1908 年 10 月 8 日）的美国《华尔街日报》（*The Wall Street Journal*）仅对中国为筹集赎款而从英法贷款 500 万英镑获批一事发了寥寥数字的简短新闻。

所有的人都没有注意到：一个幽灵、一个经济民族主义的幽灵，正在大清徘徊，并最终敲响了这个东方帝国的丧钟。

京汉铁路的收回，是继 1905 年从美国手中重金赎回粤汉铁路（京广铁路武汉—广州段）的建设权后，大清国又一次震动国际金融界和实业界的重金出击。而与尚在建设中的粤汉铁路不同，京汉铁路已经运行多年，并从 1907 年开始赢利。如今，将坐收 20% 红利的比利时人清理出局，似乎该被歌颂为一场胜利。

重金砸出去，掌声似乎并不热烈，质疑的声音却十分响亮。激进的民意普遍认为，借外债赎回铁路，利权依然损失，是另一种形式的卖国！作为主事者之一的梁士诒，日后也承认这一借新债还旧债的举措在经济上绝不合算，如果用新债再修一条新铁路必将更为利国利民。

但在 1909 年前后，"利权"二字已经成为大清国上下代表着政治正确的关键词，经济账显然要让位于政治账。高喊爱国的大清愤青们两袖清风，"俯从"民意、高喊利权的大清财政也是囊空如洗，要实现收回利权的爱国义举，除了举借外债这一"卖国"行为，似乎别无他法。在收回路矿利权的初始阶段，曾经出现过"枢臣倡之，疆吏和之，国民大声疾呼以赞成之"的和谐局面，如今，试图利用"经济民族主义"情绪的清政府尴尬地发现：自己点燃的火焰，正蔓延到自己的脚下。

大清政府在铁路问题上一开始就赋予了过多的政治期待，急切地想将稚嫩的民族资本推上前台——1898 年 11 月，刚刚成立的矿务铁路总局就在《矿务铁路章程》中宣布："矿路分三种办法，官办、商办、官商合办，而总不如商办。除未设局以前，业经开办者不计外，此后多得商办为主，官为设法招徕，尽力保护，

北京城墙脚下的机车（1901 年摄）。

第三章 黄龙旗下的资本主义

仍不准干预该公司事权。"如此旗帜鲜明地为民营资本保驾护航，不仅是空前的，似乎也是绝后的。

对于那些独立资本在 50 万两以上的路矿，如果其中民营资本过半，则"应照劝赈捐之例予以优奖"，也就是说，够条件的老板们会被授予一定级别的官衔，享受相应的政治待遇。

1903 年，商部取代矿务铁路总局统筹全国铁路建设，政府更是明确宣布对民营铁路公司"不另派监督、总办等员，以防弊窦"，同时还颁布《铁路简明章程》，在立法上将保护措施落实下来，自律极严。

1906 年，在全面的干部人事制度改革（官制改革）中，航运、铁路、电报、邮政统归邮传部专管，重点就是铁路建设。民营铁路如沐春风，到 1910 年全国成立了 17 家商办铁路公司，俨然欣欣向荣……

大清政府在铁路问题上，苦口婆心地重申不与民争利，这一方面是有鉴于 30 年洋务运动中国有企业暴露的巨大问题，另一方面也是国库背负着《马关条约》和《辛丑条约》的巨大债务，实在空虚。

但民营资本在过度的期待下被神化了。张之洞看得很明白：华商"趋利也，近则明，远则谙"，"见小、欲速、势散、力微"，而且"资本难集，心志不齐"，因此他主张"官为商倡，先行筹款垫办"，"唯有先筹官款垫支开办"。也就是说，尽管国资和民资都穷得叮当响，但还是要由国资先作为种子，起引导和示范作用。国资哪里来？只有借外债或增税负，显然，外债成为最优选择。"一穷二白"的大清国，在和国际资本的较量中并没有多少砝码，面对国际资本的狮子大开口选择余地很小：要么抱残守缺，寸土不让，除了喷喷爱国口水外什么都不能做；要么咬紧牙关，忍辱负重。虽然在外资的帮助下，大清国的铁路建设大大提速，京汉（1906 年）、沪宁（1908 年）、汴洛（1909 年）等都迅速建成，并顺利地进入了盈利期，但对外资攫取利权的痛恨也成为大清上下的心结。

面对铁路这一资金、技术、管理"饥渴型"行业，民营资本不仅先天疲软，而且其腐败与内讧，因比国有企业缺少监督和制约而变本加厉。

17 家民营铁路公司，家家都是乌烟瘴气、丑闻迭出，爱国主义成为恶棍们做无本生意的最好工具。梁启超对这种靠爱国口号支撑起来的民营企业大不以为然："人人以附股为爱国之义务，于是妇女拔簪珥，儿童节羔枣，相率投之若恐后，然此种现象，果遂为国家之福乎？夫附股者，一种之企业行为也，苟附股之动机而非发自企业心，则一国生计之基础，必有受其弊者。盖多数之股东，视其股本有同义捐，而怠于监督之义务，则公司之精神，自兹腐矣。"

更为严峻的是，民营铁路成为地方保护主义的新战场，以邻为壑，"不与他路联"的"死路"和"不通江海"的"僻路"大量出现，本就有限的社会资源在民营铁路的大跃进浪潮中被大量浪费。政府最后痛苦地发现，商办铁路"奏办多年，多无起色，坐失大利，尤碍交通"。无奈之下，政府只好在1908年年中高举起治理整顿的大板子，限期无法竣工的商办铁路一律由政府接管，并注销该公司。几经折腾，铁路国有化再度成为主流政策。政府依然一贫如洗，铁路国有所需的巨额资金便依然只能依靠引进外资。尴尬的是，当年付出重金从美国手中赎回粤汉铁路建设权，现在又不得不从美国再借钱来维持其建设。

面对"一放就乱，一收就死"的僵局，清政府的治理整顿从行政角度来说完全合情合理。但是，在多年的放任之后，地方上已经形成了相当强大的利益集团，为了维护既得利益，他们还将利益之战披裹上更为迷人的"种族革命"和"民主革命"的外衣，保路运动居然成了共和革命的先锋，到武昌城头一声炮响，连革命党们也大吃一惊、措手不及。

大清国居然亡于本身绝非恶政的铁路国有化，这是个至今无解的难题。其中一个原因，或许正是清政府不当地给经济问题涂抹上意识形态的色彩，折腾过度。治大国本应如烹小鲜，小鱼却在频繁地颠锅中支离破碎。承载了过重政治负荷的大清列车，在小小的弯道上出轨颠覆了。

1912年，新鲜出炉的民国政府毫不掩饰地继续扛起了大清国的铁路国有化大旗，虽然其赎买民营铁路公司的条件更苛刻，却波澜不惊。那些躲在紫禁城或天津租界内的遗老遗少们，至此不知是何感受？

爱国公债终误国

1909 年 10 月 5 日（农历八月廿二），摄政王载沣在农工商部一份报告上批示："著依议，钦此。"根据这份《筹办实业拟借公债参用外国利息富签票办法》，大清国即将开始发行第三轮公债。

这轮公债具有浓厚的大清特色，融合了类似国库券与彩票的特点。

按照农工商部的方案，总共将发行 1000 万张，每张面值 1 元，其中 100 万张为得奖票，奖金总额为 300 万元，其余 900 万张为公债票，"给以轻息而不还本"，年利率 2 厘，期限为 60 年，由大清银行担保。农工商部计划扣出 100 万元为制票、办公经费，政府实收款将为 600 万元。

这个方案公布后，遭到了御史黄瑞麒的坚决反对。他在奏折中称，农工商部发行这一公债打着学习西方诸国的旗号，但是，"诸国之所以有大国之威者"并非因为公债，中国要富强绝不能靠学习这点。这一公债的唯一得益者将是农工商部自身，该部不仅因此可得办公经费 100 万元，而且所收入的集资款 600 万存入银行后，以年利率 6 厘计算，每年可得 36 万元，扣出付给民众的年息 2 厘后，60 年间可以获得纯利 1440 万元。如果每年都搞一轮这样的公债，"源源不绝，子复为母，母复生子，不必兴办他项实业，而农工商部之财，将横绝宇内，诚致富之奇策"。

黄瑞麒激愤地质问："这样的方案设计，是讲政治、重民生吗（如政体何，如民生何）？"他认为，近些年政府打着改革的旗号，"取于民者不为不多，徵利之法不为不备"，因此中央三令五申要切实筹办实业，这样才能舒缓民间的负担，"阜民财而培元气"，但农工商部依然以那样的方式"巧取豪夺吮膏吸髓"，"不足以图国本"。

大清国此前已经发行了两轮公债。

第一轮公债的发行是在1894年甲午战争期间。为了弥补军费开支，中央决定向民间借款，期限为两年半，每半年为一期，第一期还息不还本，从第二期起本息并还，每期偿还本金1/4。这一名为"息借商款"的公债，利率十分优厚，月息高达7厘，而且借款在1万两以上者均可授予虚衔封典，享受相应的政治待遇。但是，最后只募集了1102万两白银，效果很不理想。究其原因，除了仓促上马、规则设计上十分粗糙之外，最为致命的是官僚机器将此"借款"演变为了"勒索"。当时的财政部（户部）还相当敢讲真话，给中央递交了一个报告，题目就是《地方官藉机苛派勒索折》，指称："数月以来，道路传闻，苛派抑勒之风，迄未尽绝。"

报告认为，政府的实际借款是有限的，而这一政策却给贪官污吏们进行勒索提供了无限机会："不独刻剥病民，亦恐琐屑失体。况乎吏胥之娄索，暮夜之追呼，捐借不分，影射难免，借捐

打着爱国旗号的大清国债，给斗升小民带来的却是灾难。

图为 1908 年美国记者拍摄的铁路边的百姓。

并举，悉索何堪！"半年后，中央就对这次公债的发行紧急叫停。

4年后（1898年），《马关条约》规定的对日赔款第四期即将支付，数额巨大，却毫无着落。此时，担任右春坊右中允之职的黄思永上了一道奏折，要求重开公债；鉴于甲午年"息借商款"的失败，黄思永技巧性地回避了"公债"这一名称，而称之为"股票"。中央很快就采纳了这一方案，并且为了显示政府"昭示大信"的宗旨，公债被命名为"昭信股票"。昭信股票计划筹借1亿两，年息5厘，以田赋、盐税为担保，分20年还清，前10年付息，后10年分年还本利；股票准许流通，可以抵押、售卖。与甲午年"息借商款"一样，凡购置1万两以上者均给官衔。

吊诡的是，中央在三令五申不得借昭信股票进行勒索的同时，又强制各级官员购买，开创了中国公债史上强制摊派的先河。恭亲王率先缴纳了2万两，并表示这是自己对国家的捐款，"不敢作为借款，亦不仰邀议叙"；随后，王公大臣和地方高级领导干部们纷纷跟进。

本应以平等主体为交易对象、以经济利益为驱动的公债发行，迅速变成了官员们捐款"报效"的政治秀，中央半推半就地笑纳了，并且对于这些大臣们"深明大义，公而忘私"予以表彰和奖励。这些领导干部们的"报效"，回报率是很高的，如山东巡抚张汝梅"报效"了10万两后，其三个儿子均得以快速提拔。昭信股票成为政治投机的最好杠杆。

为了调动干部们推进这项工作的积极性，中央明确规定，凡能筹集到 10 万两以上的官员，将给予奖励，而筹集 50 万两以上的，可得到破格奖励。

为了"追求进步"，也为了弥补自己向组织"报效"后的损失，官员们向中央表完忠心之后，反过身来，将昭信股票再度变成了一场横征暴敛，各地都发生了严重的摊派，甚至引发了政府与民众的激烈对抗。四川省将昭信股票纳入税收体系，"按粮摊派"，引起中央纪检部门的关注，但全省官员坚决不承认，最后不了了之，引致川省民怨沸腾；山东安丘县、河南拓城县、直隶房山县动用警力监禁商户，勒令认捐，引发全县罢市的严重群体性事件……至于各地官员借机舞弊，中饱私囊，则不胜枚举。如河南舞阳县知县张庆麟不仅强行摊派，而且在银价上大做文章，借口白银成色不足，压低银价，从中渔利。

康有为对昭信股票予以激烈抨击，认为它造成"酷吏勒抑富民，至于锁押迫令相借，既是国命，无可控诉，酷吏假此尽饱私囊。以其余归之公，民出其十，国得其一，虽云不得勒索，其谁信之"。他认为发行昭信股票是"亡国之举"！康有为认为公债在中国暂不可行，因为"中国官民之隔膜久已，谁信官者"。多年后，康有为的学生梁启超系统地总结了发行公债的 5 个条件，其中首要的就是"政府财政上之信用孚于其民"。大清国政府最为稀缺的，恰恰就是这最为根本的政府信用。晚清大员汤寿潜直言不讳："吾民之信朝廷，每不如其信商号。大小商号之设，其就近必有以银存放生息之人，独明诏息借，而吾民反深闭固拒，非民之无良，敢于不信朝廷，特不信官与吏耳！"汤寿潜的这一见解是相当深刻的，也符合中国国情：只想过安稳和谐日子的大清百姓，一般只反贪官，不反皇帝，正常情况下绝无动机和动力去挑战现有的政治制度；真正造成危害的，是那些在任何一个朝代都畅行的、绝不仅限于国家机关工作人员的贪腐文化。汤寿潜为此开出的药方是，尽力规避现有的官僚体系，而将公债的募集等委托民间机构。但是，贪腐的基因遍布全民，即使完全民营的地方铁路最后也上演贪腐的闹剧。

中国本土公债的源头来自东周的末代君主周赧王，他为了抗拒强悍的秦军，向商人们借贷军费；兵败后，因商人们逼债，躲到一座高台上，为后世留下了"债台高筑"的成语。周赧王手握公权力，尚且知道羞愧，还是相当可爱的。而到了晚清，以公权力为后盾的公债则被普遍当成填补财政漏洞的应急手段，无所不用其极，且无人为此汗颜。总共发行了 1000 万两左右的昭信股票（具体的发行额度，学界有不同意见）在使用方面出现了相当混乱的局面。

国家信用这样的"猛药"被轻用，最后造成了国家根本性的"肾亏"。

1911 年，当革命的地火开始蔓延时，大清政府再度发行公债，名称取得更为响亮——"爱国公债"。但是，人心已散，覆水难收，公债还没发行多少，大清国就轰然而倒，"爱国"公债成了"哀国"公债。

值得注意的是，这样对国家信用的纵欲滥用却并没有随着大清国的覆亡而消失，民国时期的公债名称一个比一个响亮、光荣，信用却越来越成为中国稀缺乃至濒临灭绝的资源。

"牛"背上的大清

汇丰银行的门前人山人海，声音鼎沸，初春的外滩还有不少寒意，但丝毫不能影响人们的热情。在资本和欲望面前，拖着长辫子的中国人与短发的洋人、衣着光鲜的中产阶级和短打装束的贩夫走卒，一齐忽略了代表着阶级的不同外表，"人人平等"了。为了便于在人潮中推挤，很多中国人都将脑后的辫子盘在了头顶，像座富士山。无数的富士山都努力向着汇丰银行的大门挪动，俗称"红头阿三"的印度巡捕们在努力维持着秩序。汇丰大楼顶上的英国国旗在黄浦江的江风吹拂下呼啦啦地飘扬着。

这是 1910 年 3 月中旬，Kota Bahroe 橡胶置业有限公司（Kota Bahroe Rubber Estates Ltd）在上海发行新股、进行申购。

股票原定的发行时间为上午 10 点，但银行方面决定提前开门，疏导人流。第一单交易的完成时间是在早上 9 点 10 分。一个小时后，原定的股票申购指标就已完成，银行不再接受后来者的认购。统计结果相当惊人——价值 10 万两白银的股票吸纳了足足 160 万两的认购资金。

大清股民的惊人热情是可以理解的：每一磅橡胶的开采成本

为 1.6 先令，而市场价却为 12 先令，差额高达 7.5 倍！东南亚橡胶企业约有 1/3 在上海上市，上海成为全球橡胶股市的"发动机"之一。这其中最具代表性的、由著名的麦边洋行成立的蓝格志拓殖公司，面值 100 两的股票早已被拉抬过了 1000 两大关。在似乎并没有多大风险的橡胶巨额利差之外，橡胶股票的高流动性具有更强的吸引力。蓝格志拓殖公司等携手外资银行联手坐庄，先是从银行悄悄地贷款出来，为股东们每 3 个月发一次红利，每股派红高达 12.5 两，这相当于票面价值的 12.5%。随后，这几家银行又宣布可以接受蓝格志拓殖公司股票进行抵押贷款。这些都推动了股价的飙升。

在一个为了 300% 的利润甘愿冒着上绞刑架危险的时代，这高达 750% 乃至 1000% 的巨额合法利润，当然吸引了大量的大清股民。连位高权重的租界法院（会审公廨）法官关桐之，也要到处托人情才能买到一点原始股。他后来说："买进时 30 两银子一股，买进后股票天天涨，最高涨到每股 90 多两。许多外国人知道我有股票，拿着支票簿，盯到门口，只要我肯卖，马上签字。"

根据统计，被这些橡胶股票吸纳的中国资金总数高达 4000 多万两白银，将近国家财政年收入的一半。大量的民间资本和国有资金，通过钱庄和票号遍布全国的渠道，汇聚到了上海。橡胶股票的癫狂，从上海向全国蔓延，大清国人民终于有机会和世界人民体验一把"One World One Dream"了，尽管梦中写满的只是"投机"二字。这是种全球经济一体化带来的地球村感觉：股票发行地在上海，发行者是欧美公司，而股票所代表的产业却在南洋。在大清国"改革开放"的强劲东风下，老一代人所说的"睁眼看世界"已变成现实，而且不只是睁眼看，还能伸手触摸世界的脉搏。仅此一点，就足以令大清国股民自豪和骄傲。

刚刚在 1909 年搬迁到外滩一号的上海众业公所（The Shanghai Stock Exchange，当时的上海证券交易所），从橡胶版块开始，在国际证券和资本市场开始发挥越来越大的作用。当大洋彼岸的美利坚跑步进入汽车时代后，盛产橡胶的东南亚成为全球投资热土，而上海证券市场则成为融资的首选。善于积蓄、渴望投机的大清国，则成为世界资本疯狂追逐的对象。

橡胶股票的热潮，是从伦敦蔓延到上海的。

1906 年，伦敦证券市场就有 27 家橡胶公司同时上市，10%~25% 的回报率，令投资人趋之若鹜。资本最后将目光锁定在更为庞大、"自由"和缺乏规范的上海股市。一家名为 Kalumpong 的橡胶有限公司，6 月份刚注册成立，秋季就在上海证券市场上市。Kalumpong 股票发行量为 1.4 万股，每股面值 50 两银子，股民只需先支付 25% 的面值，余款在一年内交清。Kalumpong 的股息从每年 6% 迅速提升为 16%，其股价也迅速增值，到 1909 年达到了每股 230 两。它的示范效应吸引了更多的西方公司到上海发行橡胶股票。

1907—1908 年，又有两家橡胶股票出现在上海——Tebong Rubber & Tapioca Estates Co. 及 Dominion Rubber Co.，在这两年，

由于美国经济危机，其橡胶消费能力减弱，国际市场的橡胶价格一度疲软，在伦敦上市的橡胶公司数量，1908 年只有 5 家。但从 1909 年开始，橡胶的资本游戏迅速恢复，并将主战场移到了大清国，移到了上海。

与世界资本的撩人挑逗相呼应的，是大清国的资本市场正进入欲望勃发的青春期。

自从大清国"改革开放"，股份制和股票这些舶来品迅速被引进、消化和吸收，并彻底本土化。在第一轮史称"洋务运动"的改革中，尽管没有专门的交易场所，但上海的股票交易照样牛劲十足地雄起。面值 100 两的内资企业股票，在 1882 年前后，不到一年的时间内，翻番暴涨：轮船招商局，过 200 两；长乐铜矿，过 220 两；开平煤矿，过 150 两，甚至摸高到 237 两；鹤峰铜矿，过 170 两；上海电报局，过 200 两……

在西方财技的引领下，中国人一夜暴富的欲望终于有了释放的渠道。据资料显示，当时仅矿务企业就筹集了白银 300 万两，其市场交易额估计在 1000 万两以上，相当于 8~10 艘北洋舰队主力军舰的造价。但炒股发财的梦想刚刚入港，1883 年中法战争爆发，法国军舰气势汹汹地在上海口外摆出了入港的架势来，股市一泄如注。许多股票跌破面值，股民们不是被深度套牢就是割肉清仓。只有少量企业如机器织布局等趁低吸纳，在熊市中把先前因为内讧和腐败造成的损失补回了一点。

沉寂数年后，甲午战争中，大清国惨败，要赔偿日本高达

2 亿两白银，且付款期限很急，只能在国际金融市场上融资。这是有史以来最大的一张贷款订单，西方各国各展所长，激烈争夺。大清国为此发行了大量的公债，加上一些外资企业，如怡和、老公茂、瑞记、鸿源等发行新股，给上海股市注入了生机。在这之前，专门从事证券买卖的洋商们已于 1891 年建立了上海股份公所，这是最早的证券交易机构，但一般在西商总会内借地交易，或干脆在汇丰银行门前台阶边进行，俨然股票大排档，十分草根。

庚子事变后，中国创下了人类历史上的赔款新高，继续刺激了金融市场的活跃。上海股份公所抓住机遇，于 1904 年在香港正式注册，定名为上海众业公所，交易的范围除中国政府金币公债外，还涉及中国和远东各地的外商公司股票，以及公司债券、南洋各地的橡胶股票；后来又增加上海市政府和公共租界工部局及法租界公董局发行的市政公债，并且终于在 1908 年、1909 年，与刚刚复原的世界橡胶市场一道迎来了共同的高潮。

大清国的太监式政治是畸形的，它那极为有限的主权能力，在资本市场方面更为强烈地表现出"心有余，力不足"的无奈，难以有效地延伸到租界内的资本市场；而主要由洋人把持的上海证券交易所，却能够通过众多的银行、钱庄、票号，无障碍地链接到大清国的各个角落，吸引着那些追求暴利或许仅仅是追逐安全的各种资金。

外资在上海股市上快速制造着橡胶神话，新的橡胶公司如雨后春笋，接连不断地在上海上市。仅仅 1910 年 6 月，就有 30 种新的橡胶股票挂牌交易，卷走的资金量高达 1350 万两白银，平均每家公司筹集到 45 万两的巨额资金。这是一个令伦敦资本市场望洋兴叹、自愧不如的惊人业绩。

这些公司规模不一，大的在南洋拥有 5000 英亩以上的橡胶园，如 Anglo-Java 公司，市值高达 180 万两白银，但在整个上海市场中，市值过百万的橡胶公司只有 8 家；中等的则可能拥有 120 英亩，如 Sungala Rubber Estate 公司，市值为 17 万两；超过半数的则都是平均市值仅为 8 万两的小公司。这些小公司在南洋的投资成本远比伦敦同行们的要高昂：在上海上市的橡胶公司中，有 3/4 以上购置橡胶园的成本超过每英亩 50 英镑，其中有 8 家的购地成本甚至超过了每英亩 100 英镑，而伦敦上市的橡胶公司仅有 1/4 达到每英亩 50 英镑的高额成本。

但是，这些丝毫不能妨碍橡胶股票在上海证券市场的飞跃。那些熟悉中国市场的洋行大班们纷纷投身这场圈钱运动。汇丰银行、怡和洋行等著名公司中都有高管不惜辞去高薪职位，开设自己的橡胶公司。在资本开始不断加速的情况下，橡胶公司的生产线也开始加速：少数掌握资源的辛迪加公司在马来亚大量圈地，甚至连橡胶树苗都还没种下去，就将这些"橡胶园"分割转卖给上海的新公司，收取现金，或者收取新公司提供的股票。在巨大的利润诱惑下，各种经纪和推广机构不惜进行大规模的误导式宣传，至少有 3 家公司在证交所追查后，承认自己有欺骗和误导投资人的行为，其中一家公司承认将树桩描绘成了橡胶，另一家公司经查实，其仅有一半的土地上种植了橡胶树。

有限的稽查并不能阻止疯狂的扩张。钱庄、票号等内资金融机构积极推波助澜，纷纷降低贷款门槛，不仅给投机者提供信用贷款，还接受股票质押贷款，间接地参与炒股。更严峻的是，钱庄自身也赤膊上阵，利用自己的信贷优势，大发庄票（等于自己印钞），直接参与股票炒作。

曾有稗官野史说，杜月笙如何帮助麦边洋行"布局"造势；其实，当年小杜才 20 岁，还是个没打开局面的"小开"，根本不具备为外资公司托市的能力。

随着越来越多的中国钱庄、票号卷入，橡胶股票引发了中国有史以来最大的一次全民炒股运动。上市的橡胶公司，为了适应大量低端的大清股民的需要，创造性地将原来 50 两或 100 两的股票面值，调低到 10 两，甚至 5 两。另一个普遍的行规是，股民可以分期付款，只需要支付少量的首期就能持有股票，余款可以在一个时期内支付完毕。当时就有报章指出，上海股票市场已经成为全民豪赌的赌场。其实，自打大清有了股市以来，股市就一直是张巨大的麻将桌。无论国有企业、公私合营（官督商办）企业还是外资企业，变着花样坐庄，胡搞一通，"糊"天"糊"地，根本没人去关注诸如企业管理、财务状况等基本面，企业本身成了作为赌具的筹码。

当时报端上一篇题为《购买股分亦宜自慎说》的文章指出，华人购买股票，"无异乎卖空买空，原价购来，稍增即以售去。

其或有贪小利者，或乘其贵而售去，俟其贱而又买进。若其所创之业实系一无依据，则既贱之后必不复贵，有因此而丧资者矣"。股民们"并不问该公司之美恶及可以获利与否，但知有一公司新创，纠集股分，则无论何如竞往附股……至于该公司之情形若何，则竟有茫然不知者，抑何可笑之甚也"。作者担忧，这和西方的股票市场及股份制差别太大了。

其实，中国历来便有所谓"官利"制度：不管公司业绩如何，股东都可以旱涝保收地获得"官利"（股息），投资者实际上将自己看作债主，而非股东。这一极富中国特色的制度，一直贯穿在晚清和民国的公司史中，甚至被堂而皇之地写入了民国的《公司法》。在"官利"制度之下，投资者没有动力、也不习惯去过问乃至监督公司的运营。而同样的，在上海这一由洋人管理的证券市场中，虽没有了"官利"，但被人为哄抬起来的疯狂股价令只熟悉"官利"制度的大清股民们更是忘乎所以了。

"炒股炒成股东"，是大清国公认的人生悲剧。

早在 1883 年，大清国爆发经济危机，不少巨商大贾，尤其那些之前擅长资本运营的大佬，如红顶商人胡雪岩等，纷纷落马。危机从金融界迅速蔓延到实业界，大量公司倒闭。当年《字林沪报》上的一篇评论认为，造成危机蔓延的原因，除了大环境，"炒股炒成股东"也是问题。

此前几年"改革开放"，大清涌现出大量公司，令新生的证券市场风生水起，吸纳了数百万两白银；而雨后春笋般冒出来的股东们却只想做个股民，看中的是短期炒卖公司股票，并不打算做长线投资，股票"投资"市场成为股票"投机"市场。大量的借贷资金乃至国有资金变着法儿地涌入股市，争相攫取暴利，而一旦熊市登场，手中股票便成为一张废纸，债主登门逼债，"股东们"（股民们）遂无地容身，"为伙者亏空店本，为东者（东家）累及他人"，加剧了市面的震动。

证交所成为投机者们的博彩舞台，成为各种政经资源的角斗战场，而公司制则被异化成了赌具和筹码。这样的异化，与公司制刚被引进大清国时所受到的广泛质疑，在本质上并无差别。

这背后的原因，固然有民间资本的缺乏，但更在于社会整体信用的严重缺失。"宁可一人养一鸡，不可数人牵一牛"，西方式的依靠契约精神与法律体制维持的公司制，仿佛一条领带，被系在了长袍马褂之外，不仅不中看，还时时有勒颈的危险。时人给我们描绘了公司带来的可怕后果："奸狡之徒，倚官仗势，招股既成，视如己物，大权独揽，恣意侵吞，酒地花天，挥霍如粪土。驯至大局破坏，不可收拾，巨万资金，化为乌有，甘受众人唾骂。公司招股之流弊一至于此，于是人人视为畏途。"该文作者乃至今日不少经济史学者认为产生这种结果的原因，多归咎于公司中的官办成分，给了奸狡之徒以倚官仗势的机会，令小股东的利益没有保障。

其实，公权力在商业领域的不当介入，固然在一定程度上造成小股东退缩，而在没有官股成分在内的纯民营企业，"宁为鸡头，不为凤尾"的现象也普遍存在，即使好不容易筹集了股份，也想方设法要拉点官股进来，给自己戴个"红帽子"。这其中，固然有无奈或投机的成分，也有股东相互之间缺乏信任与监督，希望有个"领导"能在股东会或董事会内起到"老娘舅"的作用。

在诚信缺位的情况下，公司招股不得不依赖更为可靠的血缘或友情等，很难社会化募集。而没有"官利"的驱动，几乎难以完成任何公司的募股。当年著名的实业家张謇就感慨说，如果没有"官利"的吸引，"资本家一齐蜷缩矣，中国宁有实业可言"——一语道破中国特色背后的实际无奈。

在"官利"制度下，不幸成为股东的投资者，会竭泽而渔、杀鸡取卵以图短期套利。当大清国终于有了自己的证券交易场所后，公司招股难的问题在表面上被资本市场人跃进取代，但在人们踊跃乃至疯狂抢购股票的背后，依然是"视股东为畏途"的投机心态。

在这样的恶性循环下，大清国终究难以建立起以契约与法制为根基的公司制，各种势力以各种堂皇的理由试图影响股市，为自己或某一特定团体谋利。

奔牛总有停下来的时候。

1910年年中，随着伦敦股市暴跌，上海橡胶股票全线崩溃，其惨烈远超过1883年。精明的老外们早就洗脚上岸了，还泡在深水区梦游的差不多都是中国股民。那些贷款给投机者并自己也大肆炒作的钱庄也随即倒闭。钱庄还挪用了大量存放于此的国有资金，这甚至导致应按时向列强支付的庚子赔款都出现问题，引发摄政王载沣雷霆大怒。在一连串亡羊补牢的处罚行动后，更多与官场过从甚密的钱庄也倒下来，风波便在大半个中国蔓延。

7月15日、16日两天，正元、谦余、兆康三家钱庄先后倒闭。这三家钱庄的庄主把钱庄当作私人提款机，滥发庄票，大肆炒作橡胶股票，股市狂跌后，造成数百万两资金被套，周转失灵，只好关门大吉。

上海市面随即大为恐慌。外资银行见状，为免遭受池鱼之殃，准备收回拆借给中国钱庄的所有资金。这等于是火上浇油，森源、元丰、会大、协大、晋大等钱庄随后相继倒闭。

在正元钱庄等停业的当日，上海市政府就将相关钱庄的有关人员及账本等控制羁押。上海道台蔡乃煌与商会人士紧急磋商，决心政府救市。

7月18日，蔡乃煌携商会会长（总理）周金箴乘坐专车前往南京，向上司两江总督张人骏汇报请示，返途中又到苏州向另一上司江苏巡抚程德全请示。当时钱庄的信用已经崩溃，从外资银行再借款必须由政府出面进行担保。张人骏立即电奏中央，北京随即批示，同意由政府出面担保钱庄从外资银行借款，以维持市面。北京外务部将此救市决定照会各国驻华公使。

8月4日，汇丰、麦加利、德华、道胜、正金、东方汇理、花旗、荷兰、华比等9家外资银行，向上海借出了总数为350万两的款项，钱庄则将相应数额的债票押给银行，由上海道台在债

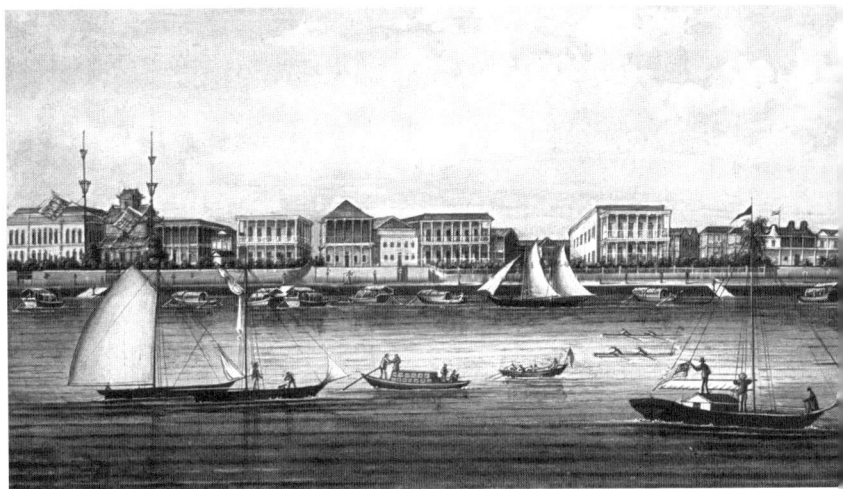

骑在"牛"背上壮大起来的的上海滩，似乎并不知道该如何应付"熊"的到来。
图为 19 世纪末西洋画中的上海。

票上盖章背书，作为政府担保，钱庄还款后债票交道台注销。这么大笔的紧急借款，各外资银行并未趁机收取高息，年息只有4厘，大大低于市场行情，等于是金融援助。

但为了防止大清特色的人亡政息，合同中特别约定了本项借款："由现任道台及后任道台完全担保。"

在出面担保借款之外，清政府还亡羊补牢，抓捕各犯案金融机构的责任人。当时最重要的责任人、正元钱庄的股东陈逸卿，因是外商的买办，受到美国政府的庇护，拒绝由中方进行审讯和逮捕。而兆康钱庄的股东唐寿江曾经花钱买过三品的道台顶戴，也算是个"红顶资本家"，两江总督张人骏只好先请旨将其革职，然后查抄家产；但刚脱掉了这位唐总的"红"帽子，又发现他还戴了顶"蓝"帽子：他已经加入了葡萄牙国籍，拿着洋人的"派司"，是外籍华人了。张人骏也不示弱，赶紧"依法办事"，查出了葡萄牙民法有明确规定，不准他国的官员申请入籍，而唐总毕竟是大清国的堂堂三品道员，不符规定，于是照抓不误。

一边借款，一边抓人，眼看在政府的干预下上海的市面稳定了下来。

其实，上海的股灾幕后，还有着政府行为失措的深层原因。

作为中国乃至远东的金融中心，上海不仅集纳了中国民间的大量资金，而且清政府的主要海关收入及对外的巨额赔款也都集中于此。1904年，大清商务部（商部）就盯上了这笔国有资金，向慈禧太后打了个报告，说这笔国有资金闲着也是浪费，不如在动用前先拿来生息，算下来每年可得近 50 万两，划给商部使用，"可将农、工、路、矿诸政择举行，实于商务大有裨益"。在官员们信誓旦旦下，老佛爷便同意了将上海的国有资金投向"殷实庄号"生息。表面看来，这是一桩官民双赢的好事，但如何选择"殷实庄号"、利息如何计算，就完全属于经办官员们"研究研究"的范围了。在上海的橡胶股票投机狂潮中，这些巨额的国有资产，自然也通过"殷实庄号"的渠道大量地流入了股市，对股市起到了巨大的哄抬作用。

危机的第二冲击波来自上海最"牛"钱庄源丰润。源丰润的老板严义彬不仅是个"红顶商人"，而且"红得透顶"。他的钱庄吸纳了大量国有资金的存款，甚至连由政府担保、刚从外资银行借到的救市款，也有很大一部分先存在他的户头上；更为牛气的是，纯国资的海关收入按规定应存在官银号中，但海关银号源通也是这位严总名下的资产。这样又红又专的钱庄，在危机中便俨然中流砥柱，而官员们也是以维护老严就等于维护上海的稳定这样冠冕堂皇的理由，将公款尽量长时间地留在他的账上。问题是，"牛"透了的源丰润已外强中干：严总的另一钱庄德源在股灾中亏损严重，源丰润的资金被大量抽去挽救德源，已经被蛀空。

被蛀空了的源丰润终于被一阵来自北京的微风吹倒。1910 年 9 月 27 日是清政府向西方列强支付当期"庚子赔款"190 万两的最后日期，但在还剩 9 天的时候，上海道台蔡乃煌突然致电财政部（度支部），说赔款专用的 200 万两白银都存在各钱庄，无法提取，请求由大清银行紧急拨银 200 万两垫付。度支部认为，这是拿稳定市场作为借口，骨子里是地方官们"罔利营私"，立即对蔡乃煌进行弹劾，并警告说"倘此次无银应对，外人必有枝节，贻误不堪设想"。一看可能惹出外交麻烦，中央震怒了，下令将蔡乃煌革职，并命令两江总督、江苏巡抚等会同蔡乃煌，必须在两个月内将所有经手款项缴清。

在巨额公款提取后，源丰润轰然而倒，余波殃及全国。清政府无奈，又出面救市：一方面从大清银行紧急调款 100 万两到上海；另一方面再由政府出面担保，从汇丰银行借款 200 万两给各钱庄应对危机。张人骏、程德全等高官也奉旨亲临上海"灾区"现场办公。

宣统朝三岁而终，金融市场的失控是很重要的内因，它直接加剧了商办铁路的困境和政府推行铁路国有化的决心，导致刚从"牛"背上猛摔下来的大清帝国最终在铁路问题上出轨倾覆。一边是体制层面的"放火"，一边是技术层面的"救火"，大清国在不断的自我折腾中，迅速地消耗着残存的能量。

开滦煤矿地道战

1909 年 11 月，54 岁的湖广总督陈夔龙调任直隶总督兼北洋大臣。

这位出身贵州贫家的新科疆臣领袖，虽在奕劻、李鸿章手下从事多年洋务，却是个著名的极"左"保守派。无论能力与魄力，陈夔龙均难以与小他4岁的前任袁世凯比肩，但此人忠心听话，总是与中央保持高度一致，并且在朝野上下以改革为时髦玩意儿的大环境下依然特立独行，奉行三不主义——"一不联络新学家，二不敷衍留学生，三不延纳假名士"，倒也不失为一个不善投机、不识时务、不做"风派"的汉子。

陈夔龙上任后，接了一个烫手的山芋：协调开平与滦州两大煤矿的矛盾。

围绕着开、滦两大煤矿，中英两国已经展开了多年的争斗，上演了激烈的矿井"地道战"。为了挤垮英国人，在前任总督袁世凯的协调下，大清国于1907年成立了滦州煤矿。在这种刺刀见红的关键时刻，大清国体现出了集中力量办大事的体制优势，一纸批文，滦州煤矿就成了一家特大型国有企业（后改为官督商办），矿区面积广达330平方公里，将开平煤矿团团包围起来。但滦州煤矿占地过大，超出了《矿业法》规定的11倍。此时的大清国毕竟已是法治国家，为了不给英国人找到法律上的借口，官方便设法"遇见红灯绕着走"，另组一家滦州矿地公司，专门持有这些土地，然后与滦州煤矿签订协议，一家出土地，一家出技术，算是合作开发，规避了法律限制；并且明确声明滦州煤矿专为北洋军需服务，以后它矿不得援以为例。

滦州煤矿的主要任务就是盯死开平煤矿，不惜自残，猛拼价格战。

大清政府如此破釜沉舟，原因是英国人实在做得太过分：开平煤矿本来也是大清国企业，却被英国人巧取豪夺，这深深地伤害了大清人民的感情。

　　庚子年间，义和团与八国联军轮番折腾，当时开平煤矿的第一把手（总办）张翼便躲回了在天津英租界的家里。大清官员们那时已经相当具有国际视野了，尤其是那些国企老总多在租界内安家，一方面可以在大清特色的体制内继续成为先富起来的一批人，另一方面不必漂洋过海就能得到外国国旗保护。张总的豪宅比较轩敞，还收留了京津两地前往避难的官员及其家属，有好几百人。

　　张总办企业不怎么样，养鸽却是位好手，鸽群飞进飞出，蔚为壮观，结果引来了守卫租界的英军荷枪实弹地把张家搜了个底朝天，罪名是"疑与拳匪相通"，证据一是"人口众多，迹近埋伏"，二是"信鸽传递消息"。张翼当即被捕，关在英军驻地，英国人威胁说要处决他。

　　这时，张翼的"哥们儿"、天津税务司德璀琳（德籍英国人）为他多方奔走，终于捡回了张翼的一条命。张翼对德璀琳感恩戴德，作为回报，他在牢中写下字据，任命德璀琳"为开平煤矿公司经纪产业、综理事宜之总办，并予以便宜行事之权"，"听凭用其所筹最善之法，以保全矿产股东利益"。同时被任命为总办的还有开平煤矿的美国籍技术顾问兼英国墨林公司的驻华代表胡华——此胡华正是日后堂堂的美利坚合众国第 31 任总统胡佛。

　　在张翼看来，德璀琳劝说他将矿山挂靠到英国名下，只是避免矿山被义和团和八国联军侵占或破坏的一次"护矿行动"。其实，这是英国人精心导演的一出双簧，军方唱红脸，德璀琳和胡佛唱白脸，目的就是谋夺矿山。

张翼出狱后，又给德璀琳正式下了两份札书，提出广招洋股，要把开平矿务局与墨林公司联办，由德璀琳全权处理。一周之后，德璀琳代表开平矿务局，胡佛代表英商墨林公司，在塘沽签订了股份转让协议。

墨林公司其实是家买空卖空的皮包公司，拿到股权后，又转手卖给了国际投资公司东方辛迪加，于1900年年底组成了开平矿务有限公司，并且在英国进行了注册，承接了开平矿务局的全部产权。至此，大清国的一家大型国有企业神不知鬼不觉地成了"走向世界的跨国公司"，而北京的衮衮诸公们还蒙在鼓里。

但合约上毕竟只有德璀琳的签名，英国律师担心这个法律上的瑕疵有可能演变为大问题，因此建议东方辛迪加及墨林公司要拿到张翼的直接签名。为补这个漏洞，英国方面又起草了移交约，照旧由德璀琳去逼请张翼签字画押。英国方面将价值110多万英镑的矿山净资产折合为16.5万英镑，再折合为37.5万英镑的股票，而新公司设定的股本金为100万英镑，这样英方便取得了62.5%的控股权，而并未投入任何实际资本。此时开平煤矿光地皮就有10多万亩，还包括大量已经建成的铁路。

张翼担心上面追查责任，想不如隐瞒下去，可又看到英国人给他提供了"终身为华部督办"的个人好处，架不住英国人的威胁利诱，半推半就地便在移交约上签了字。英国人如愿拿到了开平煤矿。

这一空手套白狼，毕竟不是光彩的事情，连作为中间人的胡佛也不敢声张，日后在竞选美国总统时成为政敌攻击他品德有问题的主要依据。

稀里糊涂丢失了巨额国有资产的张翼，欺上瞒下，打报告说是为保矿才将开平煤矿置于英国旗帜保护之下，已经加招外国商股，实行中英合办，中外职员都享有平等权利，一切成规和租税都没改变，矿区还悬挂中英两国旗帜。总之，是要朝廷放心，国有资产很安全。

英国人拿到控股权后，立即派兵进入矿山；站稳脚跟后，却将大清的黄龙旗扯下，只升英国旗。1902年11月16日，滦州地方官带兵前往开平煤矿缉私，吃惊地发现龙旗已不在井架上飘扬，立即上报，并与开平煤矿的顾问德璀琳交涉。次日，清军专门护送龙旗赶往煤矿举行了升旗仪式。英国领事随即向直隶总督袁世凯提出抗议，袁世凯看到英国人拿出完整的合同，才发现这家国有企业居然早已成了外资企业。

清廷震怒，立即将张翼"双开"，但仍命他负责追讨。一场洋官司便在遥远的伦敦轰轰烈烈地上演，而当初将张翼推入陷阱的德璀琳，此时又成了他追讨股份的顾问，继续赚取顾问费。英国法院几经审理，最后仍是不了了之。袁世凯见收回无望，便"以滦制开"，决心建立滦州煤矿，从此开始了开、滦两家的"地道战"——滦州煤矿先将靠近开平煤矿的煤层进行开挖，断绝了开平向外扩张的任何可能。

到了陈夔龙上任之时，开平煤矿的储量即将开采完毕，英国人便提出将开平煤矿交还给中国，索价178万英镑。与当年的"巧取"相比，这一要价又成了"豪夺"，被摄政王载沣否决。

英国人转而大造舆论，动用报刊鼓吹"开滦合作"，但中方不为所动，步步紧逼，英国人基本上已经走投无路。但就在这时，辛亥革命爆发，皇纲解纽，社会动荡，滦州煤矿已经改为商办，众股东为在乱世中求生，便接受了英国人的建议，合并开滦，成立中英合资企业。于是英国人咸鱼翻身。

开滦"地道战"历时十年，中方表现并不逊色，但在关键时刻仍然输给那面足以提供安全与稳定的大英国旗。英国人两度巧取开滦，直接原因或许不仅在于他们的贪婪，也不仅在于大清的颠顶，而恰恰在于大清国始终难以提供资本所最为需要的核心要素——和谐与稳定。

"黑金"超限战

1909年，一场"黑金"之战在河南依然打得如火如荼。

交战一方为英国福公司（the Peking Syndicate），一家大型外资企业，不仅背靠著名国际大财团洛希尔家族（Rothschild，又译"罗斯柴尔德"），而且在北京的根也很粗——据我获得的洛希尔家族档案资料，李鸿章生前也疑似是福公司的影子股东。

交战另一方则是河南当地的民营小煤窑老板们。能跻身煤炭行业，这些小老板们自然亦非等闲之辈，与官场关系相当密切，有的企业股东就是大大小小的领导干部或其家属。场面上的政府公关，小老板们自然玩不过洋人，好在他们还有更绝的一招——诉诸民族主义情感，用"爱国"口号为武器进行抗争。

一切都是为了利益。

1907年，福公司设在河南的哲美森煤矿（焦作）出煤了。外资企业毕竟设备先进，管理到位，开采量十分巨大，民营小煤窑望尘莫及。

福公司的煤炭不仅外销，也就地销售。福公司还凭借雄厚的资本实力和技术实力大打价格战——用户们自然拍手叫好，但小煤窑主们便叫苦不迭了。

更令民营煤矿老板们恼怒的是，外资企业的工资待遇远优于民营企业的，加上设备先进，劳动条件相对比较好，劳动强度也相对比较低，引得熟练工们纷纷跳槽，人力资源的管理难度和成本大大增加。

根据当年的报纸报道，福公司"贱价以争销路，厚资以招劳工，不及一年，大河以北之土窑尽倒"，竞争态势十分威猛。在外资这样咄咄逼人的攻势下，民营企业们进行防守反击。这场产业升级和行业内竞争，被进行了意识形态层面上的解读，民意被动员起来，以对抗西方资本的掠夺。

英國密勿紳羅甫卡爾時年七十四

中國頭等公使大學士李鴻章贈

洛希尔家族是福公司的大股东。

根据海外资料，李鸿章极有可能是福公司的匿名股东之一。

图为李鸿章 1896 年出访英国时赠送洛希尔家族的照片。

福公司从来就不是盏省油的灯。

这家公司的创办本身就充满了传奇。一个名叫罗沙第的意大利工程师，和首相卢第尼的公子是哥们儿，而老卢第尼曾出使大清，在中国政界有着相当的人脉。通过这样的关系，罗沙第和李鸿章的重要幕僚、著名的"欧洲通"、中国招商局总办马建忠成了朋友。

在马建忠的建议下，三人便想在中国的矿业中插一杠子。他们先在伦敦成立了一家名叫"北京辛迪加"（福公司）的皮包公司，随后罗沙第便以"首代"的身份来到北京。

福公司的政府公关十分有效。一方面是意大利驻华公使为了这一"意大利在华的最重要利益"，积极出面疏通；另一方面是在马建忠的牵线下，该公司得到了李鸿章的大力支持。

罗沙第还聘请了当时郁郁不得志的刘鹗担任顾问，专司跑"部"（步）"钱"（前）进的高层公关。刘鹗是这方面的高手，无怪乎日后能写出精彩的反腐败小说《老残游记》。翁同龢曾经在日记里详细记载了刘鹗那些缺乏技术含量的赤裸裸的行贿行为。

根据政策，大清国严禁外国资本参与矿业建设。但一番公关之后，火到猪头烂。大清官员们为福公司指引了一条"看见红灯绕着走"的捷径：先成立一家内资企业，政府将最为核心的资产煤矿开采权注入这个"壳"内，然后，这个"壳"再向福公司借款1000万两，名为"筹借洋债"，但既没有规定还款期限，也没有规定借款利息，实质上就是变相卖矿。

如此，福公司以融资方式，辗转控制了煤矿。这笔资产是相当诱人的：福公司的开采范围仅在山西就高达 21000 平方英里，根据当时的报告，预计煤炭储量高达 9000 亿吨，如全面生产，每年的利润将高达 75 万英镑。

丰厚的"中国概念"装入了皮包公司，大英帝国的银行家们纷纷解囊购买福公司的股份，皮包公司成功地变身为货真价实的能源企业，创始人获得了巨大的溢价收益，成功套现。

此举侵害到了山西当地窑主们的利益，他们指责此举卖国。山西籍的京官和举人们交章弹劾，声势浩大。当时华北仇外气氛活跃，朝廷也是保守派当道，于是，山西巡抚被勒令提前退休，刘鹗则被开除公职。

既然山西的"投资环境"不好，刘鹗又领着福公司到了河南。福公司也懂得了闷声不响发大财的道理，在河南极为低调，由刘鹗的亲家、分省补用道程恩培等出面成立内资"壳"公司——豫丰公司，然后向福公司"借款"，间接把煤矿卖给了福公司。

福公司在河南就地售煤与当地小煤窑主发生冲突，这引起了大清地方官员的高度重视。1908 年，河南巡抚吴重熹委派河南交涉洋务局议员、候补知府杨敬宸和修武县知县严良炳，专程赶赴天津，与福公司谈判售煤方案等事宜。

英国人讲究程序，坚决不与河南地方政府谈判，而只与有合同关系的豫丰公司接触。河南当局无奈，只好请豫丰公司那些挂名的股东们派代表参与。双方折腾了一年多，终于在 1909 年 2 月 25 日达成了《河南交涉洋务局与福公司见煤后办事专条》。

根据这份协议，福公司所出煤炭必须运往各通商口岸销售，不准在河南内地开设行栈卖煤。显然，这是小煤窑主们的胜利。但他们高兴了还不到两个月，政府与福公司又签订了一份补充条款，准许华商自愿到福公司购煤，但每人最低购煤量20吨，他人不得阻挠。补充条款实际上推翻了前一协议。

河南随后爆发了群众性的抗议活动，省城开封数次发生5000~10000人规模的大集会，绝不承认福公司的就地售煤权，并成立保矿公会，推选代表赴京请愿，在道清铁路（道口—清化）、京汉铁路沿线，动员舆论，抵制福公司；而在补充条款上签字的严良炳收到了死亡恐吓，不得不弃官而走……

市场渠道的争夺正在演变为一场政治事件，这不能不引起新的中央领导核心的关注。在中央的直接干预下，大清外务部直接安排双方在开封、北京进行谈判。几个月的折冲之后，福公司终于获得就地售煤的权利，也受到了更高市场门槛的限制——内销单笔最低购煤量必须高于100吨。

这是一个折中的方案，但显然双方对此都极为不满。两年后，英国严禁其管理下的道清铁路为民营煤矿提供运输服务，进行反制；而此后的中国史学主旋律则一致指责"腐败"的清政府在外国压力下又一次妥协，而不能将外资赶尽杀绝。

在1909年的天空下，"费厄泼赖"显然没有翱翔的空间。外资和内资（包括国资与民资之间），一次次地因商业利益而爆发"超限战"，残酷的厮杀并没有在商业基本面本身进行，而迅速升级到政治层面。当需要妥协的经济问题动辄演变为上纲上线的政治问题时，大清政府所能回旋的余地便越来越小，窒息正不可遏制地到来……

帝国的墙脚

1909 年 8 月 15 日，沪上著名的私家园林"张园"周围车水马龙，园内的安垲第大楼（Arcadia Hall）前冠盖云集。大清国第一家股份制企业轮船招商局举行第一次股东大会，来自各地的 732 名股东群集于此。

这是一次对大清国经济建设和社会发展有着深远意义的会议。此前，21 名大股东联名向主管航运的邮传部请愿，要求根据大清公司律选举董事会，与政府任命的企业领导人一起负责公司的日常管理。这一请求得到了邮传部的批准。

经过投票表决，股东大会选举产生了一个由 9 人组成的董事会，盛宣怀毫无悬念地以 4769 票的最高票入选，其票数超出第 9 名近 5 倍。

根据大会通过的公司新章程，这家企业的"官督商办"性质，被表述为"商办隶部"，政府的定位从主办机构退后成为主管机构，公司今后只需要就重大事件向邮传部请示。

一周之后，大清中央正式发文，明确邮传部作为招商局的主管部门。

9 月 2 日，邮传部任命了钟文耀、沈能虎、唐德熙、陈猷、王存善等担任招商局正坐办、副坐办及会办总董，体现官方的领导。

9 月 21 日，招商局首任董事会举行第一次会议，盛宣怀、施省三被选举为正副主席，这是招商局 1872 年成立以来，商选董事会第一次获得与官派坐办同等的地位。在此之前，民营资本出钱出力，却无权过问经营管理，招商局更多像是一家国有企业，导致其间官商对立日益严峻。

"官督商办"是大清国"改革开放"中最具特色的，其原因在于：政府财政枯竭，无力推行纯国有企业，需要吸纳民间资本参与；而又对民营资本信不过，要将人事、财务等大权牢牢地抓在手中。在实际操作中，掌握这些企业的真正权力的人，既不是代表出资人权益的股东，也不是代表公众利益的抽象的政府，而是由政府领导人拍脑门任命的干部。这些享受着公务员待遇的"下派干部"们，一只筷子还在机关的铁饭碗里，另一只筷子则伸向企业的金饭碗，"挟官以凌商，挟商以蒙官"，"一人两制"，旱涝保收，进退自如。

财政部（户部）曾在一份文件中毫不客气地指出："稽之案牍，证之人言，知所谓利权，上不在国，下不在商，尽归于中饱之员绅。"这份文件罗列了政府如何向轮船招商局实行政策倾斜，扶上马后，不只是送一程，而是送一路。文件说："招商局之设，本为挽回江海已失航利。开办之始，即知为洋商所嫉，而弥补之策，首在分运苏、浙漕米，嗣更推之鄂、赣、江、安。而滇之铜斤，蜀之灯木，江、浙之采办官物，直、晋之赈粮，胥由局船经营其事。"但是，吃惯小灶的阿斗还是扶不起来，反而形成了对特殊政策的依赖。"盖招商局自开办以来，局中之侵蚀与局外之倾挤，所有资力颇虞亏耗。商股不足，贷及官款，继以洋债。当事者日言维持补救之策，裨益实鲜，而以用款浮滥，复屡为言官所劾。"

这种特殊的双轨制成为快速制造富豪的机器，盛宣怀、张謇、徐润、郑观应、胡雪岩等一大批能人脱颖而出，能者通吃，周旋于政经两界，在短短的数年间就完成了原始积累，一富惊人。这与其说是大清国的"改革开放"提供了好政策，不如说是提供了好"空子"。

依靠政府资源的强大优势，管理混乱、效率低下的轮船招商局依然获得了可观的利润，但其企业规模增长缓慢。在官商决策者的合谋下，没有被转入私家钱包的利润几乎都投向了房地产和当铺等更为"靠谱"、短平快的产业，而很少用于扩大再生产。盛宣怀本人就在苏州、杭州和家乡常州购买了大量土地，而其在上海租界内的不动产价值更是惊人，高达近 2000 万两。

这种现象，被美国学者费维恺（Albert Feuerwerker）称为"采矿式经济"：采矿者之投入少量的必备品，而当矿藏开掘完，就弃矿而去。

这种竭泽而渔、杀鸡取卵的短期行为，贯穿在大清乃至民国企业史的始终，成为主流。

如果认可"经济人"（economic man）是理性的前提，则这种大挖墙脚的做法显然不能简单地归咎于企业领导人的普遍短视或自私，归根到底，其实是"经济人"对社会大环境的一种本能抉择——当大清国无法提供安全、公正、信用、廉洁等经济发展的必要环境，而且生财之道必然地、先天性地伴有违法行为时，"捞一票就走"当然是最明智的选择。

曾有研究者将那一时期中日两国的企业发展作了对比，发现日本的企业家似乎更爱国、更有长远眼光，也更能忍受一时的损失，其根源就在于日本的政治体制令企业家更有信心。

另一个更有意思的案例是：1877 年，轮船招商局在政府支持下打了一场漂亮的收购战，将美资旗昌洋行（Russell & Co.,）下属的旗昌轮船公司（Shanghai Steam Navigation Co.）纳入怀中，取得了有史以来中资企业对外资企业的第一次重大胜利。但被人们普遍忽略的是，在旗昌轮船公司总额 100 万两的资本中，华商的出资占到 1/3，挂靠在该公司名下经营的华商更是为数不少。实际上，这场内外资 PK 的幕后是大清商人们的一场内战，对垒的双方一边扛着黄龙旗，另一边则扛着星条旗。收购成功后，旗昌轮船公司的华商继续抵抗，拒绝回到"祖国怀抱"，迅速另组一家公司，依然登记为美资企业。针对这些爱挂洋旗的华商，美国汉学家费正清（John King Fairbank）总结道："每当祸事降临时，他们就穿起了西装。"

其实，早在祸事降临前，有条件的华商都想方设法为自己的企业穿件西装，未雨绸缪。一身洋皮的作用，不在于狐假虎威，

位于上海外滩的轮船招商局大楼。（摄于 1901 年）

而在于能令自己有效地远离"父母官"亲如一家人般的日常勒索。丧权辱国的租界，意外地提供了一方讲求法制与公正的"净土"，从而令华商们只需抬抬脚就能躲避官场的骚扰。而为民企换穿西装，也令外企获得了相当的灰色收入。披上洋皮的民营企业便也如同外企一般享受到了税收优惠，而按照"行规"，所节省下来的税款双方五五分成。研究表明，当时每家外企都有一大串挂靠在他们旗下的民企，"强龙"与"地头蛇"惺惺相惜。

大量的为了追逐安全及政策利差的民营资本，也令外企在资本层面获得了主场优势。晚清的很多洋行，并不需要依靠其母国的资本，仅依附于其洋皮之下的中国民资就足以支撑起跨国业务。到了19世纪70年代之后，大量涌入中国的小洋行，多是皮包公司。它们几乎完全依赖中国当地的资本，而其自身的唯一资源就是一身如假包换的洋皮而已。

从某种意义上说，活跃在晚清的所谓西方外来经济势力，其中相当多的外企并非纯种，而是"混血的私生子"，或者干脆是披着洋皮的纯粹民营企业。

将"无轻民事惟艰"的圣训刻在乾清宫楹联上的大清国，却因为对民营资本的轻侮与怠慢，侵蚀着自己赖以自强的"改革开放"基石。我们应当怀疑：当收回利权成为1909年的主旋律时，大清国的爱国者们是否真正思考过，导致帝国大厦成为危房（李鸿章就曾自诩为"裱糊匠"）的原因——是有人在大挖墙脚，还是其本身就只是个豆腐渣工程呢？

"爱国"企业家

1909 年，对于企业家张謇来说，实在是日理万机的一年，不过大多忙的不是企业的事，而是"国事"——组织各种请愿活动，要求速开国会，立即行宪——基本不务正业。

其实，经营管理从来就不是大清企业家的正业。要在大清国做一个成功的企业家，可以不懂经营、不懂管理，但绝对不可以不讲政治、不可以不懂大局。一个优秀企业家的最重要的素质就是要紧跟风向，与时俱进，不断调整自己随风摇曳的方向、姿态和力度。

大清国的创业气候属于典型的"政治－经济学"，权力是最核心的生产力，也是最基本的生产要素，掌控着经济的生杀予夺。讲政治、懂权力，就是最基本的生意经。一代又一代的企业家都在殚精竭虑地进修官场权术，其中最为著名的就是被称为"红顶商人"的胡雪岩，他与官场的互动成为经典的官商合作案例——既将他本人捧上云端，也在他进入云里雾里时突然抽手，冷眼看着他"飞流直下三千尺"，摔得粉身碎骨。

在 1909 年宣统新朝可劲儿忙乎的张謇，毕竟是状元下海，层次不同，他所忙乎的立宪政治，版本新，技术含量高。大多数企业家当然到不了如此票友的地步，无非停留在讲政治的初级阶段——多交几个"大盖帽"（大清的官帽是最为古典的大盖帽）

朋友，自己也去弄顶大盖帽（无非是花点赞助银子），以免今后见着"大盖帽"心里就发怵，甚或也有机会在那些没大盖帽的平头百姓面前压人家一头，虽不至于玩把"两头跷"，吃了原告吃被告，但至少也可以提高嗓门吆喝两声，过过干瘾。

有学者作过统计，在 1885—1894 年创办民营企业的 55 人中，有布政使衔的 2 人，候补道、候选道 5 人，候补知府、候补知县 6 人，其他佐贰杂职 7 人。大清企业家的从政热似乎随着"改革开放"的深入而不断升温。甲午战争后，1895—1900 年新办 64 家民营企业，其创办人中有卿、寺、布政使衔的 5 人，候补道 9 人，候补候选知府、知州、知县 17 人，其他佐贰杂职 28 人。这是从"条"看的，从"块"来看也是如此：对 1878—1907 年的 10 家民营毛纺厂统计，创始人中的半数都有捐官的身份。如同读书人讲求学而优则仕，买卖人也同样保持了对官场的极度热爱，稍有点经济能力就要买个机关干部的身份，写在名片上，挂在房梁上，刻在墓碑上。

大清企业家怎么会成为如此可爱、乖巧的人呢？

在中国的传统中，商人等于是全社会的盲肠，地位很低，多被忽略，且时时有被阉割去除的危险。尽管国家为了敛财的需要，早从秦汉时期就开始和商人做起了"大盖帽"的买卖：一手交钱，一手交"帽"，但这种捐纳的官职多是荣誉头衔，商人获得的无非是些基本待遇，比如上了公堂不至于扯了裤子打屁股，见了官员不至于扑通就下跪磕头。当皇家需要的时候，商人可以成为"爱

19 世纪 60 年代的大清商人。

国商人",捐粮捐款;当皇家翻脸的时候,商人便随时可以被作为专政的对象,抄家罚没,乃至问斩。

在商人向权力主动投怀送抱的段子中,最为经典的就是明初的沈万山。他向新政权效忠的幅度有点过度,马屁拍到马腿上,犯了朱大皇帝的忌讳,弄得倾家荡产,差点人头落地。商人在权力面前的"二奶"角色,更刺激了他们前赴后继地向权力靠拢,争取扶正。很少有商人希望子孙后代继续从事自己的职业,他们所积累的财富多数被作为资助子孙后代远离商场、进入官场正道的台阶;这与妓女从良十分相似,总是想法跳槽,然后漂白自己的历史。研究商业史的学者发现,除了更为西化的买办们愿意将自己的职业当作传家宝,中国商人中的绝大多数还是将经商看作旁门左道。

随着大清国"改革开放"的不断深化与发展,商人的队伍不断壮大,商人的社会形象也在逐渐改变。尤其是连年来天灾人祸不断,国家财政捉襟见肘,以商人为主要消费群的卖官鬻爵(捐纳)成为国家的支柱产业和新的经济增长点,捐纳的收入甚至高达财政收入的1/3,形成了供销两旺、交投活跃的红火局面。

大清国但凡有点余财的商人莫不捐了官职在身,略大些的城邑,一片落叶随风飘落,能砸到好几个这样的"官员"。到了年节上,大家都把官袍披挂出来,满大街都是"大盖帽",蔚为壮观。

捐官的动机,当然不只是为了响应国家号召以支援政府建设。最朴素的想法是一种自我保护。大清国施行"仁政",从康熙大帝后就一直高举着"永不加赋"的大旗。但是，日益膨胀的官僚机器和公费吃喝、公务消费，加上不断地对外赔款，造成了支出增长呈刚性上升。大清国在1909年之前也没有实行先进的财政预算管理，甚至没有印刷纸币，无法玩儿财政赤字。一边是嗷嗷待哺的财政，一边是永不加赋的祖训，结果当然是"遇见红灯绕着走"——加强勒索、摊派，赋虽不加，但换个别的名称。

晚清的财政可以说基本上就是摊派的财政，中央向地方摊派，大官向小官摊派，官员向乡绅摊派，乡绅再向农民摊派。这种实际上的摊派体制，与"仁政"的大旗相互矛盾，说一套、做一套，说的不敢改口，做的不敢声张，从而演变为全社会心照不宣的集体黑箱操作，给各级官吏提供了极大的寻租空间。摊派是个高难度的工作，自然是专拣软柿子捏。

商人捐官，基本目的就是增加自己作为柿子的硬度，多少减轻被捏的力度，减少被捏的频度。

商人捐官，再高一个层次的追求就是便于与官方沟通。有个级别在手，可以与官员们平等交往，便于交朋友，寻门路。成了圈内人士后，衙门或许不再"门难进、脸难看、事难办"，还不时地能得到第一手的资讯，抢占商业先机，更有机会享受官方推出的优惠政策，比如税收减免等。

大清国的几轮经济改革，在向民营企业开放一些产业的同时，几乎都有政府"看得见的手"在调控操持：给予那些被选中的民营企业家以相当年限的垄断经营权。这些当然是官商勾兑的成果。

一个最有大清国特色的现象是，相当多的商人，尤其那些国有企业（后来多数改制为官督商办）的管理者，其实是带着公务员身份救生圈下海的官员，他们在资金、设备等方面的资源调动能力十分强大。玩儿"大政治"的张謇，起步时除了有一顶中看不中用的状元桂冠作为无形资产外，身无分文，还背着一屁股的债，难以募集到足够的资本，最后还是动用自己最拿手的官场资源，盯上了张之洞当年大办纺织时留在上海的一批美国产纺织机，与盛宣怀一人一半给瓜分了，将其作价25万两以官股投入，令自己的皮包公司成了货真价实的工厂。

晚清几乎所有的大企业都有着深厚的官方背景：商人们进入这些企业，成了中国第一批职业经理人，而进这些企业的一个基本条件就是他们必须有官员身份。到了1909年，大清国的能人们个个横跨官、商两界，红门、黄门一起捞；或者是家族内部分工，有的当官，有的经商，相互帮助，共同提高。

企业家的头衔上加上"爱国"二字，这种极具中国特色的现象，既反映了资本与权力的不同地位，也体现了资本向权力主动靠拢、寻求和谐。官商的不断结合，虽然在一方面继续拉大了贫富悬殊，激化了阶级矛盾，破坏了社会公平，但在另一方面，权力不再是资本的绊脚石，而日益成为同谋者，在让一部分人先"富"起来的同时，也让一部分人先"贵"起来。这在一定程度上奠定了大清国实行高难度的政治体制改革（宪政）的基础。或许，这还可以算是一种进步？

胡雪岩：花花轿子人抬人

如果要评选中国历史上的"超级商人"，胡雪岩无疑有着极大的夺冠希望。"胡总"的事迹，经高阳、二月河等名作家的宣传，一时间洛阳纸贵，加之电视连续剧的后续攻势，"胡总"的形象益发家喻户晓，俨然成为一代商圣。

中国历史惯常以成败论英雄，作为一个彻底失败了的商人，胡雪岩不仅没有被当作落水狗痛打，反而赢得了崇高的历史地位，这与他的最后一场商战有着密切关系。那是与外商之间的生丝之战。胡雪岩痛下本金 2000 万两白银，争购并囤积生丝。据说，他之所以如此放手一搏，一是为了解救被洋人们欺压的蚕农，二是要为民族工商业争口气——他的心中装着百姓安康、民族兴旺，唯独没有他自己。

遗憾的是，这项高调的政绩工程、面子工程，最终成了豆腐渣工程。

高举着爱民、爱国旗帜的胡雪岩败下阵来，亏损高达 1800 万两，他所拥有的民营银行"阜康钱庄"也随即倒闭，并引发连锁反应，危机波及大半个中国。

　　胡雪岩收购生丝的巨额资金，多数来自自己的钱庄，拿着储户的钱，去玩如此高风险的对博，这无疑是板上钉钉的"扰乱金融秩序"的行为，但善良的历史对此选择了遗忘。同时被遗忘的，还有在此危机中损失惨重的储户、市民和大小工商业者。这些"沉默的大多数"被遮掩在那面高调旗帜的阴影下，他们的一路哭声则被淹没在掌握话语权的精英们不着边际的欢呼声中。少数一些从"胡总"手上拿到了购丝款的蚕农们则成为历史油漆匠手中的涂料，为这场黑色的灾难涂抹上了历史浪漫主义兼英雄主义色彩。

　　胡雪岩因缘际会，凭借个人能力和机遇，在商场和官场上实现了超常规、跳跃式发展：被吸收进了领导班子，混上了二品顶戴，享受着省部级高干的待遇，成为一名"红顶子"资本家。这位商圣发家致富的秘诀，并非至今仍被传诵的"戒欺"与"真不二价"——那是其口号式的企业精神，类似今日的"求实、奋进"，毫无原创性和技术含量。当年高喊类似口号的商人应当不在少数，但能与官场打成一片、大小通吃的，就绝对只有包括胡总在内的少数一些"优秀企业家"了。从钱庄的打工仔到名震中外的著名企业家，"胡总"成长过程中的每一步，都是与王友龄、左宗棠等领导的关心和支持分不开的。他也清醒地认识到，政府公关就是大清国的第一生产力，只有紧紧地抓住这一发展的龙头，实现某些产业或某些业务的垄断或局部垄断经营，才能形成真正的核心竞争力。

在部分作家及史家的笔下，胡雪岩俨然是一个"先天下之忧而忧"的贤人；而作为大清国先富起来的一批人之一，他同样毫不迟疑地"先天下之乐而乐"。在美丽的西子湖边，"胡总"大建"第宅园囿"，这样的基建投资无疑也极大拉动了杭州的GDP增长。至于他"姬妾成群，筑十三楼以贮之"，在吹鼓手们的笔下则成了其个人魅力乃至伟大爱情的证明。参观"胡总"在杭州的故居，依稀可见当年钟鸣鼎食之家的兴盛。

如今那里已经成为著名的文化遗产，仍可为当地的经济唱戏而搭台铺路，不会被当作反腐教育的教材。胡雪岩确有长处，赢得了历史的厚待。

被厚待了的胡雪岩，事业上自然也要更上一层楼。在成为国内著名的企业家后，他将目光锁定在了国际市场，要为中国人争口气了。争气的支点，选定为丝绸。

当时的丝、茶贸易，如同今日的石油，是世界的主流商业。中国的生丝行业一直是外贸主导型产业，在1880年前后其出口比例高达0.6以上，仅1880年一年其出口"创汇"便高达2400万海关两（白银）。

这是一个令人垂涎的巨大市场，但它基本上掌握在外商的手中。

掌握了买方市场的洋商们，根据伦敦的行情，扣除自己的利润和费用后再确定中国市场的"开盘价";随后,根据这一"开盘价",大清的二道或三道贩子们再扣除自己的利润和费用,层层盘剥;最后到了位于产业链终端的蚕农手中,收购价自然被压到极低。

这其中其实有三个层面的问题。一、"贱买贵卖"本身就是商业的本质,古今中外概莫如此,与商人的国籍无关。在生丝行业,本土的由官方支持的茧行一直是行业的垄断者,长期欺瞒榨取蚕农的利益,其盘剥程度远甚外商。二、流通环节过于烦琐,养了很多闲人,生丝产地的一些商人们便因此而发愤挤进上海滩,自己直接搭上洋商以减少中间环节——当然,渠道优化后的好处是到不了蚕农口袋中的。三、市场买卖双方的博弈力量发生变化。在苏伊士运河开通及蒸汽轮船普及之前,国际生丝市场是卖方市场,价格是中国的丝商们(注意,蚕农并没有发言权)说了算,甚至发生了中国产地的收购价大大高于伦敦市场的卖出价的倒挂现象,亏本的外商只能打落门牙往肚里吞;而当国际航运条件大大改善后,伦敦市场没必要维持高库存,市场定价权就转到了买方手中。

将这样一种主要是市场因素造成的现象都归咎于洋商垄断,进而上升到"主义"的高度,若不是无知,便是别有用心。对大清政府来说,维护"三农"利益,本是职责所在,若将此推给企业,甚至推给外资企业,这板子显然是打错了屁股。而对胡雪岩之类的商人来说,抢购生丝本来就是为了和外资争夺生丝市场的主导权甚至垄断权,属于利益之战。非要诉诸动人的爱民及爱国色彩，则是有些不择手段了。

在爱民及爱国的大旗下，胡雪岩动用了其钱庄的大量存款抢购生丝，其中既有千千万万升斗小民的活命钱，也有不少贪官污吏的赃款，甚至有暂存于此的国有资金。强龙难压地头蛇，在巨额资金的支持下，在黑白两道（胡雪岩是青帮的"空子"）的保驾护航下，胡雪岩抢购生丝十分顺手，几乎搜尽了当年的新货和此前的存货。

洋商们无货可收，自然慌张，于是通过种种渠道与胡雪岩进行谈判。

老外开价很痛快：加价1000万两白银！在当时，这可是一笔巨款。当年北洋舰队购买主力舰定远、镇远号，每艘才180万两。也就是说，"胡总"此时只要立马将手中的货转手，就可以赚出大半个北洋舰队来。更何况，胡雪岩的所谓收购资金，大量来自借贷或挪用，属于"穿别人的鞋，走自己的路"，运营成本很低。

如果胡雪岩见好就收，这笔业务无疑会成为中外商战史上一交激动人心的过招大捷。外商开出了盘子，按照胡氏包装上的爱民爱国理由推算，他可以有以下几种选择。一是将此批生丝全部自己加工，不让老外染指，以"振兴民族工业"；但他似乎并没有足够的生产加工能力，而且即使全部加工成了丝绸乃至成衣，也还是要靠国际市场来消化。二是将此批生丝加价后卖给老外，将从外商那里赚来的钱分给蚕农们，解决局部地区的"三农"问题；或者干脆全部捐给国家，再购买 5 艘主力战舰，那日后的甲午海战结局也或许会因此而改写了。

但是，面对洋商们的"诱惑"和乞求，胡雪岩没有松口，而是要求他们再加价 200 万两，其理由并非爱民或爱国。洋商们显然将这看作是勒索，但他们并没有动用其更为强大有效的以坚船利炮做后盾的"政府公关"资源逼迫胡雪岩就范，而是选择了僵持。

待到来年，新一轮的"春蚕到死丝方尽"后，胡雪岩终于被困死在自己所织的巨大的"茧"中：他无力继续收购生丝，囤积的旧丝也因开始变质而只好贱卖，红极一时的红顶商人彻底倒在了他深爱着的红土地上。此时，憋了一年的外商们则手握现金，受到中国商人和蚕农们的热烈欢迎。民族主义的虚幻口号在现实社会的利益面前化为一片幻影飘散。

高阳著《胡雪岩》中曾频繁出现过"胡总"的一句名言——"花花轿子人抬人"——不知道这是史料所载，还是作家的创作，这种对"双赢、共赢"的具有中国特色的解读至今仍被人们津津乐道。这句话的内涵是说，世间的人与人是相互倚托、共生共长的，你抬举别人，别人才会抬举你。可惜的是，不少高喊着"花花轿子人抬人"口号的家伙，其实是希望自己坐在轿子里，让其他人心甘情愿地一边抬着他，一边大声歌颂着他对百姓、对民族的热爱……

伶仃洋畔建"特区"

1909 年 4 月 22 日，广东香山县最南面的"沙滩环"，旌旗招展，锣鼓喧天，到处悬挂着"强国之基""利国利民"等横幅——大清国又一处经济特区"香洲商埠"在此正式动工。出席动工仪式的大清政府领导人有两广总督张人骏、广东水师提督李准、广东劝业道陈望曾、拱北关帮办贺智兰等，冠盖云集，翎顶辉煌。

这是一片"全新"的国土：从 19 世纪 40 年代开始，这一广约 700 多亩的地段才从海域淤积为滩地。为建设这一面向侨商的特区，海外华侨华人及港澳同胞共投资 100 多万元。

在积贫积弱的大清国，发展经济早已成了最大的政治，香洲开埠也不例外，参与者们赋予它浓烈的"中国人民从此站起来了"的厚望。《开辟香洲商埠章程》宣布：其宗旨在于"垦荒殖民，振兴商务，讲求土货，挽回利权，使我伟大帝国四百兆同胞绰然雄立于地球，以共享文明之幸福"。参与者们充满了豪情壮志："敢叫日月换新天"，"今日之草莱沙漠，即他年之锦绣山河也"。

香洲商埠的开立，直接导火线是为了对抗葡萄牙人在咫尺之遥的澳门的掠夺。

葡萄牙人掠走澳门后，澳门与内地之间的边界一直没有确定。中国方面虽然努力多次，但葡萄牙人的胃口不小，迟迟难以谈拢。期间，双方冲突不断，在 1908 年的"二辰丸"（Tatsu Maru）事件中达到高峰。

"二辰丸"是一艘日本商船，在日本掠夺南海资源的活动中十分活跃，日本强占东沙岛的物资和人员主要由其输送。1908 年2 月，该船走私巨额军火，多达 30 吨，接济大清国的反政府武装，在澳门海面被大清国海军舰艇当场截获，船货被没收。但在日本和葡萄牙的双重压力下，大清政府被迫屈服，于 3 月 19 日归还船货，并向日本人鸣放礼炮道歉。

当日，岸上万人旁观，莫不失声痛哭；粤商自治会随即宣布当天为"国耻日"，开始焚烧日货，掀起了中国历史上第一次抵制日货的高潮。根据《纽约时报》的报道，当天的集会有 5 万多人参加，数千名妇女也身着丧服前往，要求抵制日货。这一运动迅速遍及全粤及上海、香港、南洋群岛等，香港民众甚至围攻日货仓库，捣毁日货商店。该次抵制日货行动持续到 1908 年年底，日本对华（包括香港）出口额同比下滑 6% 以上，损失惨重，日本方面最后放弃了向中国索赔的要求。

被中国强大的民意力量震惊的澳葡当局，不得不从严管制军火走私，并与中国政府进行划界谈判。中国方面，则在官方加紧与葡萄牙谈判的同时，动员民间力量，积极布置商战，以"官力"支持"商民建设香洲，以分澳门之利"。有分析认为，"澳门一港，地非冲要，每岁所入，全恃妓捐赌饷以为大宗，均系吸内地游民之脂髓，我若相戒勿往，彼自无所取盈，为今之计，莫妙于附近自辟港埠，以为抵制之方"，"此即釜底抽薪之计，而亦开辟利源之善策也"。

两广总督张人骏对此积极支持，广东华侨伍于政、秀才王诜及澳门华商总会的商人们积极筹建"特区"，在经济上对抗澳葡当局；最终择定了香山与九州之间的这块冲积滩地，官方定名为"香洲商埠"。这是一场毫不掩饰的商战，明确规定外国人不得在香洲商埠内经营，《广东香洲商埠挂号收条》中标明："此收条乃系华人所用，如有外国人拾得及将此条转卖给外国人者，本埠一概作为废纸，特此声明。"

香洲商埠照搬西方的城市规划，棋盘格的路网四通八达，电车道、马车道、东洋车道（走骆驼祥子拉的那种人力车）和人行道井然有序，还详细规划了教堂、警察局、邮政局等。"特区"充分考虑了吸引劳动力的办法，专门建造了可供两户人家居住的小茅屋"廉租房"，月租仅1元，十分受欢迎。

香洲商埠的建设十分迅猛，仅用了4个月就开始正式营业，创造了前所未有的大清速度。大清官民在南海边同心协力画下的这个圈，迅速成为中国的经济亮点。在它的有力竞争下，澳门经济萎缩，地价剧跌。

澳葡当局在划界谈判中希望中国政府约束香洲商埠不得影响澳门经营，遭到大清谈判代表的拒绝，因而不得不在划界谈判中多方让步。

香洲商埠并非大清国的第一个自开商埠，却可能是第一个经济特区。

两广总督张人骏，
如今南海诸岛有一块岛礁被命名为"人骏岛"。

早在 1898 年，大清政府就宣布在岳州、三都澳、秦皇岛三地自行开设商埠。这是内忧外患之下，大清政府"隐杜觊觎，保全主权"的战略部署。在多次被迫在列强的刀锋底下开放通商口岸后，大清朝野认识到，与其坐以待毙，不如自主开放。

从 1898 年开始，清政府一共开设了 12 个"自开商埠"（因有的商埠议而未设，学界对这一数字尚有争议），以期挽回在 80 多个"约开商埠"中失去的利权。大清外交部（总理衙门）在 1899 年的政策阐述中明确说明："自开商埠，与约开通商口岸不同，其自主之权仍存未分。该处商民将来所立之工程局，征收房捐、管理街道一切事宜，只应统设一局，不应分国立局。内应有该省委派管理商埠之官员，并该口之税务司，督同局中董事，办理一切，以示区别而伸主权。"

在这些自开商埠中，绝大多数得到了地方政府和工商界的积极响应，成为大清历史上政府与民间和谐互动的少数事件之一。与约开商埠不同，中国在自开商埠中拥有完整的主权，政府在土地使用环节进行了严格的管制，规定土地的使用年限仅为 30 年或 33 年。

这些自开商埠大多为国有国营，只有香洲商埠等少数由民间力量主办，经费则由招股募集。两广总督张人骏在提交给中央的报告中认为，在香洲商埠创立之前，"绅民之自立者，尚未一见"，如果"能厚积资本，固结众情，他日斯埠之振兴，当可预决"，因此建议中央给予优惠政策进行扶持。

地方上所要求的优惠政策，无非一是廉价土地，二是优惠税收。香洲商埠的土地系开发者租赁，不存在买卖关系；而税收方面，主事者在创办之初就希望能建设成无税口岸，这在政府内部引发激烈争论。

地方上，从张人骏到增祺，两任两广总督都倾向于建立无税口岸，效仿南洋和香港。在他们的支持下，香洲商埠的开发者还详细拟定了免税界限、管理规则、理船章程、保护办法等。中央对此十分重视，农工商部、外务部与地方政府展开了频密的协商，决定由国家税务总局（税务处）从粤关税司中派出调查组，先进行调研。

负责调查的是大清国的美国籍洋干部、九龙关税务司夏立士，他认为商埠之兴衰与有无关税关系不大，主要取决于地势是否得宜，如果将香洲商埠开辟为无税口岸，就会与其他口岸形成政策上的落差，难以公平公正，而且"徒开漏税之门"。

屁股决定脑袋，地方干部的想法当然与中央干部的不同，继任两广总督增祺向中央陈情，香洲与香港近在咫尺，香港是自由港，香洲如果不办成无税口岸，则难以与香港竞争，"同是贸易商场，人则一切自由，我则动身束缚"，认为"不能不牺牲少数税金，亟图挽救"。广东的其他部门也认为，"非先明定该埠为无税口岸，不足以资提倡而树风声"。

在地方的压力下，中央最后让步。国家税务总局同意将香洲商埠暂作无税口岸，中央随即批准，并要求有关部门就"无税之范围，及如何严防走私之处"进行明确说明，并声明"嗣后如有商民自辟商埠者，概不得援以为例"。

自此，香洲商埠成为大清第一个实行"一国两税"特殊政策的经济特区。

当特殊政策被作为"第一生产力"时，内功的缺乏就成为致命的短板。

从中央拿到免税优惠政策后，香洲商埠并未如同中央希望的那样飞速发展。中国人爱内讧的习气随即在开发商内部造成严重内乱：另一拨商人在一番同样的政府公关后，则在附近的野狸岛又办了一个"广东省渔业总埠"，实行恶性竞争。香洲商埠迅速衰落，衰落的速度快得如同其崛起一样。

创办时将高调唱得震天响的开发者们，此时早已忘却了那些充满激情的承诺与口号，甚至忘记了自己曾经坚决表示要在商埠内严禁"黄赌毒"，妓院、赌场和鸦片馆成为新的经济增长点。动人的政治口号在失去了获利能力后，终于被彻底地抛到了伶仃洋里，只是后世还一厢情愿地在这些商人的名字前加上"爱国"两字……

腐烂的根基

四川铁路公司有大量资金去向不明，政府在国有化过程中不肯为此买单，股东们大为不满，成为"保路运动"的主要利益动机，并在各种政治力量推动下将大清彻底倾覆。

1909 年 9 月，澳门，一位 67 岁的老人正在奋笔疾书，他写道，"政治关系实业之盛衰，政治不改良，实业万难兴盛。查欧美政治革命，商人得参与政权，于是人民利益扩张，实业发达"，"欲攘外，亟须自强；欲自强，必先致富；欲致富，必首在振工商；欲振工商，必先讲求学校、速立宪法、尊重道德、改良政治"。

这位老人名叫郑观应，是晚清著名职业经理人和思想家，畅销书《盛世危言》的作者。他正在写的就是《盛世危言后编》的自序。

郑观应在著作中对晚清主流的官督商办或官办企业提出了尖锐的批判。但是，在他的著作被抬上神坛的同时，时人和后人都不自觉地走入了另一个极端：国有（官办）或公私合营（官督商办）成了万恶的根源，仿佛工商业只要一沾"国"字就必死，一沾"私"字就必活——复杂的产权结构和经济现象，被人们纳入了非"左"即右的泛政治化解读。

1909 年开始的宣统新朝，试图推行政府主导下的有计划的国家资本主义，尤其是对矿山、铁路等国民经济的命脉强力推行国有化——对外高举民族利益的大旗，以强大民意为依托，从外资企业手中赎买；对内则以效率为号召，以行政权力为手段，从民营资本手中强制、半强制地收回。

这种带有浓厚计划经济色彩的"看得见的手"，对于凝聚有

保存在德国的 1900 年的上海南京路老照片。

限的经济资源，集中力量做大事，无疑是必要和有效的，并且也成为整个20世纪中国经济发展的主旋律。但晚清的这种国有化，却被推行同一政策的后世当作妖魔化的对象和批判的靶子。吊诡的是，人们在热衷于争论晚清经济"姓公"还是"姓私"，或者说"抓住老鼠就是好猫"时，却忽视了那个作为前提的假命题：晚清的许多经济问题其实与黑猫、白猫毫无关系。将低效、腐败等一股脑儿归咎到国有（官办或官督）头上，这板子打错了屁股，如果没有打错，至少是过分了。

即使在制约机制最有效的外资企业（洋行）内，与公权力多不相关的买办们也令洋人们见识了大清特色的腐败无孔不入。这些金领级的买办们，享受着平均1000两白银的丰厚年薪，以及五六倍于此的办公津贴，而当时一亩良田的售价仅是6两。他们从自己公司的成交额中另抽取1%~3%的佣金，有时甚至可以高达5%。这样还不够，他们充分利用买卖双方的信息不对称，上下其手，两头通吃。根据当时的资料，买办们所赚的钱往往远高过洋行本身，甚至两倍于他们的雇主。海关一名外籍税务司就感慨道："当买办的雇主完蛋的时候，买办却常常发财。"这种典型的"穷庙富方丈"并不能令买办们的胃口得到满足，挪用洋行资金做自己的生意，"穿人家的鞋，走自己的路"，几乎是买办行业的行规。看似强大的外资在这样的潜规则面前只有低头默认。

如果说买办们大宰老外，还可以令我们感到一点点"民族主义"的快感；那同样的利刃切割在内资企业身上，就无疑是令人寒心的。

在公私合营（官督商办）的企业里，人们往往注意了"官"的问题，却忽视了"商"的破坏力在任何方面都丝毫不亚于"官"。那些为后世景仰的著名企业家徐润、郑观应等，毫无顾忌地贪污或挪用公款——徐润动用招商局公款为自己炒卖房地产，郑观应则挪用机器织布局公款炒股。当1883年金融危机爆发后，人们吃惊地发现了这些平日里道貌岸然的明星企业家们正赤条条地在沙滩上裸泳。

官督商办的企业毕竟还有官场规则的制约，发现问题后还能及时处置，尽管有选择性的执法背后是官场内部争夺地盘的刀光剑影。那些毫无国有资金参与的民营企业，包括那些看似有严格规章制度（如清政府所公布的《公司律》）约束的股份公司，腐败却在毫无监督之下，令国有企业也自愧不如。"奸狡之徒，倚官仗势，招股既成，视如己物，大权独揽，恣意侵吞，酒地花天，挥霍如粪土。驯至大局破坏，不可收拾，巨万资金，化为乌有，甘受众人唾骂。公司招股之流弊一至于此，于是人人视为畏途。"

1909—1911年，宣统朝总共17家民营铁路公司，几乎家家腐败。

四川铁路公司有大量资金去向不明，政府在国有化过程中坚决不肯为此埋单，这导致了本渴望着政府资金入场接盘的股东们大为不满，这一难言之隐成为所谓"保路运动"的主要利益动机，在各种政治力量的推动下居然将大清的大厦彻底倾覆。

汉冶萍公司由官督商办改制为私有之后，"其腐败之习气，实较官局尤甚"，甚至"督办到厂一次，全厂必须悬灯结彩，陈设一新"，"厂员翎顶衣冠脚靴手本站班迎迓，酒席赏耗之费每次至二三百元之多，居然列入公司账内"。这架势完全是官场的翻版。

更多私营企业主纷纷在官场钻营，用金钱换取红帽子，胡雪岩、徐润、郑观应等都是捐班道台，等于在自己的名片上写上了带括号的"正厅局级"。

这固然可用自我保护来解释，更多的，还是通过获取政治资源从而攫取更多经济利益的主动进取，并没有被谁强按着牛头喝水。胡雪岩的政府公关术，至今还是人们津津乐道的谈资和学习的榜样。这些无疑是官文化历久弥新的土壤，从中获得既得利益的人们无疑也是这种文化和体制的坚定捍卫者，即使他们在矫情地口口声声诉苦。

与此同时，新兴而欠缺规范的股票市场成为圈钱的跑马场，"撑死胆大的"。全社会掀起投机高潮，进一步削弱了本就薄弱的企业监督。

梁启超在《敬告国中之谈实业者》一文中，感叹股东普遍的投机心理加剧监管乏力，以投机为动机的股东并未把自己的利益与公司的利益结合，"人人皆先私而后公，与此种新式企业之性质，实不能相容"，"故小办则小败，大办则大败。即至优之业，幸而不败者，亦终不能以发达"，"阻公司之发达者，则职员与股东，实分任其咎也"。

晚清著名外交家薛福成深入分析了大清国公司制中看不中用的"不举"问题，他说："夫外洋公司所以无不举者，众志齐，章程密，禁约严，筹划精也。中国公司所以无一举者，众志漓，章程舛，禁约弛，筹划疏也。"

著名的日本学者型间谍宗方小太郎在1895年就说，中国的腐败并不限于官场，而是全民性的。他认为，国家是人民的集合体，人民是国家组织的一"分子"，"分子"一旦腐败，国家岂能独强？中国的"分子"们集体腐败，国家的元气就丧失消亡，这比政策的失误还要可怕；政策的失误尚可以扭转过来，而国家元气的腐败就"不易返回中道"了。

这位日本间谍引用孟子的话为中国下了断语——"上下交征利，则国危"——国都危了，何况小小的企业和行业呢？

"一大二公"固然并非大快好省地建设大清特色的资本主义的坦途，但"国退民进""化公为私"也绝非是提高社会生产率的捷径。在一个普遍缺乏法治和诚信精神的社会，无论产权结构如何设定，都难以摆脱被异化的宿命。1909年，大清的决策者们在国家复兴的迫切命题下，幸运而又不幸地成了"制度"的迷信者，过度地关注了产权的颜色，而非经济本身的含金成色。其实，即使这些"好色"者明白制度的颜色乃至制度本身并非万能的，可除此之外，他们还能做什么呢？

帝国商人反击战

圣诞节到了，上海的外商们却感受不到丝毫的喜庆。一种沉闷的气氛笼罩着这座繁华的东方大都市。

越演越烈的商战，激发了中国商人们的众志成城，本土钱庄联合宣布：停止向外商们发行庄票——一种由本土钱庄签发的可以代替现金流通的票据。没有庄票的支持，中国内地的广大市场就轰然一声对外商们关上了大门。

这是 1873 年，危机遍布的一年。

作为世界经济引擎的美国铁路，因建设成本高涨、预期收益下降而泡沫破裂。1873 年 9 月 18 日，拥有大量太平洋铁路债券的美国杰依·库克金融公司（Jay Cooke & Company）宣布破产，黑熊奔驰在华尔街上，世界经济危机全面爆发。

浪奔浪流，危机的惊涛迅速袭卷上海。上海各外资银行纷纷收紧银根，从本地钱庄手中回收贷款。而此时，正是丝茶的采购旺季，钱庄的大量资金已经放贷出去，难以立即收回，上海的金融市场出现了全面的惜贷，即使利率高达 50% 也难以借到资金。

这时，一桩金融盗窃案，令本已绷紧到了极限的中外经贸关系，砰然而裂。

一桩盗窃案引发的大战

导火线是被德国顺发洋行（Overbeck & Co.）点燃的。顺发洋行的买办陈立堂（音译，Chen Litang）偷走了其公司两张庄票，共计 4000 两。

这两张庄票由本地钱庄永德（音译，Yongde）和汇安（音译，Hui'an）签发。随后，他将其中一张支票交给了恒益钱庄，另一张则交给了德资的鲁麟洋行（此处根据《申报》；鲁麟洋行为 Reuter, Brockelmann & Co.，而英文报纸《北华捷报》（*North China Herald*）的报道记载为 Pustan & Co.）的买办，以抵还其个人旧债。两天后，陈立堂潜逃。顺发洋行发现问题后，立即聘请律师，要求永德和汇安不得兑现被盗庄票，并要求恒益钱庄和鲁麟洋行退回该款。遭到拒绝后，顺发洋行向会审公廨（the Mixed Court）起诉恒益钱庄和鲁麟洋行。

根据《申报》的报道，会审公廨判令由顺发洋行、恒益钱庄和鲁麟洋行各承担 1/3 的损失。而根据《北华捷报》的报道，会审公廨认为该由包括出票行永德、汇安在内的五方分摊损失。对于这样的结果，当事各方均不满意。就在会审公廨出面调解之时，会审公廨中一位陈姓的中方法官却断令，必须先交 1000 两银子的押金后才能受理此案。当事各方不服，集体上访到了上海道台，上海道台则下令将银、票均暂留衙门。

各方无奈，最后只好接受分摊损失。

一桩金融盗窃案由此了结，却带来了另一个问题：会审公廨的判决破坏了本地钱庄"认票不认人"的行规。上海各钱庄对此案结果大为不满，开展反击行动，联合停止签发庄票，同时向外商总商会"西商公所"（the Shanghai Chamber of Commerce）交涉。中外双方开始了僵持局面。

顺发洋行的庄票风波，其实只是 19 世纪 70 年代中外商战的一个戏剧化高潮。在此之前，在商业层面上，熟悉本土市场的中国商人远比西方商人占有优势。当时中国最大宗的出口商品，一是茶叶，二是丝绸，都是典型的卖方市场，加上中国的行会势力大，在丝、茶的定价方面，外商几乎没有什么发言权。而通商口岸以外的中国内地市场并没有建立起符合国际惯例的支付体系，外商根本难以直接涉足，这也是买办制度在中国盛行的主要原因。西方的坚船利炮固然能令清政府屈服，但商业本身却不是靠大炮能够完全左右的。

这个时候，一种被称为"内地采购制度"（the up-country purchase system）的体系主导着中国的外贸。根据中英《南京条约》，外商可以与通商口岸的任何华商进行交易，但不能到内地进行购销。上有政策，下有对策，外商们便想了一招：雇请买办深入内地直接采购。

在这样的内地采购制度下，中国土产的价格实际上是操纵在负责供应链的华商们，尤其负责沟通中外买卖双方的买办们手中。作为一股独立于外商和传统华商之外的特殊力量，买办们利用双方之间的信息不对称，上下其手，从中渔利。但也因此，买办们作为洋行雇员和独立商人的双重身份，令其备受困扰，极易成为中外商战的牺牲品。

1866 年，爆发了一场以买办身份为焦点的中外商业纠纷，标志着外商开始了一轮挑战华商市场地位的征战。事件与怡和洋行拒绝承认其买办的雇员身份有关。

外商打出了擦边球

1866 年 11 月，英商惠托尔（E. Whittall）兄弟向怡和洋行购买 200~300 包丝绸。12 月中旬，怡和洋行买办邱其侩（音译，Kiu Cheequai，也叫阿其，E-kee）先后将 50 包货发给惠托尔兄弟的经纪人。邱其侩是怡和洋行的买办，按例只有在货物全部送达买方后，怡和洋行才会向其供应商支付货款。因供应商催款，怡和就将本地钱庄出具的两张庄票交给了邱其侩，邱将此两张庄票经义沃钱庄（音译，Ewo）支付；但该钱庄随即破产，供应商依然没有收到分文。此时，怡和洋行认为自己已经支付了庄票，此一款项与自己无关；邱其侩在供应商的逼债下，向上海最高法院起诉，状告怡和，要求支付丝绸款。

根据《北华捷报》报道，此案的争议焦点是邱其俭的身份。邱认为，自己担任怡和的代理人已有3年多，他的采购行为是代表怡和的，因此怡和有义务向供应商付款，而且这种付款必须以供应商收到真金实银为准。而怡和则坚决否认邱的身份，因为他们既没有付给他年薪也没有付给他佣金；而且为了这批丝绸，怡和洋行已经支付了庄票，应该视为完成了付款义务，后来发生的意外，其风险和损失不应该由他们来承担。

双方各执一词，但最后还是怡和表示妥协：只要邱能撤诉，怡和愿意另以真金实银支付货款。如此一来，怡和在此单生意中损失8万两银子；《北华捷报》认为这还是合算的，毕竟怡和因此保住了在中国的声誉。

这一案件震撼了中国商界——连怡和这样的"东方罗斯柴尔德"（《北华捷报》语；Rothchilds，当时全球最著名的投资商），也会在需要的时候拒绝承认那些实际为他们服务的买办的身份，这是个危险的信号！上海的中国丝绸行会立即行动，准备将这个危险漏洞赶紧堵上；怡和案件了结后不久，行会就将新规则提交给了上海道台，并知会外商。

丝绸行会先将外贸的发言权抓在手上，规定所有交易必须经过行会授权认可的通译（linguist），否则不得进行。当时生意场上的翻译多数就是外商所聘请的买办。这一规定，令那些未经过行会注册的买办及其背后的洋行失去了直接采购的权力。

在结算方面，虽然华商们都希望进行现款交易，但毕竟数额巨大，而且丝绸的品质鉴定相当复杂，现款交易似乎并不现实，因此行会提出了一个折中方案：外商可以先提货后付款，但货款必须在丝绸装船运往海外之前全部结清。行会同时规定，只要货款未全额付清，该批丝绸即使已经装船，也不得视为外商的财产。一旦发生意外，比如期间洋行倒闭，则华商可以取回该批货物。而此前，只要货到了外商手中，即使分文未付，外商也将其视为自己的财产。

行会的规定颁布后，外商一片哗然，认为这是强化行会的垄断行为。

但在强势的中国商人面前，洋行不得不承认这些新的规则。

怡和洋行的一个小小官司，引发了对外贸结算方式和时机的普遍关注，其所造成的巨大反响成为19世纪70年代中外商人征战的先声。

此时，世界经济正因交通和通信的革命而产生巨大变革，中国丝、茶以及华商的垄断地位开始动摇。

1869年，苏伊士运河开通，按规定只准蒸汽轮船通行。大量的蒸汽轮船迅速地取代飞剪船，投入东西方的航运。在中国出口额中占了70%~80%比重的英国，从伦敦直航上海的航程由120天以上缩短到55~60天。蒸汽轮迅捷，因其缩短航程、提升运能，所以提供了更为低廉的运费和保费。中国茶叶经由蒸汽轮的快速运送能更保鲜，因此伦敦市场已不再需要维持6~12个月的茶叶库存。同时，世界茶叶的供应量开始急剧上升。1872年，伦敦市场茶价下跌，而洋行的进价依然不得不接受华商的控制，因此遭受重大损失。这一年，对食品卫生实行更严格标准的英国《整治假货法案》（*The Adulteration Act*），经修订后实施，英国商人们对中国茶的品质担忧迅速上升，当年的绿茶报价只相当于过去两年的半价水平。

丝绸市场也出现了同样的情况。航运大提速后，丝绸交易速度和频率加快，丝绸出口在当季的头两三个月就完成了。这令中国商人大得其利，丝价因而大涨，甚至在落季后的第三个月还大大高于伦敦价格。

中国（上海和香港）和英国（伦敦）之间电报的开通，令行情能够迅速传递，洋行甚至根据电报开始经营买空卖空的"期货"，这进一步刺激了需求，丝绸市场出现了严重脱离产能的大跃进。

萝卜快了不洗泥，中国丝绸的质量问题也在急增的出口需求拉动下暴露出来。为了赶工，缫丝和纺织环节的质量严重下滑，结果造成中国丝绸在欧洲市场严重滞销。1872年5月，里昂的丝绸商会向西商公所书面投诉，抱怨中国丝绸的质量问题以及虚假标识。他们还警告说，中国丝绸如再不改进，将可能被欧洲产丝绸（主要是法国和意大利）赶出法国市场。

法国人的警告并没有被重视。一年后，英国驻沪领事也发布了同样内容的警告，并经由上海道台沈秉成向丝商们发布，但同样也被忙于扩大生产的丝商们忽视。

1870—1871 年，上海周边的主要产丝区丝绸出口的增长速度每年在 7%~8%。而伦敦市场需求却因为过度投机以及普法战争而急剧下降。

在出口增长和需求下降的双边扭曲下，中国的丝商们终于听到了泡沫破碎声。里昂丝绸商会估计，整个 1873 年中国丝绸价格平均下降了约 30%。在华的外商们对中国商人的定价权发起了挑战，只要发现有质量问题或者价格不合理，洋行便拒绝购买。而中国丝茶产地的农户和生产商并不介意国际市场的变化，他们拒绝接受低价。中国商人发现，他们从左右逢源变成了左右为难，夹缝中的艰难日子开始了！此时，上海法庭上演了几个经典案例。

1873 年 4 月 3 日，上海一家名为弥尔森托德的洋行（音译，Milsom & Tod Co.，以下简称托德洋行），为其在法国里昂的兄弟公司弥尔森波伊贝瑞（音译，Milsom Poy & Ch. Berry，以下简称贝瑞公司）向中国丝绸经纪人谢子男（音译，Xie Zinan）购买 25 包丝绸。托德洋行收货后，向法兰西银行（the Comprotoir d'Escompte de Paris）提交了由里昂的贝瑞公司出具的汇票（a bill of exchange）；法兰西银行验票后，将 10104.34 两银子打入了托德洋行的账号，作为采购该批丝绸的货款。4 月 4 日，当装载有该批丝绸的邮轮离开上海后，托德洋行向谢子男开具了一张 9467.50 两白银的支票。当天，该支票却被银行拒绝兑付，理由是，根据刚收到的电信，里昂的贝瑞公司已经破产。对于这一变故，上海托德洋行还不知情，随后他们自身也有几张支票被法兰西银行拒绝兑付。与此同时，托德洋行要求汇丰银行向另一名中国丝绸经纪人宋达（音译，Song Da）出具支票支付丝绸货款。在两张支票中，汇丰银行先向宋达兑付了一张，随即也发现了法国贝瑞公司的破产消息，便设计将宋已经兑付的款项骗回，然后宣布拒绝兑付托德洋行的两张支票。

愤怒的托德洋行将法兰西银行、汇丰银行推上了被告席，要求法庭判令他们履行付款义务并赔偿相应损失。托德洋行认为，他们早已收到了法国贝瑞公司的货款，贝瑞公司的破产不应对他们的银行支付能力产生任何影响，银行没有理由拒绝他们的支票。5月7日，法兰西银行表示妥协，同意兑付支票，并与托德洋行达成了调解协议；而汇丰银行则被法庭判令强制兑付，同时赔偿相应损失。

这一案件成为上海滩的经典案例，其所带来的震动，在于电报的普及令外资银行和外商们得以即时了解海外商业环境的变化，并采取对策。

这对在海外毫无耳目的中国商人来说，无疑是一种相当强劲的威胁。

2000 两引发的外交战

1872 年 1 月 16 日，一名叫李春齐（音译，Li Chunkee）中国茶商从英商有利银行（the Chartered Mercantile Bank）申请

2000两银子贷款，请求泰特洋行（音译，Tate & Hawes Co.）担保。李和泰特洋行有业务往来，在该公司的货仓内存放了294箱茶叶。贷款下达同日，李签署了一张本票（promissory note）抵押给泰特洋行。2月23日，李将294箱茶叶售予韦斯顿公司（音译，Weston & Co.），但在3月9日付款日之前韦斯顿公司突然宣布倒闭。由于李已经无法偿还贷款，有利银行遂要求泰特洋行承担连带责任，收还了2000两贷款。泰特洋行起初想把韦斯顿公司的不动产出售，但依然资不抵债，他们随即向上海会审公廨提起诉讼，要求判令李兑现所抵押的本票。法庭却认为，李虽然能说英语口语，却不能流利阅读，因此其所签署的抵押本票对其没有约束力。

泰特洋行显然无法接受这样的判决，他们随后请求英国领事麦华陀（W.H.Medhurst）和上海道台沈秉成干预。结果，麦华陀支持泰特洋行，而沈秉成则支持李，这一争端遂演变为中英官方的纠纷，并于4月26日被提交到总理衙门。

在北京，中英双方的分歧在更高层级上展现。总理衙门与英国驻华公使威妥玛（Thomas Wade）各执一词。总理衙门虽然赞同沈秉成的意见，但在外交压力下将案件退回上海，继续由麦华陀和沈秉成会商办理。

捡起被北京踢回的皮球后，麦华陀和沈秉成两人都学了乖，设立了一个仲裁庭，4名仲裁员由中英双方各任命两名。这个中英混合仲裁庭干脆将两国法律都撇在一边，各打五十大板，裁定泰特洋行和李各分担 2000 两银子中的一半。

此案在妥协之中草草收场，但其暴露出结算方面存在的严重风险，引起了茶叶和丝绸行会的再度关注。

1873 年 5 月 10 日，上海道台沈秉成应丝绸行会之请，向英国领事馆发出了照会，要求领事和外国商人认可新的规则。根据英国外交文件记载，由丝绸行会提出的新规则其实和 1866 年的规则相差不多，核心就是现款交易，防止外商在漫长的付款期内将交易之外的风险转嫁给华商。一个星期后，行会又直接将以上规则通报给了西商公所。

不出意料，这些新规定遭到外商们的坚决拒绝。事实上，不少外商都是先拿到货而后才能将汇票在外资银行贴现，他们没有能力在茶叶或丝绸过磅或送货时就支付货款。为此，外商们提出：第一，此前实行的先到货、晚付款并没有给华商造成过任何商业上的损失，即使像托德洋行起诉法兰西银行及汇丰银行，或者泰特洋行起诉李春齐的案件，最后的裁决都是对华商有利的；第二，在中外商业纠纷中，更多的是中国商人通过掺假和虚假包装的货物损害外商；第三，外商之所以要求中国商人在进口商品时先付款后提货，不是歧视，而是因为中国商人只使用本地钱庄的庄票，而这些庄票的信用程度根本无从查实；第四，华商方面所声称的外商可通过电报规避商业风险是毫无根据的。

5 月 29 日，英国领事麦华陀正式拒绝接受行会的要求，他大量引用中英之间几个条约的规定，认为这些新规则不仅暴露了丝绸和茶叶贸易的垄断性质，而且也违反了中英条约中的义务，背离了自由贸易原则。

丝绸行会无视麦华陀的警告，正式宣布了有关规则，并表示将对违反此规定的华商予以惩罚。西商公所代表外商则继续予以抵制。6月7日，总商会主席、怡和洋行的大班约翰生（F.B.Johnson）致信列强领事们，请求他们协助推翻这些新规则。上海道台沈秉成则拒绝了洋商们的全部要求。

双方的对抗逐渐蔓延到了政治领域。根据英国外交文件，麦华陀于6月11日正式照会沈秉成，要求其下令废止新规则，措辞十分严厉。

在巨大的外交压力下，沈秉成无奈，下令行会取消新规则；他同时在《申报》和英文《北华捷报》上刊发公告，表明他的命令是受迫于列强的政治压力的。

弱国无外交，丝绸行会只好屈从，被迫放弃自己进行现款交易的要求。而在他们的恳请下，列强领事们同意，外资银行不得以任何海外公司的倒闭为由拒绝向华商履行支付义务。

在这一回合的较量中，凭借着强大的外交压力，外商们暂时战胜了华商。但这种"找市长"而非"找市场"的办法并没有从根本上解决问题。中外商人的对抗激流涌动，随时能喷薄而出。

中外商人在丝绸结算方式方面的明争暗斗大大延误了1873年丝绸的销售季节。占用了大量资金的丝绸行业终于拖垮了上海的金融市场。9月份，当一家丝行轰然而倒的后3周，上海爆发了金融恐慌，近50家中国公司和20多家本地钱庄被这场风暴摧毁。德资顺发洋行的金融盗窃案就在这样的时候引爆了中国商人同仇敌忾的怒火。

钱庄对外商停发庄票后，双方一直僵持。在钱庄发起的请愿签名中，不少心急火燎的外商也纷纷表态赞同要维护"认票不认人"的规则；买办监守自盗造成的损失，应由洋行自行承担，不得作为遗失的庄票处理。

双方耗到1874年3月6日，西商公所无奈宣布，今后无论洋行还是外资银行都必须严格遵照本地钱庄的规矩，顺发洋行之案为特殊情况，下不为例。上海众华商随后公告："既奉西商公所议复仍照钱业旧例，遵即知会钱庄出票行矣。特此布闻。"中国商人们终于赢来的商战的惨胜。

1875年广东的茶商行会和丝绸行会与外商进行了又一轮较量。这一次双方最终都冷静地坐下来，达成了一个相互妥协的双赢方案：在外商从中国商人手中购买货物之前，他必须先从一家外资银行提前申请用于支付货款的汇票；当货物从中方移交给外商仓库后，外商应向银行提交仓单（the warehouse warrant），银行根据此仓单放款，并由外商支付给华商；华商在收到货款后，向外商移交提单（bill of lading），货物方可装船出口。

这一方案避免了各自的风险。经过了10年的争斗，洋行和华商终于找到了相互妥协和寻求双赢的结合点。

新的双赢局面很快展现出来。英国外交文件中有一份有关上海 1875 年货币市场的报告，指出："新的体系在货物交割时就结算，这加快了中国白银的流通速度，而且，在交易旺季对金融票据的需求大大增加，促进了金融市场的活跃。"白银流通加快，令中国得益；而票据市场发展，则令外商和外资银行得益。

更为重要的是，这场商战表明，作为一种建筑在平等基础上的游戏，"商事"还是要"商办"，任何凭借不平等的政治力量压制对方的做法，最终伤害的一定是商业本身。

第四章

大清国的『新新人类』

"致天下之治者在人才，成天下之才者在教化。"两千年来的孔孟之道在当下眼见得不够用了，大清国终于放低姿态，接连派人到日本去，到美国去，"师夷长技"，搞搞新意思。病急投医忙，为了广启民智，甚至有人连汉字都当成障碍意欲舍弃掉。比风起云涌的时局更为波澜壮阔的是人心，是思想的力量。始料未及，留日生与留美生并未能"反哺"大清国，而是"反戈"一击。这也并非最后的结局……

"半吊子"大跃进

东京也无非是这样。

上野的樱花在烂漫的时节，望去依然像绯红的轻云，但花下却少了往日成群结队的清国留学生的速成班。那些头上盘着大辫子，间或还要将脖子扭几扭、"实在标致极了"的大清国的天之骄子们，如同上年的落英般不见踪迹。

1909 的樱花季节，东京突兀地少了这样一道风景线。1905—1906 年如潮水般涌来的清国留学生，也如同潮水般地迅速退去。"世界历史上第一次以现代化为定向的真正大规模的知识分子的移民潮"（美国历史学家 Marius Jansen 语），在澎湃汹涌的前戏之后戛然而止，给时人和后人都留下了意犹未尽的无限怅惘。

樱花落尽后，7 月 28 日，清国留学生的大本营、最具盛名的宏文学院（原名亦乐书院、弘文学院）举行了最后一次毕业典礼。

创办者、日本著名教育家、东京高等师范学校校长嘉纳治五郎在典礼上黯然宣布："本院最初系受中国之依赖而设，今日已无依赖之处，乃宣告停办。本院应尽之义务，至此结束。"

甲午战争失败后，在震撼和刺激下，大清国似乎找到了崛起和复兴的榜样，形成了向日本学习的高潮。1898年戊戌变法中，张之洞在那篇不无政治投机嫌疑的《劝学篇》中发出了到日本留学的号召，这篇《劝学篇》也因此被日本学者称为"留学日本的宣言书"。而到日本留学的最重要理由就是"事半功倍"：除了路近费省、语言接近之外，"西书甚繁，凡西学不切要者，东人（日本人）已删节而酌改之"。这就是说，对于那些有点艰涩甚至危险如河豚般的西学，日本人已经帮我们试吃并拔毒了。

大清国的特殊社会制度显示了特殊的动员能力——1901年，刘坤一、张之洞提交《筹议变法谨拟采用西法》奏折，明确提出："以后新派总署堂官、章京、海关道员、出使大臣及随员，必选诸曾经出洋之员……若未经出洋者，不得开缺送御史、升京卿、放道员。"要想进大清国涉外部门，捧上公务员的铁饭碗，你就得是个海归。

1903年，朝廷颁发由张之洞拟定的《奏定游学日本章程》，规定只要在日本的学校获得学历证书，就可以分别获得举人和进士等相应的头衔，并授予一定的官职以示奖劝之意；随即，学务大臣（教育部长）有《奏定考验出洋毕业生章程》八条。

1905年，清政府正式废除科举制度，将原先科举做官的道路彻底堵死，留学成为年轻人进入职场的捷径。7月，光绪在保和殿主持首次留学生考试，14名留日毕业生被分别授予进士、举人出身，并被赏给翰林院检讨、内阁中书等。

1906年10月，学部与外务部共同颁布《考验游学毕业生章程》，确定每年10月对海归们考试两场，择优聘用……

师法日本的"事半功倍"，已经不仅仅适用于治国大政的改革，也同样适应于那些急于跻身先富（贵）起来者行列的年轻人。那些直接通向官场的学科，如法政、军事、警察等，挤满了求学者。

面对着汹涌的留学潮，日本人推出了双轨制教育：为成年学生开设速成科，学制半年至一年，课堂上配翻译，课程集中在最热门的军事、警务、师范等；为较年轻学生开设普通科，学制三年，提供日本学校的标准课程。

在"公务员资格"的指挥棒下，年龄跨度相当大的学生们，都蜂拥进了速成科。宏文学院从1902—1906年共招收1959名学生，只有129人进入普通科，占6.6%；日本法政大学开办的法政速成科，从1904—1908年共开办5期，接收清国留学生达1885人。1907年，清廷学务大臣在奏折中承认："在日本留学人数虽已逾万，而习速成者居百分之六十，习普通者居百分之三十，中途退学辗转无成者居百分之五六，入高等及高等专门者居百分之三四，入大学者仅百分之一。"留学日本成为最快戴上"海归"头衔从而进入大清政府机关的捷径，如同外地的螃蟹在阳澄湖洗个澡后便成了大闸蟹，身价倍增。

日本商人迅速行动，大量"野鸡学院"纷纷涌现，学制一个比一个短，最夸张的是能在几天内就拿到毕业证。湖南留学生杨度等在弘文学院速成师范当月即卒业。前东京高等商业学校校长寺田氏在 1905 年指出："自费留学者多为富家子弟，其消费金额也比其他官费生要多。教育清国人的私立学校之增加虽不是坏现象，但多数只是以利己或营利为目的。""学店"之间展开激烈竞争，学费只要降低一元，就足以挖走别店的生源。而学生们为了回国后求职方便，到处周旋，使劲收集一张又一张的毕业证。

如此速成之下，留日学生的学业普遍低下，绝大多数无非混到了中学水准。日本法政大学总理梅谦次郎就曾指出，日本学生进大学学习法政一般需要 3~4 年，而中国学生还得先学习语言，然后才能开始专业学习，正常必需 6~7 年，却在 6 个月就"速成"了，萝卜快了自然没法洗泥。

著名的早稻田大学就对这种速成科不屑一顾，他们为清国留学生只提供正规的三年学制课程。1905 年 9 月，该校高管访问中国，应答中国高官们很担心的留日学生的"危险思想"问题，一针见血："回国后鼓吹极端危险议论的都是些不用功的学生。"他们认为，努力追求学问的人，不会接受任何颠覆性的思想。如此论断近乎武断，但在此后风云诡谲的中国近代史舞台上，更为活跃更能折腾的海归们，的确都是那些不大重视学业，甚至没在课堂上认真听几天课、连所在国的语言都还说不利落的学生领袖们。

意识到"留学垃圾"问题的中日官方先后采取行动，全面收

日本成为中国宪政之师。

图为 1889 年日本宪法发布式现场。（1890 年日本宣传画）

第四章 大清国的"新新人类"

紧"野鸡学校"的学生注册和入读，并取缔速成科。清政府随后选择了 5 家日本学校，向他们提供津贴。中国学生无论公费自费，均需经过严格选拔，与日本学生同学习、同考试，第一次不及格留级，第二次不及格就退学。

在这样的严格要求下，留日学生的质量得到了迅速提高，在 1910 年秋的海归公务员录用考试中，留日学生在考试合格的 561 人中占到了 516 席，成效斐然。

在"留学大跃进"年代，多数拿着公款或私款在日本吃喝嫖赌、不学无术的半吊子们，俨然成为日后民族复兴的"脊梁"。大清国正处在人才饥渴期，只要是人才，天地广阔，便会大有作为。这些半吊子们至少能说一些时髦的改革术语，尽管他们没认真看过（或许压根看不懂）政治理论著作；至少愿意穿上笔挺的制服，踩着铿锵的马刺，尽管他们或许压根不会骑马，也从来没有放过一枪一弹。面对任何可能的质疑，他们只要用"大清国情"四个字便可轻松化解。

与半吊子人才一起从日本"事半功倍"地进口的，还有大量的被日本"山寨化"了的半吊子西方理论。尽管在大清国领导人最初的制度设计中，日本只是学习西方而需要的一块便捷的垫脚石，但实际上，很少有人再愿意或有能力踩着这块垫脚石去直接接触西方文化的本原。人才是速成的，理论也是速成的，西方理论无论鱼虾均被日本厨师加工成了生鱼片，剔除了他们认为不健康的东西，再被更为粗放的筷子夹起来，送进了饥肠辘辘的中国肚子。

学了点皮毛的庸医们都自以为是华佗再世，救国救民的药方漫天飞，如盲人摸象，互不相让。传统的党同伐异包裹上时髦的日式语言，无论保守派、维新派还是革命派，骨子里都依然是权谋派，不择手段，急功近利，在拉锯折腾中消耗着大清帝国的最后一点本可用于民生、用于自强的精力。

浮躁、喧嚣，半吊子们满世界晃荡，这就是 1909 年开场的宣统朝，一个樱花烂漫的季节，却永远看不见枝头的果实……

难产的美国梦

灯市口左近的史家胡同，相当宽阔轩敞，两旁都是深宅大院，透着贵胄气息。这条胡同平时并不嘈杂，但在 1909 年 9 月月初的几天却相当喧闹。

大清国第一次留美资格考试就在这里举行，来自全国的 640 名考生云集京师。

考试相当复杂和严格，共有 15 门功课。第一轮考试安排在 9 月 4 日、5 日，只考中、英两种语文。语文过关者，才能进入下一轮考试。第二轮从 9 月 9 日开始，第一天考代数、平面几何、法文、德文、拉丁文；第二天考立体几何、物理、美术、英国历史；第三天考三角、化学、罗马史、希腊史。监考者除了大清国外务部与学部的官员外，还有美国使馆的官员。最后的录取率并不高，共 47 人，仅为 7%，其中就有后来著名的清华大学校长梅贻琦。

参考者与监考者们或许并没能完全意识到，他们正在参与的是一场注定将被中美关系史铭记的特别事件。这场特殊的考试，也在一定程度上改变着中国、美国乃至世界。

1900 年春夏之交，包括首都北京在内的华北、东北地区都爆发了义和团动乱。随后八国联军入侵，大清中央政府流亡西安。经过复杂的台前幕后折冲和激烈的讨价还价，中国与 14 国共同签订了《辛丑条约》，按照当时全国人口平均每人 1 两白银计，向列强赔款白银 4.5 亿两，史称"庚子赔款"。

美国的表现在列强中相当特立独行，它自始至终都拒绝将大清政府作为自己的作战对象，而将自己定位为类似协助中国政府剿匪的角色。

在《辛丑条约》的谈判中，美国坚决反对列强向中国索要高额赔款，认为那将把中国逼向灾难，影响列强的"可持续性"掠夺（或曰发展）。美国甚至要求将赔款数额提交海牙国际法庭仲裁，但因遭到其他列强的坚决反对而作罢。

赔款数额确定之后，正逢国际市场上黄金上涨，白银下跌，列强认为中国以白银支付赔款的方式将给他们造成巨大损失，要求改用黄金支付，而这样一来，中国所承受的财政压力更为巨大。这就是困扰晚清财政史上的所谓"镑亏"问题。

此时，美国正在研究如何通过主动减少自己的赔款额，带动列强共同削减赔款，以帮助中国"减负"。担任美国国务院远东问题顾问的柔克义，奉命在 1904 年年底向国会提交一份备忘录，建议美国可主动减少一半庚子赔款。

1905 年 1 月，中国驻美公使梁诚与美方商讨庚款支付方式，美国国务卿海约翰（John Hay）表示：既然中国已经同意了向其他列强支付黄金，则美国必须享受同等待遇；但为了帮助中国，美国考虑退还部分赔款。梁诚在向国内提交的报告中认为，这笔拟议中的数千万美元退款"合则见多，分则见少"，不应摊发给各省，给贪官污吏们上下其手的机会，"与其徒资中饱，起交涉之责言，何如移应要需，定树人之至计"。这"树人之至计"，就是在国内"广设学堂"，向国外"遣派游学"。这样，美国"既喜得归款之义声，又乐观育才之盛举"，中国则"以已出之资财，造无穷之才俊，利益损益已适相反"。

梁诚对退款用途的看法与美方一致，但没有得到北京大员们的支持。

当时正值大清国"改（革）开（放）搞（活）"的攻坚阶段，资金缺口很大，新政的成本多靠摊派解决，因此形成了越改革越腐败的恶性循环，甚至引发了基层群众对如此改革的暴力反抗。美国人在这个时候主动退款，不仅够哥们儿，而且简直是久旱降甘霖。时任直隶总督的袁世凯建议，应该将退款优先用于兴办路矿、发展经济，再用所获余利去办学，这就是标本兼顾的两全之策。袁的观点代表中央的主流意见，但当时中美之间正因粤汉铁路的赎回问题而关系微妙，中方不便对退款问题多加议论。随后，

LET THE CHINESE EMBRACE CIVILIZATION, AND THEY MAY STAY.

1900 年代美国 *Harper* 周刊漫画：

"让中国人拥抱文明，让他们留下……"

又因为美国通过排华法案，在中国引发了大规模的抵制美货运动，美国政府担心此时退款会被中国的愤青们解读为美国向中国屈服。如此迁延，直到1907年中、美关系才逐渐恢复了正常，两国才能就庚款退款及用途展开正式谈判。

此时，东三省成为大清国的战略焦点，为抵御日本和俄国在该地区越来越猖獗的掠夺，中国一方面将东三省作为改革特区，实行政策倾斜，加快"移民实边"，另一方面积极寻求美国的支持，将美国作为开发东北、抗日拒俄的最主要同盟者。当日、俄、英、法在远东结成一个松散的同盟时，德国皇帝威廉二世提议中、德、美三国结盟与其对抗，得到中国的积极响应。在这样的背景下，中国希望以美方的庚款退款2000万美元作为资本金设立东三省银行，以东三省的财政收入和美国庚款退款为抵押在美国发行债券，东三省银行的利润则可用于派遣公费留学生前往美国。但此举遭到美国政府的坚决反对。

将退款完全用于办学，几乎是美国各界的共识，其中既有洋溢着美国精神的理想主义追求，也有着眼于美国国家利益的现实主义考量。在1905年的抵制美货风潮中，中国青年高涨的反美情绪引起了美国上下的警觉。外交官（如美国驻日代办亨廷顿·威尔逊）与学者们（如康奈尔大学教授精琪）都向总统发出警告，美国所接收的中国留学生太少，甚至远不如欧洲小国比利时，美国将因此在精神领域内失去对整整一代中国人的影响力。

伊利诺伊大学校长詹姆士提醒罗斯福总统："哪一个国家

能够成功教育这一代中国青年，哪一个国家就将因此而在精神与商业两方面收获最大的回报。如果美国在 35 年前能成功吸引中国的留学潮流，并使其壮大，那么我们此时就能以最圆满和最巧妙的方式控制中国的发展，那就是以知识和精神支配中国领袖的方式。"这位大学校长坚信，为赢得中国青年而付出成本和代价，即使从物质利益角度来说也是值得的——"与军旗相比，道义与精神将更有力地支配商业"。

在各界推动下，1908 年 5 月 25 日，美国国会通过了向中国退还庚子赔款的议案，并授权总统全权安排。在美国政府的强势导引下，中国也同意了将退款完全用于办学。两国商定：从开始退款之年起，中国政府于前 4 年每年遣送 100 名学生赴美留学，自第 5 年起每年至少选派 50 名中国学生赴美留学，直至该项退款用毕为止。当年 10 月 31 日，两国又共同拟定了《派遣美国留学生章程草案》，对留美学生的资格、选拔、专业及其管理等问题达成基本协议。

此时，东北问题更为尖锐，大清政府派出唐绍仪出访美国，希望能为东北开发争取更多的美国资金，而最简便的莫过于将退款直接用于东北建设。但美国在此时选择了放弃中德美三国联盟的构想，转而与日本妥协。美日两国订立了《罗脱－高平协议》，美国以承认日本在东北亚的特权，来换取日本对维护该地区工商业机会均等的承诺。唐绍仪的使命彻底失败。

美国对退款的使用实行了严格的监督，并毫不掩饰地表达其对大清政府行政效率和廉洁程度的极端不信赖。美国国务院制订了严格的退款计划，要求中国仍须按原额按期向美国缴纳赔款，美国收到后再将退款转交中国，设立专款账号，专用于资助中国学生留美。

在美国政府的推动，有时甚至干脆是棒喝下，对提升 GDP 比对办学更为热衷的大清政府终于半推半就地跟上了步伐。庚款退款办学迅速制度化，为了保证留学生质量而设立的预备学校后来成为大名鼎鼎的清华大学；留美学生的选拔，也居然在贪腐成风的大清国及其之后的民国，成为"一小撮"廉洁高效、公平公正的仁政之一。

从此，美国在中国的影响力迅速崛起，比肩日本。留日生与留美生在中国历史舞台上不断成为主角。吊诡的是，当大多数留日生连日文都说不流利时，留美生则多数能够学贯中西，涌现了不少泰斗级的人物。当大多数留日生热衷"主义"与"革命"，为了"主义真"而"砍头不要紧"（无论砍别人的头还是砍自己的头）时，留美生则更为关注"问题"，关心文教，支持改良，他们对待"同志"或许也能做到春天般的温暖，但对待"敌人"却基本难以做到寒冬般的冷酷无情，"革命意志"极其薄弱。

做长线的美国与做短线的日本在中国体现了鲜明的对比：从日本进口的各种速食"主义""思潮"潮起潮落，而从美国"进口"的"德先生""赛先生"成为日后持久的理想灯塔，尽管很多时候其光芒实在太过微弱……

文化有罪，汉字无理

1909 年年初，一场有关汉字简化的争论在商务印书馆下辖的《教育杂志》上展开。

23 岁的杂志主编陆费逵在该刊第一期（1 月 25 日）上发表《普通教育当采用俗体字》一文，号召采用简化了的俗体字，以加快进行教育普及。文章刊出后，读者沈友卿提出不同意见，发表《论采用俗体字》进行驳斥（载该刊第二期）；陆费逵随即在第三期（3 月 25 日）为自己辩护。

这是有关汉字繁简的第一次有案可查的争论。年轻的陆费逵自此成为汉字简化、教育救国的旗手之一，他日后创办了著名的中华书局，终身致力于国民教育、人才教育、职业教育。

在 1909 年日益浓郁的"文化大革命"氛围中，汉字简化的争论渺小得如同茶杯里的风暴；更多的人高喊着"文化有罪，汉字无理"的口号，要求将汉字这一影响中国富强的最大阻碍打翻在地，再踏上一只脚，让它永世不得翻身。

同一年，在层出不穷的拼音文字方案中又增添了两种——刘世恩的《音韵记号》和黄虚白的《汉字音和简易识字法》《拉丁文臆解》，试图用自制符号、汉字笔画或拉丁字母，来建立一套新的文字体系。甲午战争失败之后掀起的文字大跃进，已经生产出了 20 多种新的文字体系，分别以各地方言为基准，推行拼音文字。

晚清受到的接二连三的内忧外患打击，令中国知识分子的脆弱神经不堪重负。在睁眼看世界的痛苦过程中，铁肩担道义的使命感与孤陋寡闻的世界观形成了巨大的反差，并在行动上导致了必然的后果——饥不择食、囫囵吞枣、现炒现卖。士大夫固有的偏执与自信，在救亡与启蒙的双重压力下，更是得以发挥到了极致：一场自发的、尖锐的"文化大革命"轰轰烈烈地进行，一切都被纳入非黑即白、非忠即奸的二元判断体系里筛选，寻找万能神药和替罪羊则成为思想大解放的主流。似乎只要解决了替罪羊，服下了神药，一切都将迎刃而解，中华民族的伟大复兴就能指日可待。

在那些被指控为祸国殃民的替罪羊中，有一头最为年长的老羊，它的名字就叫作"汉字"。"文字造反派"们坚信：中国"文网之密，字学之繁，实为致弱之基"。总给世人留下温文尔雅形象的学者型革命家瞿秋白，将这种对汉字本身的讨伐发挥到了极致："汉字真正是世界上最龌龊最恶劣最浑蛋的中世纪的毛坑。"

"文字造反派"们认为，西方"切音"文字相当便利，"以二十六字母相生，至于无穷，中人之才，读书数年，便能诵读挥写，故通国男女，鲜不学之人"。而中国"象形"文字字数庞大，"非读十三经不得聪明，非十余年工夫不可。人生可用者几次十年？因是读书者少，融洽古今、横览中外者更少"。汉字字形复杂，笔画繁多，"如峨冠博带，古物庞然"，不利于普及，并且造成文字与语言的分离，导致一般民众"不通古今，不知中外，不解字义，不晓文法"。

中国创制拼音文字的第一人卢戆章，宣称自己找到了国家富强的捷径："窃谓国之富强，基于格致；格致之兴，基于男妇老幼皆好学识理；其所以能好学识理者，基于切音为字，则字母与切法习完，凡字无师能自读；基于字话一律，则读于口随即达于心；又基于字画简易，则易于习认，亦即易于捉笔。省费十余载之光阴，将此光阴专攻于算学、格致、化学以及种种之实学，何患国不富强也哉！"

文字改革被赋予了救国的伟大使命，拼音成为"文字场中的轮船、铁路"。不少学者埋头设计自己的拼音体系，尽管他们中的绝大多数人并不通晓任何拼音式的西方文字，但这并不妨碍他们宣称自己及其成果将成为救世主。同样的，他们在对以汉字为代表的中国传统进行挖地三尺的讨伐时，却自觉不自觉地将最为传统的"文人相轻"发扬光大，谁也不服谁的方案。据后世学者统计，到1910年为止，公布于世的拼音方案至少有28种之多！

在后世赞叹这些先驱者敢为人先的尝试时，却很少去留意，这些拼音方案中的一大半都是以设计者自身的方言为基准的，仅仅福建一地就出现了厦门腔、泉州腔、漳州腔等不同的版本，拼写"官话"并非主流。

这种语言文字上的地方分离主义倾向，与政治上的地方自治相呼应，撕扯着本就根基不稳的国家认同感。

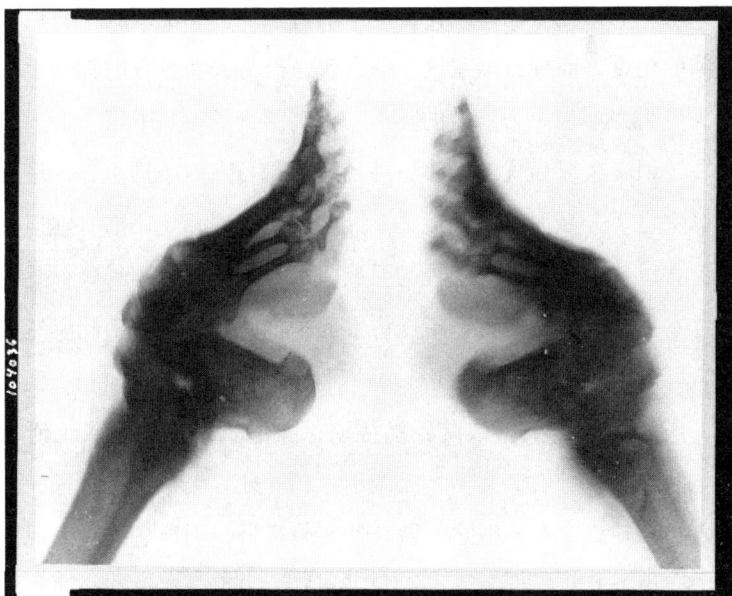

裹了千年小脚的中国知识分子，或许并不习惯于奔跑。

图为 1900 年美国人拍摄的中国妇女小脚的 X 光片。

汉字的捍卫者们，同样将统一语言文字上纲上线到了救亡和启蒙的角度，而推行国家统一的拼音，作为普及教育的辅助手段，成为更为强烈也更为靠谱的呼声。报刊指责道："中国方言不能画一，识者久以为忧。今改用拼音简字，乃随地增撰字母，是深虑语文之不分裂而极力制造之。"袁世凯收到的建议书，则担心"各省语言不一，隐然互视为异族"，"言不类则心易疑，此涣散之本也"，"我国无事不规仿泰西，步武日本，独于此漠然置之，可惜孰甚"，必须要用统一的语言来凝聚全国的人心士气。

庆福等人上书资政院，举例说："山东人与畿辅人（河北人）联合经营，农工商贾，无微不入，居处言笑，若无省界。山西人与畿辅人，除多财之大贾与达官来往外，则彼忌此骄，视为异类。推求其故，惟言语一小异一大异为之也。苏常淮徐同省也，而淮徐人对北省人情意较对苏常人反似加亲，亦言语为之也。"因此感慨道："岂有合语言不通情意不达之部落而得为同胞者？"用厦门话发明出第一套拼音体系的卢戆章也同意："我大清国统一天下，岂容各省言语互异，不相闻问，不相交接？故统一语言，以结团体。"日本人给前往考察教育的吴汝纶的首要建议就是："欲养成国民爱国心，须有以统一之。统一维何？语言是也。语言之不一，公同之不便，团体之多碍。种种为害，不可悉数。察贵国今日之时势，统一语言尤其亟亟者。"

这些意见着眼在统一语言文字，所反对者是自行其是的拼音改革，而非拼音改革本身。除了在凝聚民族认同度方面的考量外，人们还担心彻底拼音化对传统的割裂。激烈反满、提倡暴力革命的章太炎就认为："中国不用拼音字，所以北到辽东，南到广东，声气虽然各样，写一张字，就彼此都懂得。若换了拼音字，莫说辽东人不懂广东字，广东人不懂辽东字，出了一省，恐怕也就不能通行得去，岂不是令中国分为几十国么？况且古今声气，略有改变，声气换了，字不换，还可以懂得古人的文理；声气换了，连字也换，就不能懂得古人的文理。"抛弃汉字的彻底拼音化，甚至被当作亡国之征象："（列强）其亡人国也，必先灭其语言，灭其文字，以次灭其种性，务使其种如坠九渊，永永沉沦。"主张废弃汉字的吴稚晖后来成为汉字的坚定捍卫者，并且认为"摩登学士想用字母造拼音汉文，皆不过陋与妄耳"。

文字被当作了革命的对象，赋予了各种政治的意义，这正是晚清改革饥不择食的投射。在救亡与启蒙的大旗下，人人都试图成为包治百病的神医，无论改良者，还是革命者，或者保守者，唯我独尊、党同伐异成为共同遵守的基本法则，敢想、敢说、敢为乃至敢赖的痞子运动，终于成为此后政治生活的主旋律。立宪、革命，乃至之后的民主、科学等，成为各自表述的工具，整个社会陷入了浮躁和喧哗，而知识分子们则似乎从来都自居于道德的制高点，不屑于反省自己的急躁、操切、无知……

第五章
鼓与呼：世乱难为人

民生问题是国家的根本，1909 年的载沣等人未尝不以民为念。然而，贪腐、捐赋、苛政等一茬一茬地"传帮带"，继承下来，"民生"成了"民不聊生"的简称缩写。社会的基石渐渐松软，过后又长出嵯峨的枝丫棱角来。这是危险的信号，执政层里的人或在云端耳目闭塞，或迫在眉睫时一通乱棍打将过去。"鸡飞狗跳"，一地鸡毛，狗嘴也吐不出象牙，这家不成为家，国将焉在？

"烂尾"的仁政

对于大清国第十二代领导核心来说,最为郁闷的事情,就是自己精心设计的改革,在经过官僚体系的执行后总是会"烂尾":明明是利国利民的"仁政",最后却被大小领导干部转变为扰民和敛财的工具。

"仁政烂尾"的后果就是民怨与改革似乎成正比上升,改革越深化,民怨越沸腾,群体性事件就越多,甚至远超过政治高压之下的前朝。史家们统计过晚清10年(1901—1911年)的群体性事件:有的根据《大清历朝实录》推算,结论是数百起,但这只是中央直接披露的大案要案,各地已经处理或隐匿了很多案件;也有人做了更大范围的统计,得出的结论是至少1300多起,平均每两天半一起。无论采用何种统计口径,可以肯定的是:晚清是群体性事件的高发期,而改革最为深化的宣统朝(1909—1911年)是最高峰。

统计数据还透露了更为惊人的信息：群体性事件的发生率似乎与经济发达程度成正比，事件多发生在黄河以南的经济较发达地区，一向温驯平和的财赋重地江浙居然高居全国榜首。再深入地探究引发这些事件的原因，最主要的导火线就是大清国与民生相关的几大改革措施：开办学堂、调查户口、查禁鸦片。办学和查禁鸦片毫无疑问是仁政，而户口调查则是新政的基础，其第一目的就是为地方自治统计选民，这可是大清国人民参政议政的根本，本应山呼万岁和叩头感恩的。

大清国的改革究竟发生了什么？

大清国尽管在改革方面雄心勃勃，甚至在政治尺度上也表现出了相当柔软的身段，却遭遇了根本的"肾亏"：财政枯竭。无论深度和广度都创下中国数千年之最的新政改革，中央政府却只能出思路、定方针，拿不出足够的银两来具体推行。1909 年，御史赵炳麟列举了各省开办新政所需费用："司法一项约费百万，教育一项约费百万，巡警一项大省约费三百万、小省尚需二百万。单此三项计之，各省每年平添四五百万的开支。"

大清财政两袖"清"风，中央能做的便只有"给政策、开口子"，依赖各地自筹自支，允许地方因地制宜地将改革成本转换为各种捐税。

地方政府和贪官污吏趁机搭车收费，"朝廷责之酷吏，酷吏责之有司，有司不取之百姓，将于何取之"，"所有柴、米、纸张、杂粮、菜蔬等项，凡民间所用，几乎无物不捐"，形成了改革越深入、苛捐杂税越多的恶性循环。

大清中央的权威缺位，不仅体现在财政上，而且还体现在干部人事体制改革上。官制改革是大清新政的亮点之一，但历尽艰难后也只是将中央部委办重新洗了洗牌，换了名称，真正被精简下来的只是都察院之类的冷曹衙门。至于地方官制，则基本未被触动，依然是胥吏横行。依靠这支干部队伍执行新政，新政便不可避免地被纳入"权力商品化"的旧轨道，无论造铁路、办学堂，还是查户口，都成为敛财的工具，"加赋增捐，络绎不绝，卒之无毫发之成效，惟是一般趋利速化之官吏，坐充其私囊而已"。

据当时的媒体报道，山东莱阳县新办警政，警局每年经费仅为大钱4695吊，征收额却是7800余吊，"盈利"被经手官绅们私分；而中学堂每年经费仅大钱1883吊，却要从民众兜里搜刮14000余吊，"市盈率"高达7.43，几近8倍。浮收冒收现象几乎遍及全国各地，而尤以经济发达地区为重。

在这样巨大的利润诱惑下，新政成为新的"经济增长点"，推动当地官绅迅速跻身先富起来的行列。而原先作为民意代表的乡绅们，因为没有公务员身份的束缚，而又有着在乡间的权威，左右逢源。公务员们不方便自己出面的事情，便由乡绅们代劳。"地方自治"这一政治体制改革的重点，则成为乡绅们摆脱大清监察系统的绝好掩护。时人指出："立法本至美善。无如人民程度不齐，公正士绅狃于旧习，率皆不愿与闻；而刁生劣监，往往运动选举，希图把持公事，侵蚀款项，甚至借口筹款苛敛商民。地方官昧于补助官治之原理，或放弃监督职权，听其轶出范围之外，以致各处办理自治，未受其利，先蒙其害，与宪政大有妨碍。此实善政良法转以作奸为虐之一端。"

一时间，各地乡绅纷纷投身改革：高级的做法是开办新企业和商号，背后往往有官员的隐形投资，各取所需；而低级的做法，便是当上新政推行机构的各种委员或董事，从捐税中直接渔利。农村的民、绅、官关系日益复杂，进一步激化了乡村矛盾和基层干群关系，也开创了中国近现代土豪劣绅泛滥的先河。

此时，"杂税日增，民心不安；科举全废，士心不安；新学多偏，众心不安；洋货争衡，商心不安"。改革的过快推进，造成全社会的人心动荡和浮躁，而改革的巨大成本最终被摊派到最为弱势的农民头上，这进一步加剧了局势的危机。制度设计上致命的先天问题，令新政动辄成为苛政，导致各地群体性事件层出不穷。

群体性事件频频发生，但与此前的太平天国运动不同，其普遍特点是：只反贪官，不反皇帝，没有政治上的诉求。这些频发的群体性事件，根本就没有像后世史学家们所描绘的那样，提出任何反对现行政治体制，甚至所谓"反帝反封建"的政治口号，最多只算是规模较大的乡村内部冲突或群体上访，甚至连江西宜春数千农民武装封锁县城的行为，也只能说是极端的上访。

问题是，面对这些需要对话沟通、相互妥协才能处理的群体

238

国运 1909

行政的滞碍，总是令大清仁政成为恶政。图为中国城市大街上的苦力们。（美国记者摄于1909年）

性事件，大清国的地方官员却往往火上浇油，动辄上纲上线，一会儿怀疑幕后有"会匪"（黑社会），一会儿又怀疑有"革匪"（革命党），轻率地动用强制力量进行压制。民众上访无门，而且被扣上了大帽子，更没退路了，矛盾随即升级，事件往往扩大，最后难以收场。"宁做太平犬，不为乱世人"一向是大清百姓的传统，但凡有点委屈，能忍的也都忍了，到了实在难忍的时候，也就通过上访等方式指望青天大老爷做主。尽管以帮会成员为主的"革命党"总是想方设法利用这类群体性事件，但显然他们的成绩并不理想，一直到大清政府被推翻，"革命党"也并没有真正赢得过民意。而这样的群体性事件一多，民众们就逐渐对这个体制和皇帝失去了信心，等到风暴来时，虽然绝非"墙倒众人推"，但"自扫门前雪"也足以令那些本身并不占民意大多数的造反者有了相对的优势。

大清的年轻领导集体并没有忽视这些持续不断的"小震"对根基的巨大破坏力。中央一遍遍地强调干部队伍建设的重要性——"认真考察，秉公甄别"，"得一人而数十万生民安乐，失一人而数百里地方愁苦"，"如有不肖守令，罔恤民隐，壅蔽德意，国法俱在，断难姑容"；甚至手把手教授具体工作方法——"凡涉地方行政，添筹捐款，应于事前剀切晓谕，集耆老子弟，告以此事之所以然。又善用士绅，莅之以严察，则疑谤之端自少，谣言无自而生，即间有恃强阻抗者，核其情节，择尤惩治一二人，公道既彰，断无激动众愤之理"。此外也不惜动用纪律手段，不仅惩办贪官，甚至还惩办庸官。仅1910年一年，浙江就有东阳县知县廖鸣韶、淳安县候补知县萧攸裕、遂安县候补知县钟灵、瑞安县候补知县朱桐等人被开除公职，原因或是"玩视禁烟要政，任意欺蒙"，或是"刚愎自用，办理矿案措置乖方，舆情大拂"，或是"性耽安逸，遇有相验案件，辄委武汛往代，实属漠视民瘼"，或是"遇事畏葸，禁种罂粟，未能切实奉行"等。苦口婆心加雷霆手段，中央政府对吏治的重视可谓到了相当深的程度，但在制度化监督的缺位下，这些思想工作加纪律手段在白花花的银子面前显得十分苍白无力。无能成为本能，敷衍成为常态，而官员们的心态却超级良好，将所有问题一股脑儿推给所谓的体制，仿佛与己无关；待到风暴来临，只需摇身一变，又成了共和元勋，而自己当年的贪腐因为加速了满清的灭亡倒似为共和立下多少功劳一般。

时人认为，即使群体性事件层出不穷，也不代表主体民意对改革本身的否定："我国今日国势危急，万事废堕，自非至愚，孰谓新政之不当速举？"但是，改革要循序而达，不能为了做政绩工程、面子工程而躁进，一定要兼顾好改革的成本。"然举一政也，必有莫大之政费；政费又非天降地出也，必不能不取之于民。今之举行新政者，固不知所谓先后缓急也，枝枝节节，纷然并举，其取民也无艺，尽夺其资生衣食之必需……如是即令施政者洁己奉公，实心任事，而小民救死不瞻，亦岂能忍饥寒以待德化之成？况乎以搜刮之财，行敷衍之策，所举行之新政，曾无一事能令小民得被其泽也。"

改革本是提升民生之手段，民生为本，改革为末。本末倒置，操切从事，或许正是大清国改革的美好蓝图最后都"烂尾"的原因？

宜春没有"春天"

1909 年，对江西宜春来说，春天似乎总是不能到来。这个物华天宝、人杰地灵的"农业上郡"一直在折腾，到了中秋节之前甚至成了一锅鼎沸的烂粥。

离中秋节还有 10 多天，从 9 月 15 日（八月初二）开始，数千农民便将宜春府城团团围住，抬枪土炮轮番上阵，硝烟弥漫，杀声震天，俨然战场一般。围城的农民们还遍设岗哨，严查行人，尤其书信文件，一律没收，以防官府向外求援。

袁州府知府周邦翰、宜春县代理知县吴德禄焦头烂额，一方面指挥着巡防营加强戒备，一方面多次发出密信，向上级请求"速调大兵救援"。

因邮路完全中断，他们不得不雇请勇猛敢死者化装出城送信，但送信者走了两拨，都杳无音信。

一切都是新政摊派惹的祸。一个月前，宜春的乡民们就开始四下堵截大米进城。按照官方的说法，这是因为负责办学的地方绅士、捐有知县功名的卢元弼贪渎，将官方规定的"学米捐"从每石抽取 10 文加到 50 文。这位"劝学总董"拿着新政当敛财捷径，因此引起"乡民恐惧，匪徒趁机鼓动"。

根据宜春学界事后的辩护，情况并非如此。当时，知县张善禄正好因丁忧而离职（官员在位期间父母过世必须离职 3 年在家守孝，这被称为"丁忧"），代理知县吴德禄新上任，立功心切，为加紧催收专用于另一新政——户口统计——的捐赋，派人把两个保长抓来杖责监押，以图逼迫保长们加强工作力度。

9 月 10 日，各乡保长们联名向府县请愿，呼吁减免捐赋。吴德禄答复说，这次的捐赋专供户口统计之用，县里无权变更，要请示上级才能定；府里则答复说，这项工作至少要持续 2~3 年，等统计结束后才会停止。保长们眼见请愿不成，只好回去告知乡民。负责办学的绅士们认为这样会激化矛盾，殃及办学，便紧急求见知府，知府却避而不见。

学界绅士们后来指控说，正是地方政府处理保长们上访问题的不当才造成了 9 月 15 日之后的局势失控。

根据当时媒体所得到的消息，9 月 15 日，农民们一开始并没有采取过激行为。这天，北乡村民代表进城，在府衙门口跪下焚香请愿，更多的乡民聚集在城门外。知府周邦翰不知道是害怕还是不屑于与民众面对面，没有出面接见，也没有派出"能员正绅"接见。

学界绅士们后来举报说，当时见乡民们不愿散去，府县官员亲自登到城头，向乡民们说："此非我官府要钱，乃绅士要钱。"

乡民们根本搞不清什么是人口统计，更不知道这与办学毫无关系，就将愤怒都集中到办理新政的绅士们身上，扬言要进城杀绅。府县官员一看推卸责任并不能令民众解散，便又害怕了，改而下令武力拦截。

总之，知府周邦翰在没有弄清情况之前就轻率地动员警力，把民众上访当作敌对事件来处理。巡防营管带张国梁奉命带兵出城弹压，同时，官方下令把相关地方的保长们传唤到衙门，责令他们出面立即解散上访人群，并严拿为首者。

两项措施一经实施，乡民们便群情激愤，坚持要进城说理。巡防营执行命令相当坚决，先是朝天开了一排空枪，见人群并未被吓阻，便开始实弹射击，造成严重伤亡。

绅士们的举报透露，府县官员一见闯下了大祸，索性便把责任全部推给乡绅，立即提审那两名被拘禁的保长，引导他们说："既然绅士们有问题，可以指名举报，政府自然就会处理。"保长们无奈，只好"指名妄控，糊列八条"。

此时，被激怒的民意已经不管官绅之间的分歧了。当地民风甚为剽悍，次日便聚众攻城，巡防营再次开枪。乡民被击退后，聚集在离城 10 多里的枫林杨家山等村庄，酝酿再度进攻。宜春城陷入了紧急状态。

根据未经核实的官方报告，这时，府县官员还派人去苦口婆心地劝导乡民们要相信政府，不要聚众闹事，但乡民们不听，坚决要求进城"毁学杀绅"。

南方农村景象。（摄于 1910 年）

宜春城此时已经成了孤城，被农民们团团包围，与外界音讯隔绝。

知府周邦翰召集文武官员商议，大家都一筹莫展。城内警备力量单薄，根本无力出城搜捕，更为可忧的是，城内存粮很少。因为接到了乡民们的传单，尽管官府拍胸脯说将予以保护，但粮商们根本就不相信，所以拒绝开仓卖粮。官府又开会商议打开官仓接济，但大家都知道官仓平时由于贪渎过度，存粮实际并不丰裕，一开仓，平时的猫腻便都见光。因此谁都不敢做主开仓。

到了9月19日，政府继续开会商议，并派人再度与乡民们谈判。

乡民们提出两项条件：一是要求豁免各项捐赋，二是对为首者绝不能秋后算账。按官方说法，官员们还没开始研究讨论，城外就已经"旗帜张天，炮声震地"。会议自然是开不成了，官员们只好披挂上阵。双方对峙到中午，乡民们开始攻击西、北两门。西门被土炮轰开后，10多人冲进月城，被卫队击毙，多门土炮被缴获。北门没有被攻破，守军开枪击退了乡民。至此，官方认为这已经形同叛逆，其中必定有敌对势力作祟。

实际上，根据学界绅士们的举报，当时是因为巡防营从萍乡调来了援兵，激怒了民众，进而爆发激烈冲突。

当时的媒体指出，地方官们推断这次群体性事件背后有会匪纯粹是无中生有。在宜春城外的河北地区，就设有统税分局，商户也很多，却没有受到这些"乡蛮"的丝毫骚扰。这足以说明乡民们的怨愤集中于城内，集中于一事，根本没有会匪挑唆。事态的发展也证明了这一事件的幕后相当单纯：9月23日，见僵局难以化解，加上上级也有了明确指示，地方政府表示将坚决严查学堂苛捐，详细列条说明，并刻在石碑上禁止苛捐。消息宣布后，乡民们欢声雷动，人潮随即散去，市面迅速地恢复了宁静。

媒体报道认为，这次事件的起因就在于官绅勾结，"敛无名之费，填无底之洞，剥削小民之膏血，以肥官绅之身家，则昭昭然无可掩矣"，等到出事后，官绅双方互相指责，"有利则相助，有祸则相诿"。

尽管把主要责任继续归咎于绅士一方，并下令通缉卢元弼，但江西巡抚冯汝骙在呈交给中央的报告中也承认了府县官员们"颟顸庸懦"：知府周邦翰先是对劣绅苛捐聚敛不加阻止，后在乱象初起时又不加重视，"迁延两旬，无只字禀报"，"事前既控制无方，临事复张皇失措"；代理知县吴德禄虽然接印不久，但措置乖方，才短识谬；而前任知县张善禄虽然丁忧在家，但平时对劣绅苛捐"毫无防范"。冯汝骙请旨：将周邦翰、吴德禄、张善禄三人一并革职，同时开展"清乡缉匪"。

令乡民们欣慰的是，政府宣布"所有杂捐，查明停办"。但宜春的办学事业却因此遭到灭顶之灾：所有乡学堂或被焚毁或摘牌停办，一无所存，甚至连官小学堂的董事也被绑架，学生穿制服上街也会被人殴打。

绅士们在后来的公开举报信中抱屈：办学7年来，捐赋只在

248

大清官军在监督赈灾粮的发放。（美国记者摄于 1909 年）

第五章 鼓与呼：世乱难为人

税契项下每两银子抽取 5 文，分文未加收，也从未出过问题，乡民们从无意见；在保长们最初向政府提交的联名信中也根本就没涉及绅士，问题只出在政府主导收取的人口统计捐税上。至于卢元弼，他唯一的问题就是太过耿直，得罪人了。举报信痛责地方官员："始则规利，痛责图保；继则畏祸，诬及绅界；终则贪功，妄言有匪。其自为计则得矣，独不虑长奸邪之焰，扩乱民之权，不惟学界人人自危，即将来为官长者，办理新政，又何以措手乎？"

户口调查这一宪政之基础工作和中央的改革大计，就在地方官绅的折腾之中彻底走样，因此引发的群体性事件，蔓延广达 12 省份，成为政治上的慢性疾病，透支着宣统朝所剩无几的免疫力……

在失望的田野上

1909 年，在似乎只适合才子佳人缠绵戏的浙江，一部动作大片震撼上演：向来温和柔顺的浙江农民居然聚众冲击地方政府，焚毁水师炮艇，打伤政府官员和水师官兵。

作为鱼米之乡和财赋重地，浙江的骚动震惊了北京。

一切都起源于这一年的水旱灾害。

先是暮春时节，最为富庶的杭（州）嘉（兴）湖（州）平原暴雨成灾，一片泽国，海宁一带米价超过 6 元／石；后是入夏之后，旱灾接踵而至，"田皆龟裂"，当时报载农村有因此而出现阖家自尽的惨事。

浙江巡抚增韫发给军机处的电报表明：灾害发生后，该省立即派遣官员到各地查勘，筹款赈灾；至秋收时节再度派员进行复查，确定减免税收的范围。问题在于，各级官员不愿意放弃征粮征款这一肥缺，不仅没有因灾放宽征收，反而加紧催收，终于令矛盾激化。

湖州的乌程、归安两县（今吴兴区），因为基层干部（书吏）"匿灾勒征"，激起上千乡民冲入府城，焚仓毁署。湖州府城不得不宣布戒严，并电请省里派兵弹压。同时，两县官员紧急勘查灾情，对受灾农户免征粮款，其余农户则打七折缴纳，才好歹将一场大风暴平息下去。

而嘉兴府的桐乡则没有那么幸运。桐乡受灾后，负责勘验灾情的各地村民委员会主任（图董）利用职权徇私枉法，基层干部们在皇粮国税之外搭车收费，中饱私囊。灾民们自身温饱都已成问题，哪里还能忍受如此催逼，一时便聚集了上千人，拥到各富绅家"吃大户"，并对那些老实本分而继续前往缴纳漕粮的农户进行拦截。双方发生冲突，官方派出水师部队进行弹压，开枪击毙一人，打伤两人，激起众怒，水师炮艇被焚毁，7名水师官兵被打伤。随后，乡民们冲进县城，拆毁县衙，切断电报线。浙江省派出督练公所兵备处袁思永带兵镇压，用武力强行驱散，并将为首之人"就地正法"，方告平息。

这一年，除了浙江，全国多个省份遭受严重自然灾害：北到吉林、奉天，南到广东、广西、云南，东到福建，西到新疆，以及中部地区的湖北、湖南，不少地区均出现严重水灾；而甘肃已经连续995天未尝降雨，缺粮缺水，甚至出现吃人现象；直隶、山东、陕西、山西等省则水灾、旱灾、风灾、雹灾四害并举。灾害过后，各地农村都发生程度不同的群体性对抗事件。即使没有遭灾的省份，也没有出现安定团结的局面，如江西宜春，甚至还发生了农民武装暴动。

农业、农村、农民这"三农"问题，就以这种极不和谐的方式，拉开了宣统新朝"改开搞"（改革、开放、搞活）序幕。

大清的田野，为什么充满了失望呢？

在雄心勃勃的大清新政改革中，建设与发展新农村从来就没有被真正纳入过改革的目标清单。而"三农"本身被定位为负担各种改革成本的"奶牛"，举凡新政的种种措施，其成本都毫无例外地摊派到了农民的头上，其负担日益加重。而此时，一贯在农村起着稳定作用的士绅阶层却在改革中被彻底瓦解，农村政权陷入了"失范"境地。

中国传统的国家公权力一般只达到县级。县级以下行政，一靠各种胥吏，他们并不享受国家公务员待遇，最多算是自收自支的事业单位编制，工作的动力以及经费的来源都在于其所代理的国家权力，如征税、司法等；二靠传统的宗法社会，以乡规民约为准绳，以宗族集体领导为特点，而其核心就是通过科举获得了特殊地位的士绅阶层。士绅阶层扮演着双重角色，一方面作为国家"经纪人"（State Brokerage），协助政府维持治安、征粮征款等；另一方面作为民意代表，为保护和增进地方利益而与政府及胥吏进行公关及博弈。

这种结构成为维持传统乡村稳定的重要因素。"铁打的农村，流水的皇帝"，无论城头如何变换大王旗，新的统治者只要能尊孔重儒并能提供基本的公共产品（如稳定的社会秩序），一般都得到士绅阶层及其领导下的广大乡村的效忠，哪怕在位的是诸如蒙古与满洲这样的"异族"。

"宁做太平犬，不为乱世人"，就是中国农民普遍的现实的政治需求。但是，这种在血雨腥风的改朝换代中都无法动摇的"中国国情"，却被大清的新政改革彻底颠覆。1905 年，大清中央宣布废除科举，谋取功名的渠道就只有出国留学和进入新式学堂。这种新门槛比起科举旧门槛，毕竟是高了许多，多数农村家庭难以逾越。随着改革的深入，各地书院、私塾、义学等旧式教育机构纷纷倒闭，乡村教育资源急剧萎缩。各地抵制新式教育的风潮此起彼伏，即使在素来注重耕读传家的江浙两地，将矛头对准新式学堂的冲突乃至流血也并不少见。

的确有无数理由支持废除科举的激进变革，但一个不可否认的严重后果是，它彻底破坏了早已制度化的人才流通渠道，而没能建立一个替补机制。在关系"抢才大典"的组织人事方面，腐败现象日益严重，"政府用人，便全无标准，人事奔竞，派系倾轧，结党营私，偏枯偏荣，种种病象，指不胜屈"。大批农村精英失去了晋身机会和传统特权，由维持农村稳定的中坚力量蜕变为失望乃至无望的"高危人群"，从"助手"转变为了"对手"。政府与农民之间的缓冲地带消失，任何矛盾都可能演化为刚性的碰撞。晚清风起云涌的群体性对抗事件，已不再是单纯的农民运动，士绅阶层参与其中的广度和深度都远超历朝历代的民变浪潮。

加强农村基层政权建设，不仅是大清新政改革的目的之一，也是保障各项改革顺利推进的重要手段。一方面，政府为了改革，对农村的摊派越来越重，急需更多的"国家经纪人"；另一方面，传统的乡村士绅阶层被日益边缘化，他们受限于自我期许的社会伦理责任，在扮演酷吏方面缺乏足够的天分和热忱，因此纷纷回避公职。

乡村的公权力领域出现了巨大的空白，另一群"盈利型经纪人"乘势而起，他们就是中国近现代史上著名的土豪劣绅。

与传统的士绅阶层相比，土豪劣绅大多文化程度低下，缺乏乃至毫无精英责任感。他们绝非乡村中的"善人"，却是一种特殊的"能人"，一种无所顾忌、不择手段的"痞子能人"。这样的能人虽然一直存在，但在传统的政治秩序中没有机会染指公权。此时，大清国判断好猫的唯一标准就是能否抓住老鼠，至于手段和过程都可以被忽略，这些"痞子能人"显然更有效率，也更容易脱颖而出。他们脱离了传统士绅阶层所受到的道义束缚，可以毫无顾忌地将手中的公权力演变为寻租牟利的工具，主观为自己，

1901 年德国占领军拍摄的乾清宫，
两边是乾隆皇帝题写的康熙圣训。

客观为政府，扯着改革的大旗，令自己迅速跻身先富起来的行列。这又进一步加深了农村的灾难及农民对如此改革的对抗，侵蚀着改革的民意基础。而为了压制农民，以土豪劣绅为主体的农村基层政权，便从"痞子化"进一步呈现出"黑帮化"，成为今后半个多世纪农村动荡和暴力冲突不断的主要原因。

"从来治国之道，惟以保民为先"（光绪三十二年十一月十五日上谕），但大清国的改革者似乎忘了这一朴素圣训。在这片失望的田野上，改革的阳光并没有令大多数民众感受到温暖与光明，这样的改革也就成了温室里脆弱的盆景……

枪杆子霍元甲

1909 年春，上海滩刮起了一股"霍元甲旋风"。

旋风起源于前来中国走穴淘金的英国大力士奥皮音。这个来自英伦的"型男"在位于四川北路的亚波罗影戏院（Apollo Theatre）表演举重、健美等，严格地说，无非是个走江湖、卖把式的洋艺人，在技击格斗方面只会些花拳绣腿的招式。

洋卖艺的当然也要吆喝，指望大清国人民"有钱的捧个钱场，没钱的捧个人场"。奥皮音的吆喝有点过头，公然表示要与华人打一场擂台，被报刊记者们一炒作，成了对"东亚病夫"的挑衅与侮辱，深深地伤害了大清人民那本就敏感而易受伤的感情。于是，"沪人哗然"，群情汹汹，渴望着本土英雄们挺身而出，为国争光。霍元甲就在这个时候闪亮登场。

为霍元甲在幕后作策划的是他的哥们农劲荪。农劲荪在天津经商，身家富裕，在经济上一直照顾霍元甲。据说他也是霍元甲在政治上的启蒙者及事业上的幕后主持者，正是在他的谆谆教诲及不懈的包装下，霍元甲从靠拳头吃饭的一介武夫，最终树立起类似民族英雄般的光辉形象。

农劲荪是同盟会会员，他的背后还有一个更为隐秘的推动者——陈其美（即陈英士，陈立夫、陈果夫之叔父）。陈其美是孙中山的助手，也是当时籍籍无名的蒋介石的结拜兄弟。身为青帮骨干与同盟会高级干部，陈其美在上海负责协调这两大帮派的造反事宜。依靠黑帮闹革命屡战屡败后，同盟会便越来越深刻地感觉到必须建立自己的武装。此时，大清政府正在全面推进政治体制改革，出现了历史上前所未有的宽容局面，在地方自治运动中一些以强身健体为旗号的民间准军事力量纷纷出现；同盟会自然也要抓住机遇，"希望十年内训练出千万名既有强健体魄、又有军事技能的青年以适应大规模革命运动和改良军事的需要"（陈其美语录）。霍元甲在江湖上名头响亮，又是农劲荪的哥们儿，自然是第一选择。

事实证明，同盟会策动的霍元甲迎战已经在上海家喻户晓的奥皮音，是一次十分成功的"借势公关"。报刊连篇累牍地进行报道，霍、奥之战俨然成为事关中华民族尊严与脸面、彰显"黄魂"（即黄种人的魄力）的巅峰决战。

万众瞩目之下，策划者们在上海著名的"张园"（两个月后，大清国第一家股份制企业轮船招商局也在此举行第一次股东大会）内搭建大擂台，高达 4 尺，宽广 20 尺。霍元甲在报上刊登广告，高举爱国主义的大旗——"世讥我国为病夫国，我即病夫国中一病夫，愿与天下健者一试"，宣称"专收外国大力士，虽铜筋铁骨，无所惴焉"。

　　吊足胃口的霍、奥之战，最后没有上演。主流的说法是，奥皮音被霍元甲和其所代表的中国真功夫吓破了胆，落荒而逃。"不战而屈人之兵，善之善者也"，这样的结局自然是大长了中国人民的志气，大灭了帝国主义的威风。而据居间担任翻译的另一同盟会会员、孙中山的小同乡陈公哲回忆："奥皮音初来中国，不

霍元甲

晓国人拳术比赛方法，只取西洋拳术比赛规则，手戴皮套，只击腰围上部，不许足踢。霍元甲则以中国擂台打斗方法，手足并用，无所限制，如有死伤，各安天命。彼此协商，未能获得协议。"其实，奥皮音无非是个跑码头的卖艺人，"嘴大"并不意味着"无脑"，自知之明还是有的，没必要非把大英帝国的荣誉套在自己身上，与中国功夫名家性命相搏。

总之，在这场高调宣扬的比武中，霍元甲已经不战而胜。为了满足台下观众的热情（笔者尚未查证到同盟会设定的入场券票价），主办者只好邀请观众上台打擂，"以不伤对方为原则，以身体倒地分胜负"。一场关系到民族荣誉的大战，至此演变为一场集体联欢。霍元甲及其徒弟自然是轻松获胜，自此在上海滩打响了名头。

霍元甲的品牌在上海滩立住后，同盟会再接再厉，于 1909 年当年就开始在闸北的王家宅筹备"精武体操会"，自然挂的是霍元甲的名头——由霍元甲主持精武技击并习军事，农劲荪担任会长。精武体操会宣称以提倡尚武精神为目的，招收 12~35 岁的健康男子，每人收会费鹰洋 2 元。

次年，大清政府依法批准成立精武体操会，首批会员 73 人，成为日后反清的骨干。霍元甲本人随即离奇死去，一般认为是被日本人下毒致死的。

同盟会对精武体操会的"类黄埔军校"政治属性毫不讳言。孙中山的亲密助手邵元冲在回忆这段往事时说："其时有北方拳术家霍元甲到申，先生（陈其美）重技术，就相结识，谈论间颇觉霍君富爱国思想，乃运动上海各界人士为技击者谋划创办学校，挑选同志中志向坚定体格强健者，由霍君传授拳术，并及军事，以应革命之需要。"日后，当精武体操会改造为精武体育会时，处在政治低潮的孙中山亲临训话，俨然将该会当作了自己的军官学校兼私家会所。

其实，类似精武体操会这样的武术团体，在晚清及民国初年如雨后春笋般在全国涌现。这其间自然有着"强身强国"的朴素追求，但背后也掺杂了各种政治势力跑马圈地、拉杆子聚团伙，以期实现"枪杆子（包括刀把子）里出政权"的现实目的。

同样在 1909 年，性格温和的苏州人也在地方自治运动中建立了"观前大街市民公社"，后来改造为"苏州市民公社"。根据公社的章程，"本社以联合团体，互相保卫，专办本街公益之事为宗旨"，属于街道商民的自治机构，这些"居委会"却在不久后以健身强体为理由，获得政府许可建立了准军事的保安组织。由苏商体育会等自治机构演变而来的苏州商团，到民国时发展成下辖 45 个支部、2000 余名团员、1400 多杆枪及其他军用设备的庞大武装力量。

其实，在大清国的改革过程中，地方的分离趋势一刻也没有停歇过，并在关系到政权根本的警政、国防方面屡有突破。早在戊戌变法期间，湖南就成立了"保卫局"，由官、绅、商联办，行使地方的公安大权。

霍元甲或许是中国古典英雄的最后一人。

他当年为遇难的"大刀王五"（北京源顺镖局掌柜王子斌）取回首级成为江湖绝唱。

图为"大刀王五"在北京西半壁街的故居。（作者实地拍摄于 2009 年 11 月 8 日）

而在新政改革中，上海成立了"南市商会公会"（上海商团公会），公开组建武装力量，在政府许可下，配备了160支步枪及500发子弹，人员多达2000人。其后，这支商团武装更名为"上海保卫团"，在上海历次的政治武斗中，时而唱红脸，时而唱白脸，扮演了重要的角色，也开创了上海地方武装干预政治的传统。

"枪杆子里出政权"，是中国历史颠扑不破的真理；同样，这条真理的反推也无数次地被历史所应验——枪杆子脱手，政权一定会出问题。

晚清政治改革不断加速，最终失控导致翻车，其中包括准许地方建立准军事力量，乃至允许这种准军事力量脱离中央的直接控制，这些都直接引发了中央权威丧失、凝聚力涣散。大量地方准军事力量的出现，并没有推动宪政改革中设定的地方自治，却推动了地方的离心，为日后军阀林立准备了丰饶的土壤。晚清到民国的转变，在某种程度上，只是由爱新觉罗家族大一统的中央独裁转变为各地实力派在地方上的小型独裁。共和取代了君主，却没有改变"权力万能"及"赢者通吃"的规则，"万岁万岁万万岁"的呼声依然响彻大江南北、长城内外，无非是把主语"皇帝"替换成了别的与时俱进的名称。

在这样的天地之间，功夫卓群的霍元甲自然也无法逃脱作为枪杆子的宿命定位，以一个英雄的悲剧演绎一个时代的悲剧，去激励无数生活在悲剧时代中的时人及后人，直面人生的悲剧……

第六章
『圣人』不死，
『大盗』不止

"国家之敌"的"爱国贼"们，蠢蠢欲动，借着浑水蹚着走。

他们不甘心被边缘化，要在这场新时代的洪流中夺取自己的位置。他们的嗓门特别高亢，以衬托出其他人的灰暗来。究其根底则不然。这些声音中有许多埋伏，一挖掘出来，很惊人。作为"持不同政见者"，态度上来不得丝毫马虎，态度决定立场，态度决定是非，态度决定了历史有那么点不太客观……

无毒不"圣人"

有的时候，一把匕首或许就能改变历史的进程。1909 年夏天，一起凶杀案震撼全国，波及海外华人圈，从根本上改变了华人社会政治力量的对比。

1909 年 5 月 27 日（农历四月初九），8 名壮汉闯入正厅局级干部（广西补用道）刘士骥在广州的家中，刘身中数刀惨死。这位负责广西招商引资工作的官员，刚刚结束了为期近一年的北美洲之行，回国仅 12 天。

大清警方迅速撒网布控，很快抓获了一名叫骆木保的凶手，他供出领头者是何其武——康有为大弟子徐勤的得力助手。根据日本驻香港领事发给东京的秘密报告，案发后何其武逃奔暹罗（泰国），而"真正教唆者、《商报》记者徐勤"则逃往爪哇（夏威夷）。刘士骥的儿子刘作揖前往北京，向都察院提交了康有为亲笔写给刘士骥的恐吓信及电报，证据明显。两位康有为的老"同志"、保皇党元老叶恩、欧榘甲，则向大清官方正式举报，要求追究康有为、梁启超谋财害命的刑事责任。广西巡抚张鸣岐发布通缉令，移文港英政府，要求协助缉拿康、梁等7人。

刘士骥的死因，种于两年前（1907年）美洲华侨富商叶恩计划回国开办振华公司之时。振华公司得到了令人羡慕的好业务：在广西贵县（今贵港）开采银矿。《清实录》记载，对于这家公司，政府希望将其树立为"内地实业模范"。

贵县的三岔山富产白银，有的矿脉埋藏很浅，近乎露天银矿。1896年，当地曾成立一家华兴公司进行开采，产量很高，但因为管理不善，两度更换股东，都被迫倒闭。为了招商引资，广西巡抚张鸣岐承诺对外资给予3年免税等优惠政策，吸引了叶恩等人。叶恩认为，只要在管理和设备两方面"软硬兼施"，贵县银矿的开采一定有巨利可得。这一年，叶恩、欧榘甲、梁少闲、刘汝兴、刘义任等5名美洲殷实侨商，应广西政府的邀请，组团回国进行实地考察，并申请设立了振华公司。考察团对广西的招商引资环境十分满意，决定回美洲招股集资，张鸣岐便特派刘士骥作为政府代表同行。这5名华商均是保皇党骨干，而刘士骥也是康有为的同年（同年中举者，一般多援为一党）。此时，大清国已经宣布将实行立宪改革，痛恨康梁的慈禧太后也已去世，海外的保皇党不再是大清的政敌。

广西的银矿也牵动着康有为的心。自庚子事变后，康有为便率领着保皇党开展了一轮轰轰烈烈的"全党经商"运动。从不伦不类的"保救大清皇帝公司"到相对正规的"中国商务公司",从投资巨大的地产金融到小本经营的酒楼饭店,保皇党的工作重点几乎完全转移到了扒分赚钱上。但以党代政、以党代企的做法令保皇党的实业无一盈利,加之内部腐败横行,亏损严重。而坐镇美洲的康有为,对这些"党营企业"随意提款,大肆挥霍,从不公布账目,过着骄奢淫逸的生活。叶恩后来痛责他"妄自骄贵",生活奢侈"拟于欧美帝王","并公款私图生意"。

保皇党"下海"折腾多年,贵县银矿是他们碰上的最好机遇。但叶恩这些侨商"金主"们,因目睹了保皇党内部的腐败、"党营公司"的巨额亏损,已不再愿意将自己的血汗钱为这样的"伟大事业"塞狗洞。

他们提出,振华公司与保皇党毫无关系,何况保皇党那"爱国爱党"的招幌早已成了垃圾股,在资本市场上毫无吸引力。

振华公司的股东们公开宣传这家公司是纯粹的企业,与保皇党毫无关系,加上开采银矿的巨大吸引力,美国、加拿大的侨商争相入股。如此一来,保皇党原有的"党营企业"更是成了过街老鼠,股东们纷纷抽资撤离。康有为得到线报说,"自振华人来后,则局面大变,人心大解,风潮四起,各事皆已发表(被揭发),虽欲极力瞒掩,万无善策,楚歌四面,实难弥缝","人心九成尽归振华"。

此前,保皇党惯用高压手段对付"不听话"的华侨,只要没经过他们的认可，任何人回国投资就都成了叛逆，而不给保皇党上贡则会被当作"入寇"。康有为"视美洲之地为其国土，美洲华侨为其人民，华侨身家为其私产"（叶恩的公开信），俨然成了穿着保皇外衣的黑道。看到振华公司大得人心，保皇党公然置美、加法律于不顾，发布命令："未入党不准招股。"但其人心已失，地下帮会的势力也已大多落到了革命党手中，此种夜郎自大的命令遭尽白眼。随后，康有为命令徐勤等人发布公告，宣称"刘士骥阴招叶恩等搜括全党之财"。叶恩等人则针锋相对："全美华侨今日多出一钱加入振华股份，异日即少却一钱以供康梁挥霍。"最后，康有为等又向美国警方举报，指控刘士骥招股行骗。刘士骥一度被警方拘留，但在清廷外交干预和解释后无罪释放。

在保皇党的重重干扰下，振华公司依然成为海外招股最成功的大清实业，认股高达 300 万元，首期实际到位的股本金为 100 万元。

而康有为并没有放弃努力。根据日本情报机关的报告，在刘士骥携款回国经过香港时，"本地保皇党却要求刘抽出其募集资金之一半，充入保皇党之财政机关萃益公司资金中，其中徐（勤）之态度极为强烈，然而刘却未答应此要求"。10 多天后，刘士骥即在家中死于非命；3 个月后（1909 年 8 月），振华公司的创始股东之一刘义仁也被人毒杀。一连两起命案，使得叶恩等人不得不雇用大量保镖，"出入率以死士自随"，严密防范。

大清政府确定康有为是凶案的幕后指使者后，康有为反告欧桀甲等股东杀害刘士骥，而动机就是要嫁祸于康某。同时，康有为还以海外股东代表的名义，指控叶恩、欧桀甲等裹挟华商股金，要求大清商部和两广总督"立行电令停止生意，封存款项"。见这些都不起效果，康有为便将矛头指向"强盗巡抚张鸣岐"，在政治方面上纲上线，指控叶、欧等人其实是潜伏在保皇党中的革命党，目的是为了推翻大清政权，而张鸣岐受贿后"包庇欧桀甲等奸商谋乱，刺杀刘道，买凶诬仇"，要求中央特派钦差大臣查办，将张鸣岐"双规双开"，将欧桀甲捉拿到京，振华公司另派人接办，等等。

康有为频繁变招，闹得不亦乐乎，清廷始终不为所动。

而在海外，保皇党一方面放低身段，到处向华商们解释历年商务亏损情况；另一方面则高调地将叶、欧等丑化为"匪""贼""狗子"，甚至不顾已经嫌疑在身，扬言日后还要"报得此仇"。其实早在1900年，康有为就开始用暗杀手段来对付同志。当时他的战友毕永年在报章上披露，康有为在戊戌年的确策划过"围园（圆明园）杀后（慈禧太后）"的阴谋，康有为知道后十分恼怒，便命令手下在港澳一带寻觅亡命之徒，悬赏5000元，让毕永年永远闭嘴。

叶恩等人进行了舆论还击，抨击康有为"丧心忘本，贪侈骄盈……其贪暴奇横，真古今所未闻也……全美华侨，囊之为康梁所愚者，今已窥破其行径，久思脱者"。更令康有为郁闷的是，梁启超在这一大事件中保持了中立，仅在清廷通缉他之后，致信张鸣岐辩解此事与他毫无关系，并没有为康有为及保皇党作任何开脱，甚至还指出这一悲剧与康有为的任人唯亲有直接关系。

振华公司的命案令保皇党在海内外人心丧尽。康有为随后两次进入香港，都因命案在身而被驱逐。两年后（1911 年 6 月），横滨华商上书日本政府，抗议其允许康有为入境，认为康有为"若仅为政治犯，贵国政府可招待之，然今彼乃为谋财杀人之私罪主犯，贵国招待之，其理何在？"这些华商还说："澳洲、南洋、南北美之华商受康组织之保皇会恐吓，致巨款被骗之事传遍四方，故无不怨恨此人。"

康有为一派，无论是政治上的争权还是经济上的夺利，均开创中国近代史"不择手段"的先河。岭南学堂监督钟荣光指责他们："观彼辈所为文，固居然宗孔师孟，为国为民也，乃名实相背若此。"而刘士骥的好友、甲午战争时的抗日英雄丘逢甲因此与康有为断交，并在为刘士骥所作的挽联中痛斥伪善"圣人"：贪夫徇财，烈士徇名，公得名矣！圣人不死，大盗不止，孰能止之？

康有为"熊市"

康有为的政治行情在 1909 年持续阴线下行。

随着大清国在 3 年前旗帜鲜明地开始政治体制改革，康有为对君主立宪的话语垄断地位受到了根本的动摇。同时，他在大清国的心目中也失去了作为对手的地位。对于一个已经将"持不同政见"作为职业、并因此而获得了丰厚的金钱地位美色的人来说，没有什么比"政府突然与你成了同志"更可怕的——这意味着他失去了一个以咒骂和恐吓不断帮自己炒作的庞大资源，"同化"带来的是灾难性的"边缘化"。

政治改革的大旗已高高举起，而且更快（步子）、更高（调门）、更强（力度）。如今，载沣扛过了这面大旗，因为缺少历史恩怨（戊戌年时载沣仅 15 岁），康圣人更是蜕化成了随时可能下市的 ST 垃圾股。

年初刚刚改元宣统，都察院就收到一份特别的文件，"戊戌六君子"之一杨锐的儿子杨庆昶缴还了光绪皇帝在戊戌年颁发给其父的密诏。据说，这封密诏当年缝在杨锐的寿衣内，随棺材偷运回了四川老家。这份密诏的出台，不仅洗刷了光绪皇帝不惜采用雷霆手段对付慈禧太后的嫌疑，也令康有为在海外借以号召民意、聚集徒众、募集款项乃至四处猎艳的"衣带诏"现出原形，更凸显了康、梁当年出逃后为了筹粮筹款而不择手段进行虚假政治广告。虽然地球人都知道政治是肮脏的，但康有为一直将自己打扮成"圣人"与"天使"，仿佛是政治淤泥里一节圣洁的莲藕，这样的反差显然有着巨大的杀伤力。

而更令康有为郁闷的是，大清国新的领导核心似乎对这么重大的历史见证并不在意，没有因此掀起一场狠揭猛批康有为虚假面貌的宣传战。

如此轻轻放下，传递的其实就是最大的鄙视——对你，我们不在乎。

在对付康有为的问题上，上一任领导核心理应传授给载沣的一个重大历史经验及教训，即敌人往往是自己制造出来的，并且是自己将他养肥的。

已经为中外史学界公认的是，康有为无论是作为改革者还是反叛者，其分量都是被大大地夸大了的。戊戌年间其出逃海外后，无论日本人还是英国人，都认为此人大言不惭、作用有限。康有为后来的崇高地位首先与其坚毅固执的性格有关。据梁启超说，当年康七次上书，"举国俗流非笑之，唾骂之，或谓为热衷，或斥为病狂，先生若为不闻也者，无所于挠，锲而不舍"。康在其一生中的确表现出了"虽万千人吾往矣"的精神，这需要自信，也需要一定的厚黑。

除"自身努力"之外，康有为的地位也有一大半来自大清国的"赐予"。

戊戌政变后，当权者试图以自身的正确舆论引导人民，对康梁等人进行舆论围剿。但是，大清国的民意却总喜欢和官方的口径拧着，官方批判力度越大，被批判的就越有市场。因为政治的不透明，以及官方话语体系的长期信用缺失，人们更愿意相信政治耳语——官方难得坦诚一回，人们却未必领情。清史上最著名的越描越黑事例，就是雍正皇帝颁行《大义觉迷录》，其本意是想用真诚、宽容来反击对其地位合法性的质疑，结果却令其得位不正的传言主导了当时和后世的舆论。

政治很多时候似乎并不需要真理，更不需要真相，而只需要一个符号。大清朝廷对康有为发动的舆论批判以及对所谓"康党"的组织清算，举轻若重，牛刀杀鸡，实际上抬高了康某人，硬将"改革的旗手"桂冠戴到了他头上，反而赋予了其全新的符号意义，使其身价倍增。一手举着"六君子"鲜血淋漓的悲情牌，一手靠着大清国强力的"反向营销"，康有为这个符号承载者成为这场悲剧中最大的受益人，而大清国则无论政府还是民众都成了大输家。六君子的鲜血未必染红了保守派的顶子（他们自认为是防守反击），却帮助康、梁师徒成了国际名人，使其不仅获得了美国等西方国家的绿卡，更是赢得了滚滚财富。

康有为是个聪明人。他流亡在外，将慈禧太后妖魔化和光绪皇帝神化就是个十分高明的办法——既能解释自己何以成为国家的敌人，也能为今后留出足够的回旋空间。在一个足够安全的距离外，对既有体制保持高调的批判态度，以"危言"造成"耸听"，短期利益上可以获得喝彩和捐款，长期利益上则可以用另类方式得到这个体制的认可，以便最终能从"对手"被招安升级为"助手"。这种以退为进的把戏是中国历史的光荣传统之一，所谓"终南捷径"也。当官家以为终南山中隐居的都是人才时，大家便一窝蜂地都去玩隐居。所谓无欲则刚，无欲其实是追求欲望的特殊手段，"刚"是更高段位的"欲"而已。

政治上从来就只有永远的利益，而没有永远的朋友或敌人。史料表明，大清国那些活跃在海外的"持不同政见者"，无论保皇党还是革命党，都从来没有间断过与大清朝廷的私下勾兑和利益谈判。1906 年，康有为乐观地认为他的第二次政治青春期来临了。这一年，大清国解冻了戊戌政变后被冷藏了 8 年的政治体制改革，宣布"仿行宪政"，而在这一进程中起到关键作用的就是梁启超为大清国出访欧美的政治考察团代笔的《考察各国宪政报告》。就在朝廷宣布政改的同一天（9 月 1 日），康有为一年多前派遣回国潜伏执行刺杀慈禧太后任务的梁尔煦，于被捕一个月后在狱中被悄悄鸩杀。朝廷与"叛逆"在这件事上心照不宣，不事声张。康、梁庆幸此事"于吾党前途无甚窒碍"，"不以此牵及全局，尚不幸中之幸也"。

风向变了，康有为开始放低身段，频频向北京发送秋波。保皇会改名为国民宪政会（后正式定名为"帝国宪政会"），以更符合主旋律。康有为提出了"上崇皇室，下扩民权"的政纲，并计划邀请载沣担任宪政会的总裁，希望能将本部设于上海。康有为郑重地向清政府请求为宪政会立案登记，似乎浑然忘记了自己不久前还派遣刺客对国家领导人实行恐怖攻击。

在保皇党内部因"全党经商"而引发的一连串内讧中，康有为甚至向清廷告状，通过将昔日的同志描绘成潜伏在保皇党内部的革命党，把经济利益纠纷上升到意识形态的战斗，以借刀杀人。

面对康圣人的连串秋波，大清国新一代领导核心"坐怀不乱"：一方面，对作为政治势力的保皇党（宪政会），采取"不放弃、不抛弃"的"两不"政策，在宪政改革和经济建设中求同存异，将大量有保皇背景的海外华侨纳入统战范围；另一方面，对康有为本人则采取了另一"两不"政策——"不攻击、不亲近"，归根到底就是"不接你的茬"。这样的政策导向，加剧了保皇党内部的分离倾向。

大清国最终覆亡，既不是亡于康梁等维新派之手，也不是亡于孙黄等革命者之手，从这个角度看，或许大清国最后一代领导核心在政治胸怀上的"能容"，正是对敌对力量最有力的化解。而对于曾经叱咤风云的康圣人来说，政治毕竟是一种"注意力经济"，无人喝彩（包括倒彩），无人关注，那就意味着交投惨淡，退市的锣声也该响起来了！

大清国的流感

南粤的冬天并不寒冷，但这里却依然充满了阴森。

时已夜半，大厅的四周依然裹着黑布，不让烛光有一丝的外泄。厅的正中摆放着一张案桌，包着白布。一支白色蜡烛照着桌上一个狰狞的骷髅头。

这并非黑帮的堂口，而是革命恐怖组织"支那暗杀团"的宣誓会场。

入盟者必须面向骷髅站立一段时间，然后被告知组织的宗旨和方略。

这是 1909 年的冬天，香港，一片没有黄龙旗飘扬的大清国土。

几天前（1909 年 12 月 9 日），一个名叫刘思复的"恐怖主义"嫌疑犯从广东香山县（今中山）监狱假释出狱，他来到香港组建了这个"支那暗杀团"。除了刘思复，这个暗杀团还有位日后大名鼎鼎的人物：陈炯明。这个组织迅速得到了领导的重视，成为革命党手中的一把精钢匕首，摄政王载沣、广东水师提督李准、广州将军凤山都成为他们的目标——刺杀载沣，未遂；刺杀李准，将之炸重伤；刺杀凤山，将之炸死。

日后掌权的国民党似乎羞于谈论这段黑帮前传，但毫无疑问，"支那暗杀团"成功地营造了革命恐怖氛围。

与此同时，身在日本的汪精卫、陈璧君等也组建了一个暗杀团体。

他们在日本的主要学业就是制作炸弹，要"藉炸弹之力，以为激动之方"，用恐怖主义挽救革命的颓势。

早在兴中会草创时代，暗杀就成为革命的重要内容。兴中会、华兴会、光复会等结合成同盟会后，暗杀组织更是遍地开花，除了刘思复的"支那暗杀团"、汪精卫的"京津暗杀团"外，还有诸如"北京暗杀团""天津暗杀团""东方暗杀团""中国敢死队"等，艰巨而漫长的社会革命被简化成匕首与炸弹的快餐式操作。暗杀这种短平快运作，似乎很容易令人上瘾，从肉体上剪除异己的习性牢牢地渗透到了革命党的血液之中。

辛亥革命之后，暗杀成了革命党内部路线斗争的有力武器。一个名叫蒋中正的年轻人，通过刺杀光复会副会长陶成章，而赢得了声誉和信任。

当然，革命者从不讳言自己对暴力的信仰及对鲜血的无畏。而吊诡的是，总是摆出非暴力柔弱姿态的保皇党也同样信奉匕首与炸弹。在康有为的领导下，保皇党耗费巨资进行大量的暗杀行动，虽然没有能消灭顽固派，却在党内清除异己方面功效卓著。

在国内，没有条件也没有胆量进行暴力恐怖攻击的立宪派们，为了达到自己的政治目标，也实行一种"非暴力的恐怖行为"——公开号称"不纳税主义"，国会一日不开，各省咨议局就一日不得承认政府的新租税。本应根基于妥协与宽容的立宪运动，成为一种非黑即白的零和游戏，权力资源成为绑架和勒索对手的武器，社会安定与和谐则成为"刀口下的人质"。

"不择手段"越来越成为晚清政治舞台上各种角色的"同一首歌"，各种政治力量都认为自己真理在手、正义在握，都抱持着舍我其谁、唯我独尊的救世主心态，都将别人的执政妖魔化，而将自己的掌权神化为人间天堂。

晚清的中国病入膏肓，不同的医生开出不同的治疗方案。第一类医生认为必须大动手术，才能起死回生，而且时不我待，应立即动刀。革命派和海外的保皇派都属于这一类，区别在于革命派认为"中华"才是病人，而满洲当权者是病毒，应当清除，才能保中国；而保皇派则认为爱中国就要爱大清，救中国就是救大清，即使大清国成了植物人，也可以从西方进行政治体制层面上的器官移植。第二类医生则认为，正因为病情过重，才不应操切

政治瘟疫造成的杀伤远远超过瘟疫本身。

图为 1910 年东北瘟疫隔离区。

第六章　"圣人"不死，"大盗"不止

从事，应采用保守疗法，固本培元。1909年下课的陕甘总督升允就是其中之一。这些意见显不出医术高明，没人爱听。

有学者将这种面对绝症时截然相反的意见称为大清改革所遭遇到的"重症综合征"。如此精到的观点，毕竟还是从纯医学角度出发的；被学者们有意无意忽视了的是，大清国身染沉疴却拥有着无限的政经财富。面对一个富得流油且垂危的病人，你还能指望他得到纯粹医学意义上的关注与治疗吗？于是，良医遍地，药方满天，其间或许真有扁鹊、华佗，但更多的是滥竽充数者和浑水摸鱼者，甚至兽医、屠夫改行，拿着屠刀当作手术刀。

肥沃的权力牧场一旦抛荒，就会成为城狐社鼠的乐园。打倒了一头被既得利益撑饱肚子的饱狼，迎来的或许是十头嗷嗷待哺的饿狼。动听的口号如同风月场中的海誓山盟，比短暂的高潮消散得更快、更彻底。

利益决定立场，立场决定态度，从来都是屁股指挥脑袋。激进与保守、革命与保皇、"左"与右，一切归根到底就只是未得利益与既得利益的分野。

在野时高调入云，绕梁三日，甚至恨不能上嘴唇挨着天、下嘴唇接着地；而一旦在朝，则莫不将全天下当作一己的卧榻，"率土之滨，莫非王臣"，化国为家，以家代国。"腐朽"的大清帝国灭亡后，"伟大"的民国却未见病情有所好转，大清国的流感病毒似乎并没有随着病体的死亡而消失，反而出现了更为强壮的变种。

其实，流感早已蔓延全民，尤其那些到处开方子的真假神医，他们本身的能力、素养、动机，他们日思夜想、朝夕相伴着权力这一病原体，注定了他们是最容易被感染的高危人群。问题在于，神医们在给别人打针、下药、截肢甚至安乐死的同时，从来就没想过自己也该修理修理。于是，一部中国近代史俨然就是这种病毒的传染史，神医不断成为病人，一茬又一茬，前"腐"后继，而中国在不断吃药的同时也不断期待着宿命中下一个神医的出现……

瞎眼的叹息

1909 年，对于 30 岁的于右任而言是艰难的一年。他所主办的两份报纸《民呼日报》和《民吁日报》先后被查封，官司缠身，连"叹息"都困难。

于右任的《民呼日报》创办于 1909 年 5 月 15 日，"以'为民请命'为宗旨，大声疾呼，故曰'民呼'"，该报立即成为革命党的投枪和匕首，毫不掩饰地号召推翻政府，实行暴力革命。清政府虽对此十分恼怒，却因该报办在租界内，鞭长莫及，只好寻求司法渠道解决。

当时甘肃发生百年难遇的大旱灾，饥馑遍地，《民呼日报》一面猛烈抨击政府的无能，一面与甘肃筹赈公所合作，在报社内设立了募捐点，收集上海各界的捐款。代理陕甘总督毛庆蕃指控该报募捐账目不清，涉嫌侵吞赈款，向租界当局举报，于右任等被捕，会审公廨（租界内的中外联合法庭）受理了这一案件。

根据史料记载，该报的确存在募捐账目不清、管理混乱的现象。有的捐款直接存在报社，没有直接存入募捐专用账号，报社解释说那是因为筹赈公所的人下班太晚，银行已经关门，只好先暂存报社。多笔捐款的账目出现问题，"已列收数之赈款，而公所未登账簿者竟有九百余元之多"，"账簿已登收数者，总结又复短开二千余元"，"其呈堂清折较账簿结数稍增，亦尚短开一千五百余元之谱"。

法庭最后认定，该报一方面"尚无侵吞实据"；另一方面其财务上"弊混丛生"，"有心蒙混，借赈挪移，倘非提案彻查，则实存之数必归侵蚀"。

判决结果是吊销该报执照，于右任被驱逐出租界。

这一并不复杂的案件中可以肯定的是三点：一、清政府当然醉翁之意不在酒，是要用法律武器来达到政治目的；二、"革命报刊"的确存在着严重的财务问题，被告方在法庭辩论时也只是解释主观与客观原因，而没有否认基本事实；三、会审公廨似乎做到了"以事实为依据，以法律为准绳"，既没有对革命者另眼高看，也没有按照清政府的心愿赶尽杀绝。

到了日后的主流太史们笔下，此案便被戴帽定性为清政府勾结洋人镇压革命报刊。总之，一涉及革命者，"卑躬屈膝"的清政府便能突然"雄起"，利用和指挥起洋人来了。

于右任获释离开租界后，马上以他人的名义再办一家《民吁日报》。

于右任自己说"以呼为吁，自形相近，表示人民表愁苦阴惨之声"，另外一种说法是，将"呼"字的两点去掉，改为"吁"，暗示人们的眼睛被挖掉了。

没有了眼睛的《民吁日报》依然没能逃过租界当局的"法眼"。报纸创办没几天，伊藤博文在哈尔滨被刺身亡，《民吁日报》欣喜若狂，刊发多篇文章，歌颂刺客安重根。在日本政府的强烈抗议下，租界当局查封了该报。

至此，短短的半年之内，于右任一"呼"一"吁"都被断喉，直到次年11月再办《民立报》。于右任自己解释三家报纸的名称："先是什么都不怕，大声疾呼地宣传革命。不允许大声疾呼就只好叹息。叹息也不准许就迫得非挺立起来不可！"

从"呼喊""叹息"到"挺立"，于右任这一系列被人们称为"竖三民"的报纸成为晚清报业的典型见证，也奠定了他民国元勋的地位。

大清帝国的报业兴衰与其改革开放成正比。第一波办报高潮是在戊戌变法期间，第二波则是在辛丑变法（1901年），尤其在清政府明确宣布实行政治体制改革之后。

开禁的同时，清政府试图以法制化的方式加强管理。1906年7月，中国历史上第一部新闻出版法规《大清印刷物专律》，由商部、巡警部、学部共同制定颁行。

1908 年 3 月，经宪政编查馆审核议复后，《大清报律》正式公布。该法律几乎完全套用日本的报律，限制性的内容也基本符合国际惯例，主要涉及司法独立（禁止旁听或未经宣判的案件不得报道）、军事机密、国家安全和个人隐私保护等。其中，最有大清特色的是，将大清国的社会制度作为最为核心的国家利益之一，严禁报刊刊登"淆乱政体之语"。1911 年，《大清报律》作了修订，颁布了《钦定报律》，减轻了处罚力度，但丝毫没有放松对"淆乱政体"等言论的处罚。

国家机器对于新闻媒体进行限制和管理也是当时的国际惯例，对大清国而言，更为符合朝野上下对新闻媒体的定位。在时人眼中，媒体的作用首先就是"上情下达，下情上达"，以改善干群关系，建设和谐社会。著名的启蒙思想家郑观应说得很透彻："古之时，谤有木，谏有鼓，善有旌，太史采风，行人问俗，所以求通民隐、达民情者，如是其驱驱也。自秦焚书坑儒以愚黔首，欲笼天下于智取术驭、刑驱势迫之中，酷烈熏烁，天下并起而亡之。汉魏而还，人主之喜秦法之便于一人也，明诋其非，暗袭其利，陵夷而肇中原陆沉之祸。唐宋代有贤君，乃始设给谏、侍御诸言官以防壅蔽，而清议始彰。然以云民隐悉通，民情悉达，则犹未也。欲通之达之，则莫如广设日报矣。"同时，媒体也是救亡图存、打击敌对势力的武器。郑观应说："东西洋各国政府均有津贴报馆之例，凡政府所不便言者，授意报馆代为发挥，所以励一时之人心，探中外之向背，关系非浅。"

在当时的政府、康梁维新派及孙黄革命派之间，媒体工具论成为极少数他们能实现共享的认识。康、梁自戊戌政变流亡后，便将报刊作为武器，发动了针对慈禧、荣禄等的宣传战。梁启超晚年曾明确承认，当时的不少文字毫无事实可言，不可采信。革命派的报章更是将辱骂与恐吓当成了战斗，对类似法国大革命的尸山血海的推崇，不绝于书。

在这些不同的政治派别眼中，报刊就是政治斗争所需要的机关报，跟战场上的机关枪没有本质区别。各方的手法也如同一个师傅教出来的：清政府全力动用公权力，胡萝卜加大棒，确保喉舌发出该发的声音，不允许随意打嗝、打喷嚏或叹息，即使千报一面，"摭饰浮词，雷同附和"；反对者在自家机关报上猛打机关枪，"肆口逞说，捏造谣言，惑世诬民，罔知顾忌"。双方

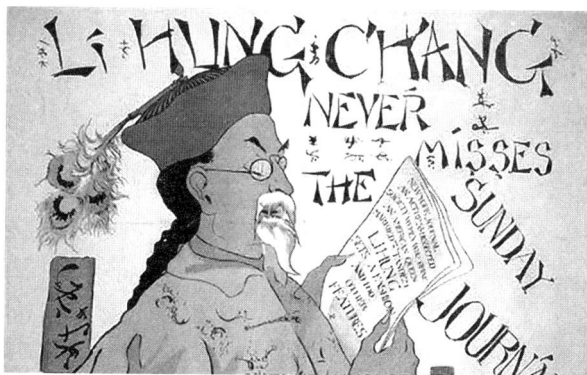

李鸿章访问美国时《纽约新闻报》（NewYork Journal）上的广告："李鸿章从不错过周日新闻报"。

竞相将自己打扮成天使，将对方打扮成魔鬼，"徇情面，行报复，深文曲笔，以逞其私图"成为笔杆子热战的主流，至于民众的知情权、参政权无非是广告词。而高唱新闻自由动听旋律的在野者，一旦自己登堂入室，首先做的便是严禁他人克隆，转而认真总结旧政权在控制与垄断方面的经验教训，以求青出于蓝而胜于蓝。

李鸿章在 1896 年访美接受《纽约时报》采访时坦陈："中国办有报纸，但遗憾的是中国的编辑们不愿将真相告诉读者，他们不像你们的报纸讲真话，只讲真话。中国的编辑们在讲真话的时候十分吝啬，他们只讲部分的真实，而且他们的报纸也没有你们的报纸这么大的发行量。由于不能诚实地说明真相，我们的报纸就失去了新闻本身的高贵价值，也就未能成为广泛传播文明的方式了。"在大清国，党同伐异成为各种政治派系共享的主流思想，诚信和公理则成为全社会的稀缺资源，民意便成为群雄追逐的"鹿"，媒体就只好成为投枪与匕首，即使一声叹息，也是寒光闪闪……

第七章

亮剑，抑或舐伤

外交，是晚清最大的伤痛，"国"与"民"的口碑都降到低谷。

外交看嘴皮子利不利索，更看枪杆子硬不硬实，究竟是国家实力的博弈。近处的朝鲜和日本，远处的大不列颠和美利坚，独舞、群舞，威胁逼抢、拉拢利诱，大清国竭力周旋，费心劳神，偶然的胜利，短暂得像焰火；不时一个趔趄，尴尬四顾，刺破的不只是面皮……这是对智力及体力要求都很高的危险游戏，一旦握不住操控杆，就只能被玩儿。

龙旗插上东沙岛

军哨吹响，全副武装的广海舰官兵们各就各位。一面鲜艳的黄龙旗在东沙岛的上空冉冉升起，与广海舰上猎猎迎风的黄龙海军旗遥相呼应。

震耳欲聋的炮声从广海舰上响起，这是 21 响的最高军礼，献给刚刚降下了日本国太阳旗、回到了大清国怀抱的东沙岛。

这是 1909 年 11 月 19 日，宣统新朝第一年秋天，大清国第一次从列强手中收回了自己的领土。广东候补知府蔡康和日本驻广州副领事掘义贵代表两国政府参加了交接仪式。站在这块仅有 1.8 平方公里却控制着南海门户的小岛上，两人的心情是不同的。

南海上空的礼炮声，惊动了整个世界。此前的一年间，西方报纸对中日之间围绕着这个被称为"普拉塔斯"（Pratas）小岛的争斗进行了大量报道。如今，这艘吨位和火力都无法与当年北洋巨舰相比的广海舰，却让世界看到了绝不逊于北洋舰队的骨气。

1909 年，正在重建中的大清海军，并没有因为自己的弱小而龟缩在"黄"海之内韬光养晦，而是积极地走向"深蓝"。早在 7 年前，大清海军就开始巡视南海，升旗树碑，宣示主权。在有关海军南进的"中央文件"中明确指出：军舰出洋，一是"上宣威德"，二是"下慰商侨"，"军政、商政洵属两有裨益"——大清国已经在全球视野下谋求国家利益。

小小的东沙岛，成为 1909 年外交乃至军事的焦点。这个控制广达 5000 平方公里海域的战略要地，在渔民的眼中是淘金的宝库，沿海一带有"要发财，趁东沙"的说法。

这样的金矿，也吸引了已经占领台湾的日本人。西泽吉次，一位日本商人，1901 年其商船因风暴而偏离航道，漂到了这里，发现了岛上丰富的磷质矿砂（鸟粪）。美国《华盛顿邮报》透露，东沙岛上的磷质矿砂层居然厚达 15~20 英尺。次年，西泽吉次再次前来，挖掘了大量磷质矿砂，运到台湾贩卖，这是他从东沙岛攫取的第一桶金。

这一年，南澳总兵李准率领"伏波""琛航""广金"三舰，前往西沙、东沙群岛巡视，在各主要岛屿（包括东沙岛）勒石为碑，宣示主权。在这次巡逻中，大清海军第一次注意到了日本人对东沙岛的野心。

西泽吉次想大规模开发东沙岛，但不久日俄战争爆发，日本运力紧张，他的雄伟计划只好搁置。终于在 1907 年夏，西泽带领

120名工人登上东沙岛，将这块"无主荒地"命名为"西泽岛"，升起了日本国旗。

在西泽留下的文献中，详细记录了开发东沙岛的筚路蓝缕，但他故意略去未说的是，在这块"无主荒地"上作业的中国渔民被他用暴力强行驱赶，龙王庙、兄弟所（祠堂）等也被尽行拆毁，数百座中国人的坟墓均被掘开填平，尸骨烧化后扔入大海。

到了这一年的冬天，日本军舰也前来助威，护送商船"二辰丸"，满载日本移民和军火，计划在东沙长期据守。美国《洛杉矶时报》当时认为，日本驱逐舰进入东沙岛是非常重要的战略步骤。

大清政府的反应也是相当敏锐和迅速的。两江总督端方首先得到消息，迅速向外务部报告了该情况，他在电文中明确指出："凡闽粤人之老于航海者及深明舆地学者，皆知道该岛为我属地。"端方同时电告两广总督张人骏，强调此岛"确是中国之地，不可置之不问"。

两江总督插手两广的事情本是官场大忌，难得的是，无论端方还是张人骏，对此并不在意。两位封疆大吏开始了频繁的电文来往，积极调动一切资源，查资料，找依据，并在1908年年底共同要求南洋海军协助进行实地调查。1909年春节一过，南洋海军副将吴敬荣便率"飞鹰"号远航东沙，确认该岛已被日本人强占，拍摄照片作为证据。

张人骏随即将有关东沙岛的各种文献，包括英法海军的相关海图，连同"飞鹰"号拍回的照片，急送北京外务部。在公文中，张人骏指出，日本人"私占有据，若不设法争回，则各国必援均沾之例，争思攘占，所关非细"，希望外务部"迅与日使交涉，饬将该国商民一律撤回，由我派员收管，另筹布置，一申主权"。

　　1909 年初夏，"飞鹰"号协同一艘海关巡逻艇再度远航东沙取证，还顺道巡视了西沙群岛。张人骏在报告中提出，东沙、西沙"适当欧洲来华之要冲，为南洋第一重门户，若任其荒而不治，非惟地利之弃，甚为可惜，亦非所以重领土而保海权也"。美国的《基督教箴言报》报道说，大清特遣舰队的"吴司令"（吴敬荣）建议朝廷向所有可居住的南海岛屿尽快移民。《洛杉矶时报》罕见地为官阶并不很高的吴敬荣刊发了画像。

CAPT. WOO FINDS JAPS HOLDING PRATAS ISLANDS.

Commander Woo.

HONGKONG, April 12—Japanese [full length of the island and along the and Germans are now engaged in the- guano was being brought to the poin-

1909 年 4 月的《洛杉矶时报》刊发大清特遣舰队指挥官吴敬荣画像。

据《基督教箴言报》报道，北京政府要求广东地方当局不要公布有关事件，以免刺激已经兴起的抵制日货。其实，并没有史料证明大清中央政府在东沙问题上有任何钳制舆论的计划。

广东绅商学各界，在粤商自治会的统筹下，连续举行数千人的群众集会，上书主持中央工作的摄政王载沣，要求"切实保护我国渔业并该岛财产"，而即使政府放弃，也要"竭尽我国民之能力以挽救之"。《华盛顿邮报》报道说，此时如果中央政府不能旗帜鲜明地宣告主权，则"将被民众看作其胆小无能的又一证据"。

在最初的外交交涉中，日本政府坚持认为该岛是"无主荒岛"；但张人骏的准备极为充分，提供了大量历史资料及人证、物证，日本人最后不得不承认中国对于东沙岛的主权。随后，日本人提出要对西泽吉次已经建设好的基础设施进行补偿，中国方面则针锋相对地要求，日本商人必须向中国政府补缴偷漏的渔业和矿砂税。此时，因日本方面强行改筑安奉铁路，中日两国在东北的关系开始紧张，东北和华北均掀起了抵制日货的新浪潮，日本人也只能在东沙问题上放手，以避免两线作战。

几番唇枪舌剑后，中日双方终于在1909年10月11日签订了东沙问题条约，明确东沙群岛为中国固有领土，日本人立即撤出；中国以广东毫银16万元收购岛上已建设施，日本人补缴各项税款及损坏庙产等的赔偿合计广东毫银3万元。

在东沙岛事件中，清政府无论在尊重民意还是在各部门协同配合方面，都表现得可圈可点。难能可贵的是，军力并不强大的大清政府展现出了"亮剑"的勇气和相当灵活的谈判手段。

1909 年，大清士兵开始武装镇守东沙岛等南海各岛，余泽被及百年后的今日乃至绵绵后世……

中朝"间岛"争端

1909 年夏天，中朝边境延吉一带，大规模的流血冲突似乎随时可能爆发。日本与朝鲜两国的军警多次在此挑衅，造成大清军警伤亡。日军增派大量军队，俄国也开始调集军队，对珲春一带摆出了攻击姿态。

中日两国外交官正在谈判桌上唇枪舌剑，焦点就是所谓的中朝"间岛"领土争端，而日本人以朝鲜代理人的名义主导着谈判。

20 多年来，曾是大清藩属的朝鲜，一直没有忘记要从大清国身上割下"间岛"这块肥肉。大清国当年以宗主国之尊，尚且被朝鲜弄得灰头土脸；如今，朝鲜有了日本人的撑腰，大清国的处境更是艰难。这一切，都是因为这个泱泱大国讲求仁爱，为收留朝鲜逃荒者而打开了潘多拉的盒子。

1869 年及其之后数年，朝鲜连续发生自然灾害，"岁谷不登，饿殍载道"，加上官员腐败，灾民无奈，成群结队渡过图们江，在中国一侧肥沃的延边地区进行开垦。这一带是满洲先祖的发祥地，自努尔哈赤时代就实行严格的封疆，几成无人区，只是每三年举行一次边境贸易互市（开换）。对于犯禁越境的朝鲜人，中国多是将他们驱逐，而朝鲜则是杀无赦，将偷渡者枭首示众。血腥禁令并不能阻止人们求生的欲望。天灾人祸下，大量朝鲜灾民冒险偷渡，在边防空虚的中国禁区内自行开荒。

此时，大清国刚刚从太平天国动乱和第二次鸦片战争中缓过劲来，开展了史称"洋务运动"的改革开放。而随着俄国强占乌苏里江以东的领土，解除封禁、移民实边、加强国防成为大清朝野的共识，东北大开发拉开序幕，在政府主导下，直隶（河北）、山东一带掀起了"闯关东"热潮。

1881年，吉林将军铭安奉命督办边防及屯垦事宜，派遣"珲春边荒事务候选府"李金镛勘察开垦区，这才发现朝鲜偷渡客已经私自开发了大量荒地。对于如此大规模的越境犯禁，大清中央研究决定，对朝鲜偷渡者既往不咎，并废止"开换"，在吉林设立通商局负责对朝的常年经贸交流。此时，开放给朝鲜边民的只是商业而非屯垦，但门禁一开，朝鲜人蜂拥而至，商务上并没有多大起色，私下垦荒却日趋普遍，大清税收流失，垦区处于无政府状态。

1884年，大清政府决定另设越垦局，将图们江以北长约700里、宽约50里的地区划为特区，供朝鲜人专垦，给予他们比内地闯关东者更为优厚的扶持政策，由政府提供或补贴农具、耕牛、种子，唯一的条件就是归化为大清臣民。这无疑是一项双赢的仁政，但朝鲜当权者并不领情，他们一反常态地开始"关心"起这些流离的弃民，不顾他们死活，要求大清国将越境垦民"刷还"回国。清政府无奈下同意，但表示朝鲜垦民人数过多，为体恤民艰，"刷还"工作计划在一年内完成。

令大清国郁闷的是，朝鲜政府在提出"刷还"垦民的请求后不久，突然改口宣称这块土地本就是朝鲜领土，要求重新勘测边界。其理由有二：一是康熙年间"大清乌拉总管"穆克登勘定中朝边界时，所立的石碑位置远在北面；二是此江并非中朝边境的图们江，而是"豆满江"，图们江还要往北。其实，穆克登碑是被朝鲜人私自挪了位置，以致造成碑文和碑址不吻合的乌龙；而"图们""土门""豆满"，都是"卍"字的满语音译，指的是图们江曲里拐弯的形状。一池清水，被搅混了。

为了顾全大局，大清国同意重新勘测本就十分清晰的两国边界。

1885 年和 1887 年，双方进行了两次联合勘界和谈判。尽管大清政府在图们江源头的认定上做出重大让步，但朝鲜方面毫无诚意，两次谈判都最终破裂。大清政府遂根据勘界情况，在边界上设立 10 座巨大的界碑，一碑一字，镌刻 10 个大字——"华夏金汤固，河山带砺长"，从小白山山顶开始，绵延 100 多公里直到图们江主流汇合处。朝鲜一则不占理，二则毕竟是大清藩属，只好将觊觎之心暂时掩藏。

甲午战后，朝鲜"独立"，升级为大韩帝国，而为了对抗日本，它又实行一边倒的"联俄"外交。

1900 年，中国发生义和团和八国联军动乱，俄国出兵东北，并支持朝鲜在中朝边境聚集大量军队，向中国派任地方官员。朝鲜"北垦岛管理使"李范允甚至向中国境内的朝鲜移民私运军火、抽取壮丁、筹集军饷，组织非法武装，制造了大量流血冲突。就是这位李范允，第一个向中国提出了所谓的"间岛"（"垦岛"转音）问题。

19世纪70年代中期，为帮助朝鲜救荒，中国政府将图们江光霁峪前一片2000多亩的滩涂租给朝鲜边民耕种。1881年，朝鲜垦民掘渠引水，令这块滩地成了一个小岛。李范允以此认为这与中国领土并不相连，在1903年行文中国越垦局，正式提出领土要求。随后，"间岛"概念被扩大到中国境内所有朝鲜垦民区，大有将整个延吉地区化为朝鲜领土的势头。

此时，日俄两国剑拔弩张、俄国自顾不暇，朝鲜的对华扩张只好自力更生。李范允积极在朝鲜垦民中推动分离运动，1904年4月，他居然组织了6000多人的军队越过边境，向中国守军发起武装攻击。清军自卫反击，迅速击溃并歼灭了入侵者。

日本对于朝鲜的轻举妄动十分恼怒，它要集中精力对付俄国，就必须保证中朝两国不发生冲突。在各方压力下，中朝双方签署了《中韩边界善后章程》，将间岛的领土问题暂时冻结。日本成为这一协议的最大赢家，而间岛则成为日本埋在中朝边境的一颗定时炸弹。

当日俄战争还在如火如荼地进行时，日本人就在间岛的朝鲜垦民中建立了亲日团体—进会的支部。日本打败俄国后，硝烟未

1900 年前后的朝鲜集市。

散，一进会北垦岛支部就以朝鲜垦民的名义向日军驻朝司令请愿，要求日本出面解决间岛问题；次年（1906年），朝鲜政府正式请求日本代为办理对华交涉。

日本立即以"宪兵"的名义向间岛地区派遣军队，在延吉地区公然张贴文告，宣称延边为朝鲜领土。日本还向大清政府提出照会，严正抗议中国的"专断行为"。

这一年，为了应对东北地区日益复杂的国际局势，清政府在东三省改行行省制度，徐世昌出任第一任东三省总督。大清政府调集了4000多名军警，在重要地点设立派办所，以压制一进会，做好军事斗争的准备；同时，组织专业人员勘测边境地理，绘制地图；又在越垦朝鲜人中建立统一战线，除了农资农技扶持，还从北京领取了200多张空白的官员委任状，"查有韩民实能化导地方及为我国效力者，酌赏给六品以下功牌"；加大对越垦朝鲜人归化的力度，在积极制定中国第一部《国籍法》的同时，要求朝鲜垦民必须薙发改服表示归化，否则一律驱逐。

中日间岛问题谈判，是20年前中朝谈判的翻版，日本人摆出的理由无非还是穆克登碑和"土门""豆满"名称之类的老花样。由于中国掌握了充分的历史依据，日本难以否认中国对间岛的主权，他们随即提出要获得朝鲜垦民的领事裁判权，也遭到大清政府严拒。

但日本人高明的是，将间岛这一主权问题纳入与其他五项有关铁路和煤矿的谈判。谈判延续到了1909年，日、朝在间岛地区加强骚扰，清政府不堪其扰，考虑到"事必筹乎缓急，害必权其重轻"，决心在路矿谈判上让步，以确保领土主权。

1909 年 9 月 4 日，中日两国签订《图们江中韩界务条款》，完全确认了中国对间岛地区的领土主权，11 月 9 日大韩帝国政府正式认可此约。

一块自家领土，只因收留了落难邻居，反而引起了觊觎，几经折腾，以巨大的代价才换来对应有名分的确认……宣统新朝就这样不断地为"老大帝国"当年的慷慨埋单。

带刺的金达莱：清代视野下的朝鲜问题

1908 年，大韩帝国关闭了设立在首都汉城后苑春塘台的"大报坛"。这一专门表达对明朝皇帝感恩、怀念之情的祭坛，在历时 204 年后终于成为历史遗迹。

畈清复明，绵里藏针

1644 年，李自成的军队攻占北京，崇祯皇帝在煤山上自缢身亡，随后满洲铁骑蜂拥入关，席卷全国。继元代之后，中国再度"沦陷"于北方少数民族之手。朝鲜人悲哀地长叹："万里腥膻如许！"尽管在中原沦陷之前，朝鲜就已经在满洲军队的刀锋下被迫称臣，但军事上强悍的大清国似乎在政治上相当宽容，朝鲜可以不必薙发改装，并且可以保持其原先的社会制度和习俗永远不动摇。

依然身着天朝服饰、上国衣裳的朝鲜人自信地认为，"振兴中华"的伟大使命已经历史地落到了他们的肩上。这种强烈的"中华意识"吸引着中国附近的各国，日本、朝鲜、越南、琉球及南洋诸国如同行星一般绕着中国公转。一旦中原"沦陷"，这些"小中华"们也会兴起强烈的"逐鹿中原"意愿。即使在明亡 200 多年之后，日本人在发动甲午战争时，高高举起的旗号依然是"驱除鞑虏，恢复中华"，并且得到了不少中国人的认同。

朝鲜屈服于满洲铁蹄之下，也用自己的方式进行了独特的抗争。

朝鲜人坚信："中国有必伸之理，夷狄无百年之命。"朝鲜使节照例到北京向新主人朝贡，但他们将记载朝觐细节的报告书《朝天录》改叫《燕行录》——北京已经不再是天朝的首善之区，而只是一个别名为"燕京"的旅行目的地。满洲统治下中国所发生的一切变化，在朝鲜人看来都是中华文明的大倒退——小到服饰、发型，大到社会主流思想，无一不是礼崩乐坏。当北京人围观身着"奇装异服"的朝鲜使团时，朝鲜人自豪而轻蔑地记载道：这些中国人居然已经不认识天朝衣冠！如果说，明代的《朝天录》中充满了对大国的敬仰，则清代的《燕行录》更多是朝鲜人"中华文化"优越感的集中体现。在朝鲜王朝最后一本《燕行录》中，1881 年出使大清的金允植在行经易水之畔时，甚至能从"土性缓弱"的尘沙中看到此地"未必有英豪出其间"，感慨这"燕赵之间，古称多慷慨悲歌之士，屠狗剑筑之乡"，何以"古今之异宜欤"！轻蔑之意，跃然纸上。

在"中华"优越感的支配下，朝鲜在相当一段时间内，其内部文件多将大清皇帝蔑称为"胡皇"、大清使节为"虏使"。除了对清公文，朝鲜官方文件仍沿用崇祯年号，直到南明小朝廷灭亡，"复明"大业无望，才改用干支纪年和国王在位年号，而绝不使用大清年号。

在笔杆子抗争之外，朝鲜也试图用枪杆子的方式"恢复中华"。无论是南明政权，还是吴三桂、耿仲明、尚可喜等三藩，抑或靠海盗起家的郑家父子，甚至包括谋求区域霸权的准噶尔蒙古，朝鲜均愿意与之结成广泛的统一阵线。

1646 年 11 月，日本对马岛岛主派遣使节访问朝鲜，表示已经收到台湾郑氏政权的邀请，组建联合军队，动员"百万之众"，讨伐清国。朝鲜国王李倧（仁祖，1623—1649 年在位）大为称许，派出使节回访对马岛，并敦促日本幕府及早出兵。李倧的两个儿子都在清国为质。入关当年，多尔衮下令减少朝鲜岁贡币物，同时将朝鲜王储、昭显世子李澄释放回国，"彼此一以诚信相孚"。但这位王储被朝鲜群臣看成是"满洲走狗"，归国不到两个月，就因所吃的饵饼被人下毒而暴死。国王李倧上报多尔衮说"世子病亡"。多尔衮对此满腹怀疑，但朝鲜上下众口一词，也只得糊涂了断，随即将另一人质、李倧次子凤林大君李淏放回。

李淏于 1649 年即位，史称孝宗（1649—1658 年在位）。孝宗继承了其父反清复明的衣钵，秘密倡议北伐，使"氊裘穹庐，再归文明"。他拟定了一份庞大的扩军计划：将驻扎汉城的"御营厅"扩充三倍，从 7000 人增到 21000 人，配备攻坚的大炮；

禁军扩充近一倍，从 600 人增到 1000 人，并且改建为全骑兵部队；"训练都监军"也要扩编 10000 人。

他训诫大臣们：不能总是坐待天时，必须未雨绸缪，一旦时机出现，就可以"出其不意，直抵关外，则中原义士豪杰，岂无响应者"。孝宗还试图利用抗日为掩护进行扩军，他报告清政府："日本近以密书示通事，情形可畏，请筑城训练为守御计。"清政府对朝鲜的异动相当怀疑，遂展开了秘密调查，发现朝鲜并没有受到日本威胁。愤怒的顺治皇帝特遣敕使巴讫乃赴朝鲜问罪，孝宗一方面硬着头皮应对推脱，另一方面用金钱美色贿赂使节，最终侥幸过关，这就是朝鲜历史上著名的"六使诘责"事件。

三藩之乱（1673—1681 年）时，朝鲜再度兴起北伐热潮，但肃宗李焞（孝宗之孙，1674—1719 年在位）在口头上赞同，实际上对此并不热心，他积极扩军，却并没打算真的将军队投入到反清复明的大业中去。

其实，无论孝宗还是肃宗，其真正目的，或者说首要的目的，只是利用北伐动员民意，以便巩固和加强王室集权，转移民众对内政的注意力，并进一步削弱中国在朝鲜的影响。北伐成了画饼后，朝鲜国王采用了一个更为高明的办法满足民意。1704 年（甲申年），崇祯皇帝自缢甲子纪念（60 周年），朝鲜肃宗亲诣禁苑坛祭祀，同时下令设立大报坛，专门祭祀万历皇帝，表示不忘其在"壬辰倭乱"（日本侵朝战争）时派遣明军拯救朝鲜的"再造大恩"。这是朝鲜祭奠明帝的开端。

1749 年，朝鲜国王英祖（1724—1775 年在位）决定，将明太祖朱元璋和崇祯皇帝也挪到大报坛上一并祭祀。朱元璋入祀的理由很简单，因为他颁赐了"朝鲜"国名；而崇祯皇帝入祀，理由则相当牵强——"丙子虏乱"（1636 年皇太极第二次讨伐朝鲜）时他曾派兵援助朝鲜，虽然毫无效果，但在江华城陷落后，崇祯皇帝并没有责怪朝鲜守土不力，而是痛责带队的明军将领，这算是"悯念属国之恩"。从此，大报坛上供了三位大明皇帝，凡是他们的诞辰日、即位日、忌日，朝鲜国王均会亲临祭奠，世子、世孙随行，年年如此。

　　与悄悄筹备的北伐不同，祭祀明帝是一场公开的、大张旗鼓的政治秀，而且与"尊清"工作并行不悖。1774 年，朝鲜英祖再度推出一大创举：在珍藏明朝赐品的敬奉阁旁建起了一座新的奉安阁，供奉来自大清国的敕文和赐品等，清、明两朝在朝鲜得到了相同的地位。微妙的是，在国内对涉及明朝的任何资讯都极为敏感的大清政府，似乎对朝鲜高调的"尊明"保持了心照不宣的沉默。

　　出于地缘政治的考虑和"胡虏血统"的顾忌，大清国对朝鲜采取了"字小为怀"的绥靖政策，只要政治上始终坚持大清中央的领导这一"事大主义"基本原则，朝鲜王室远比明朝时期享有更为充分的自主空间。

　　"朝鲜虽是属国，但向来自主"，这在晚清成了中国政府向列强解释中朝关系的标准口径，并由此导致了一系列的灾难后果。

"清明"同尊，其实是朝鲜王室下出的一着妙棋：将大明帝国摆上祭坛，它也就彻底成了"过去时"，既能充分表达朝鲜政府和人民的念旧之情，又能将那面依然能够凝聚人心士气的大明旗号牢牢地掌握在自己的手中，对内可以动员民意，对外可以作为应对清国的博弈砝码。一年只需增加区区9天的"国定假期"，在现实利益和历史道义两方面，朝鲜王室就取得了物质文明和精神文明的双丰收，这是小国"玩转"大国的相当成功的政治运作。从此，只要朝鲜王室认为其根本利益可能受影响，它那恭谨的表象之下，掩藏着的钢针总会显露出夺目的锋芒……

以华制夷，一箭双雕

1871年6月1日，美国打响了其历史上第一次"朝鲜战争"。在美国驻大清公使镂斐迪（Frederick Low）和美国远东舰队司令罗杰斯少将（John Rodgers）的率领下，5艘全副武装的军舰及1230名美军开赴朝鲜。

美国舰队在江华岛与朝鲜守军发生激烈交战，双方伤亡惨重，美军在短暂占领朝鲜要塞后，无力固守，只得撤军。

这一在历史上被称为"辛未洋扰"的事件，起因于5年前（1866年）的"舍门号事件"（General Sherman incident）。当时，一艘名为"舍门"号的美国武装商船，前来朝鲜要求通商，遭严拒后与朝鲜军民发生武装冲突，搁浅被焚，船上美国人多被杀死。

与"舍门号事件"同时发生的，是法国军舰与朝鲜的武装冲突。朝鲜官方当时下令严禁天主教在朝鲜传教，实际执政的朝鲜大院君（国王之父）镇压亲天主教的朝鲜官员与信教者，其间，有9名法国传教士遇难。法国派遣海军舰队进行军事报复，却遭受惨败，史称"丙寅洋扰"。

两次"洋扰"事件都将朝鲜的宗主国大清国推上了左右为难的尴尬境地。法国、美国都要求中国发挥宗主国的优势，对朝鲜施加压力，一则是希望朝鲜在传教、通商方面更加开放，另一则也希望能获得相应的赔偿。但大清这个宗主国对朝鲜内政外交的影响力其实并不巨大，至少不十分直接。朝鲜一贯高举着正统儒学义理的大旗，大清国正在实行的"改革开放"（洋务运动），在奉行闭关保守政策、有着浓烈"中华情结"的大院君看来，就是彻头彻尾的"修正主义"，这也反衬了朝鲜孤守义理的伟大悲情。何况，朝鲜已经用鲜血"捍卫"了自己的信念，取得了战胜法、美强权的"伟大胜利"。大院君在战胜法国之后，下令在首都汉城树立了一块"斥和碑"，碑文为："洋夷侵犯，非战则和，主和卖国。"12个大字，不仅令朝鲜内部主张开放者不敢出声，也使大清国无从规劝。

朝鲜方面依然延续一贯的谦恭态度，要求中国以宗主国的身份对列强进行严正交涉。朝鲜拒绝列强通商的主要理由，正是朝鲜作为中国的藩属，不能单独对外缔结条约，而且朝鲜小国寡民，没有富余商品和足够的市场可以参与国际贸易——这与大清早年自认"天朝无所不有"而不需通商正好相反。主持外交工作的恭亲王奕訢敏锐地觉察到了朝鲜正在大打中国牌,从中渔利。他在奏折中一针见血地写道:"朝鲜上于中国文件,居然自行抄给美国,全不隐避,窥其用意,其所谓求中国保护者,并非尽出真忱,不过欲借中国为卸肩地耳。"一方面是实际上的自主,一方面是出事之后由中国出面善后甚至埋单,谙熟韬略的大院君,欲将各大国玩弄于股掌之间。

在两难处境中,大清国唯一能做的就是大事化小、小事化了。清政府耐心地告诉法美,朝鲜虽名为属国,但"中国向来听其自为主持",无法对其施加压力;同时也告诫朝鲜,凡事"自行处理"。这种琉璃蛋般的鸵鸟政策,令列强与朝鲜都难以满意,中国在朝鲜问题上的权威性被不断削弱。同样的政策,也令中国在琉球、台湾问题上处处被动,越想韬光养晦,越是被人得寸进尺不断逼迫。

1873 年 9 月,朝鲜江华岛守军再度与"测量航道"的不速之客日本军舰"云扬"号发生冲突,日军随后攻占炮台。之后,日本照例与中国进行交涉。中国方面强调:"朝鲜虽隶中国藩服,其本处一切政教、禁令,向由该国自行专主,中国从不与闻;今日本国欲与朝鲜修好,亦当由朝鲜自行主持……朝鲜自有国以来,斤斤自守,我中国任其自理,不令华人到彼交涉,亦信其志在守分,故无勉强。"这正中日本下怀,日本代表指出:"原夫朝鲜实具独立之体，其内外政令悉由自主，我国亦以自主对之，是以除该国自主政令外，其与贵国间所有关系事理，我国绝不顾及，贵国亦不得引条规中侵越等字加诸我国，故曰所谓属国徒空名耳，凡事起于朝鲜日本间者，与条约无与也。"将中国撇在一边后，日本随即与朝鲜订立《日朝修好条规》（《江华条约》），该条约开宗明义地指出"朝鲜国自主之邦，保有与日本国平等之权"，这成为朝鲜脱离中国藩属的开端。

大清国不敢理直气壮地行使宗主国的威权，其严峻后果不久就体现出来。1879年，日本强行吞并了琉球国，大清国颜面扫地，朝鲜更是表现出了离心的倾向。次年7月，朝鲜政府派金弘集访日，金在日本与中国驻日公使何如璋有深入的会谈。事后，朝鲜国王李熙问他："清使亦以俄罗斯为忧，而于我国事多相助之意乎？"金弘集答道："臣见清使，几次所言，皆此事，为我国恳恳不已也。"国王问："彼人（清国）虽欲与我同心合力，而此何可深信乎？即要我亦行富强之术而已。"金弘集答道："彼情诚不可深信，而惟我国识外事为悯矣。"国王问："琉球国间已复国耶？"金弘集答道："此事存嫌，未尝问人，而传说已经废其国为县矣。"

大清发威，驻军朝鲜

琉球事件对中国的朝贡和藩属体系是一次巨大的冲击。中国

朝鲜国王、大韩帝国皇帝李熙。

第七章 亮剑，抑或舐伤

驻日公使何如璋明确提出"琉球既灭，行及朝鲜"。李鸿章亦担心："若隐忍缄默，彼且疑我怯弱，或将由琉球而及朝鲜，不如早遏其萌，使无觊觎。"

这一年（1879年），中国开始大幅度调整朝鲜政策，一方面是帮助朝鲜建立与列强的条约体系，以国际势力的均衡制约来维持朝鲜半岛的现状，"以夷制夷"；另一方面是加强宗主国的权力，借朝鲜内乱之机向朝鲜派驻军队，并随后命令袁世凯统管朝鲜事务。

在中国的推动甚至包办下，朝鲜先后与西方列强缔结了条约，而在最早的朝美条约谈判过程中，朝鲜代表甚至经常缺席会议，令负责主持谈判的李鸿章的助手马建忠大为恼火，指责朝鲜在日本人的挑唆下对大清政府阳奉阴违。大清国既想维护宗主关系，又想"以夷制夷"，这一思路在建立条约体系的过程中并不顺利。美国坚决反对在条约中加入"朝鲜是中国属国，但内政自主"的条款，无奈之下大清国只能采取变通做法，在条约签订之后以朝鲜国王的名义给美国总统发送照会，声明"属国自主"的内容。但这样的单方面声明，在国际法中的地位和效力大成问题。

在日本的鼓动下，朝鲜成立了一支新型军队"别技军"，由日本军官出任教官，待遇远远高于旧式军队。1882年，旧军因长时间没有领到粮饷，发生哗变，并与新军发生冲突，攻打日本公使馆，拥立归隐多年的大院君重新摄政，史称"壬午兵变"。大清政府应朝鲜要求，出兵"维和"，将侵夺了国王权力的大院君逮捕，带回天津软禁。从此，中国开始在朝鲜驻军，重申"朝鲜永列藩封"，并获得了领事裁判权和海关监管权，帮助朝鲜训练新军、开展"洋务运动"，加强了宗主国的权力。同时，中国也与列强一样，在仁川等港口城市设立了租界，大批华商进入朝鲜。

随军驻扎朝鲜的张謇提出了《朝鲜善后六策》，主张废除朝鲜王国，设置郡县，纳入中国版图；而朝鲜大院君也秘密建议，中国应效仿元朝，在朝鲜设行省、派监国，如此一来，"则国自保，民自靖"。李鸿章看了张謇的建议，痛斥其"多事"。最终中国采用的依然是将朝鲜问题国际化、中立化的"和平发展"政策，吞噬了自己本来充裕的外交回旋余地。

随着朝鲜的被动开放，其对日本明治维新有了进一步认识，国内随即形成了一个主张学习日本进行改革的开化独立党，将"改革开放"与从中国手中彻底"独立"视为表里，中国成为他们最主要的假想敌。

1883 年中法战争，中国在军事上获胜的情况下与法国签订《顺化条约》，将越南拱手相让，令天朝上国的威望在朝鲜一落千丈。

朝鲜国内亲华（事大党）与亲日（开化党）两股势力开始了激烈的交锋。1884 年，朝鲜经营医药的商人崔宅英被人打死，据说凶手身穿中国军服，开化党办的启蒙报纸《汉城旬报》对此进行了大量报道，矛头直指中国，而中方坚称，凶手是朝鲜人冒充的。随后，朝鲜贵族李范晋违反合同，与华商发生房产纠纷，根据朝鲜法律，一般司法机构不得治罪贵族，驻朝中方官员却强行将李

朝鲜大院君。

置刑，招致朝鲜上下极大不满。这两起事件在开化党的大力宣扬下，激化了朝鲜的反华民意。有关驻朝清使袁世凯要另立国王的政治谣言也开始在汉城广为传播。袁世凯向总理衙门焦虑地报告说："朝鲜君臣为日人播弄，执迷不悟，每浸润于王，王亦深被其惑，欲离中国，更思他图。探其本源，由法人有事，料中国兵力难分，不惟不能加兵朝鲜，更不能启衅俄人，乘此时机，引强邻自卫，即可称雄自主，并驾齐驱，不受制中国，并不俯首他人。此等意见，举国之有权势者，半皆如是。"

1884年，开化党在日本的支持下发动"甲申政变"，诛杀亲华人士，并企图软禁国王，驱除中国势力。派驻朝鲜的袁世凯在无法得到国内指示的危急时刻，当机立断，动用优势兵力，对政变者及日本驻军进行军事围剿，大获全胜。事后，袁世凯在国内的政敌莫不指责其轻举妄动，而考诸史实，若没有袁世凯的果断，朝鲜则早已脱离大清，日本将可能提前10年将势力延伸到鸭绿江边。李鸿章评论袁世凯"血性忠诚，才识英敏，力持大体，独为其难"，这是公允的。

同床异梦，外交离心

虽然开化党作为一个政治团体已被打倒，但朝鲜"去中国化"的意识却随着对外开放而日益增强。1887年，朝鲜决定要向列强派驻使节，并在这一问题上再度与中国政府玩起了捉迷藏。

这年 8 月，闵泳浚出任朝鲜驻日"代理大臣"，朝鲜政府采取"去后始咨"的办法，在其成行后才通报中国，中国未及时表示反对。9 月，朝鲜决定向美国及欧洲（向英德法俄意五国合派一使）派遣"全权大臣"，依然"去后始咨"，这激起了中国方面的激烈反弹。

一开始，掌管朝鲜事务的北洋大臣李鸿章还是相当隐忍的，他指出："韩交涉大端，向与本大臣先商。近闻分派全权赴各国，并未豫商，即将前往，且各国并无朝鲜商民贸易，何故派往，徒增债累？该员往办何事？有何意见？"朝鲜答复说，因为与各国订立了条约，各国多次邀请朝鲜派驻使节，盛情难却，不得不派。袁世凯针锋相对地指出，问题的核心不在于派使，而在于朝鲜为什么不事先与中国商量。朝鲜解释说，正准备向中国发文商量，就收到中国的质问公文，"殊甚歉愧"，并援引此前向日本派使的情形，表示"去后始咨"是"按照向例办理"。

平心而论，大清国对朝鲜的指责在情而不在理，与自己一手促成的朝鲜对外条约体系相矛盾。既然朝鲜的报告写得"情词恭顺，具见悃忱"，大清也就找个台阶下，劝说朝鲜：你们现在经济实力还很弱，没有必要再平白地增加驻外使节这笔巨额开支；如果以后因经费问题半途而废，反而会被人家笑话。

朝鲜不听，大清国也无奈，只好另提要求：朝鲜驻外使节遇有公事必须先向中国使节请示，如无法确定，则应请示李鸿章。朝鲜对此表示接受。中国提出，朝鲜外派使节均为全权大臣，而中国外派使节均是公使级别的二等官，在外交场合会出现"级别倒挂"的尴尬，要求朝鲜将使节级别降为三等使节。朝鲜对此婉拒，说既然已经通知各国，不便再改，可以等递交国书之后再把大使召回，另派级别低的参赞负责日常管理。

几番折冲，中国也没办法，最后只要求朝鲜接受外交工作的"三项基本原则"：朝鲜使节到任，应先赴中国使馆，由中国使节"挈同"前往外交部办理手续；在外交酬酢场合，朝鲜使节必须跟随中国使节之后；所有重要外交交涉必须先请示中国使节。这就是朝鲜外交史上的所谓"三端"。朝鲜表示完全接受并将认真执行。

但是，朝鲜派驻美国的大使朴定阳到任后，对这"三端"一条也没有遵守。当中国驻美张荫桓多次质问他时，他"虚心接受，坚决不改"。

袁世凯也在汉城与朝鲜政府进行交涉，但朝鲜对他一连四道抗议信置之不理。

朝鲜方面随即又提出要修改"三端"内容，中国起初坚决不允，但最后双方妥协，将朝鲜意见最大的第一条，朝鲜使节需由中国使节"挈同"之"挈同"，改为"节制"，同时增加中国使节有随时撤退朝鲜使节的权力。

至于中国方面提出的对朴定阳的处罚，朝鲜答应得十分爽快，但就是拖着不办，一年后，朴定阳才"因病"被召回，中途"病势加重"而滞留日本半年多，令虎视眈眈的袁世凯鞭长莫及。朴

313

第七章 亮剑，抑或舔伤

定阳悄悄回国后，被袁世凯侦知，要求朝鲜政府依法惩处，朝鲜依然拖延推诿。袁世凯大怒，将朝鲜政府的照会原封退回以示抗议；朝鲜不为所动，最后以朴定阳因病辞职不了了之。

在中国的言传身教下，朝鲜娴熟地运用着"以夷制夷"的方式，周旋在包括中国在内的各大国之间。

1894年（甲午年），不堪腐败政府压榨的朝鲜农民爆发大规模暴动（东学党起义）。危机之下，朝鲜政府请求最可靠的"老大哥"中国出兵救难。中国出兵后，日本以"护侨"为名大举兴兵入朝，朝鲜危机立即由内部动乱转为中日的军事对峙，一触即发。英、俄等国多方调停未果。

就在甲午战争打响前几天，一心要维护东亚安定的英国抛出了个惊人提议：沿仁川、汉城一线分割朝鲜，由中日两国分别占领。

其实，这一提议是由日本驻英国公使青木周藏首先谈起的。1894年7月14日，青木周藏晋见英国外交大臣金伯利（Kimberley），商谈英日商约修改之事。双方论及朝鲜局势，青木建议，由于中日两国不可能达成从朝鲜撤军的协议，最好的方案就是两国继续共同占领，分头驻扎，即双方军队撤出汉城和仁川，以此为界，日军占领朝鲜南部，中国占领朝鲜北部。如此，不但可以避免双方冲突，还可以逐步实现改革朝鲜内政的谈判。从事后的各方走向看，青木周藏此一建议，并非日本官方政策，有可能是这位老辣的外交官对汲汲于调停的英国的忽悠，也有可能是他确有此想法，先做一试探。

但金伯利一听，大为激赏，遂将其作为英国新的调停目标，电告驻中国公使欧格讷，要求其与总理衙门协商，以此作为防止冲突、争取谈判时间的应急措施。7月16日，金伯利亲自将此提议告知中国驻伦敦公使龚照瑗。7月19日，李鸿章所转龚照瑗的电报送达总理衙门。李鸿章认为，中日分占朝鲜以汉城为界不妥，因中国军队主要集结在朝鲜南部的牙山（此处是东学党叛乱的前线），如此划界容易引起冲突，不如请英国要求日本撤出仁川，将其作为"通商公共地"。总理衙门认为，将朝鲜分割为南北两半，中国控制朝鲜北部，与此前军机处提出的将驻朝军队往北收缩是相符合的，遂决定接受分占朝鲜的建议，同时要求李鸿章处理好被隔离在日军防线南边的清军如何安全北撤的问题。

这时，日本方面变卦了。日本驻华临时公使小村认为分占朝鲜的方式只对中国在外交和军事上有利，坚决反对这一建议。日本政府也并不准备接受这一和平获得朝鲜南部的机会，在7月21日发给青木的训令中明确拒绝这一建议。

英国当然很不高兴，但还希望日本能回心转意。7月26日，英国驻日本代办巴健特向日本外相陆奥提交备忘录，解释说分占朝鲜就能避免中日发生军事冲突，日本此前对中国提出的要求是过分的，而中国方面表示可以考虑将日本所要求的在朝鲜"与中国政治经济权利之平等"，改为"与其他列国政治经济权利之平等"，并且表示"日本政府不应失去此时机，因为中国以后不能

清军在开赴朝鲜的轮船上。

清军在朝鲜前线。

日军登陆仁川。

第七章 亮剑，抑或舐伤

像现在这样有准备倾听我们的劝告"。

巴健特所不知道的是，就在前一天，日本军舰在朝鲜不宣而战，攻击了中国军舰及运输船，并打沉了运送清军的英国商船"高升"号——日本所希望的，不是汉城以南，而是整个朝鲜！

汉城兵变，华人受难

1894 年 7 月 23 日凌晨，汉城王宫爆发了激烈的枪战，长达 3 小时。

在优势的日军火力面前，朝鲜守军败退，国王被日军劫持。随后，汉城街头贴满了日军的文告，宣称朝鲜从此从清国手里解放出来，成了一个真正独立自主的主权国家。当日，日军裹挟大院君再度摄政。

7 月 24 日，中国驻朝鲜各口岸的领事馆撤旗回国。在日本的压力下，朝鲜政府宣布废除与中国签订的所有条约，并"邀请"日军代为驱逐在朝鲜境内的一切中国军队。这是朝鲜第一次向中国发出宣战书。因中国官方机构已全部关闭，宣战书送交给了英国驻汉城总领事馆，委托英国临时代办嘉妥玛代转中国。可以说，在中日甲午战争之前两天，率先爆发的其实是"中朝之战"，只不过朝鲜方面由日本人代劳了。

7 月 25 日，日本联合舰队偷袭中国运兵船，打沉由英国船员驾驶、悬挂着英国国旗的商船"高升"号，造成千人死亡的惨案，激起英国军方和外交界的愤怒，他们要求政府对日进行军事报复。英国远东舰队司令亲率主力舰队进驻仁川，停泊于此的日本舰队迅速撤离，避免接触。

同时，日本陆军向镇守朝鲜牙山的清军发起攻击。当时在英国驻朝鲜总领事馆担任秘书和翻译的徐寅辉，是留在朝鲜的少数享受英国外交特权保护的华人。根据他的记载，在牙山之役中，日军逼迫朝鲜军队作为先锋，而在其凯旋时又强迫朝鲜军乐队郊迎30里。大量滞留在朝鲜的华人突然成了无家可归的敌国侨民，英国领事馆立即宣布对华人和他们的财产予以保护，并表示，华商完全可以照常在朝鲜营业，有任何委屈由英国做主。英国领事馆成为难民营，收容了大量滞留华人。

随着清军在战场的节节败退，朝鲜汉城府突然宣布，英国领事无权庇护华商，所有华人必须一律归朝鲜政府管辖，不得享有领事裁判权。

这一告示颁布后，"朝鲜巡捕遇华人辄盘诘，动以汉城府挟制"。令华商们悲愤的是，汉城地方官员告诉其民众，从华商那里不论购买什么商品可任意开价，如果华商嫌亏本不卖，就可送官究罪。一时间，华商人人自危。英国领事馆得悉情况后，立即向朝鲜外务部交涉，要求其警务厅必须通告官民人等：如果朝鲜巡捕和百姓欺压华商，一经告发，从严惩处。

在英国的压力下，华商的窘困局面得到了缓解。

不久，朝鲜官方又出了新花样：在朝鲜的中国商民，"难保

321

日军裹挟大院君进入汉城。（上图）

西方宣传画：日中两国"践踏朝鲜"，俄国则在一旁窥伺。（下图）

平壤街头的清军俘虏。

日本宣传画：朝鲜官员祝贺日军在牙山战胜清军。

尽属善类"，如果发现有形迹可疑的，可以随时拘拿。根据徐寅辉的记载，此令一出，"无赖韩民藉端讹诈，挟嫌诬攀"，每天都有好几起，华人又难以立足了。

英国领事馆继续出面抗议，这次朝鲜政府连英国的面子也不给，绝不答应撤销此令，但同意涉及华人的任何纠纷交由英国领事馆审判。

1894 年 11 月 22 日，日军占领旅顺，进行大屠杀。朝鲜的反华气氛也达到了高潮，"朝鲜妇孺多有见华人而呼为清国狗者"。在朝鲜的日本人则看到华人就"以手作刀势，自砍其头，盖言华人皆作刀下之龟也"。

徐寅辉在那个特殊的环境中先后办理了数百起涉及日本人和朝鲜人的纠纷，他的交涉稿"言词均极激昂剀切"，连帮他誊抄的人（应是朝鲜当地员工）也"执笔时栗栗危惧，不敢下，恐朝鲜政府追究抄写之人，为祸不浅也"。当然，滞留朝鲜华人同胞的一些行为也令这位特殊外交官愤恨不已：日军占领威海卫的消息传来时，正是上元节（元宵节），有华商还召集朝鲜歌妓寻欢作乐庆贺佳节，朝鲜人见了，都痛骂这些人"不知国耻，蠢如豚犬"；5 名华商因偷吸鸦片，被朝鲜巡捕抓去，英国领事馆出面索回后，其中一人还要求英国人把他被没收的烟具也一并要回，徐寅辉感慨说"何怪外人动言吾华为少教化之人乎"；而他请求英国人悄悄收留的数百名清军败兵并不感恩与收敛，在领事馆"三日饱餐后，即出外闲游滋事，实堪痛恨"……

1895 年，中日双方订立《马关条约》，正式宣告朝鲜独立。至此，中国所有藩属国全部丧失殆尽，门户洞开，周边毫无战略缓冲余地。

1897 年，朝鲜宣布建立大韩帝国，大韩皇帝终于可以和大清皇帝平起平坐，自称为"朕"了。大清国予以正式承认。

1904 年，日本和朝鲜签订保护国条约。朝鲜那些在李鸿章年代捉迷藏般的自主外交，在日本人的严密控制下寸步难行，连大韩皇帝的玉玺也被日本人夺走，加盖在日本人希望达成的对外条约上。

1907 年，大韩高宗皇帝派使节秘密前往海牙，控告日本侵略，但无人理睬。高宗皇帝也因这一"无组织，无纪律"的行为，而在日本人的逼迫下禅位给了太子，本人则被软禁。同年，朝鲜军队解散，日本彻底控制了朝鲜的国防和内卫。

1908 年，朝鲜向中朝边境上的间岛地区派驻官方机构，与中国边民发生冲突。这一地区，本是中国为了收留朝鲜难民而特许其开发的中国领土，朝鲜却声称是其领土，中朝两次领土谈判均因朝鲜的蛮横而失败。同年，朝鲜停止祭祀明朝皇帝。

1909 年，间岛问题被列入中日重要谈判议题，面对中国方面提供的过硬证据，作为朝鲜"保护者"的日本人同意中国对间岛享有完全的主权，但中国被迫在其他涉及满洲的事务中做出大幅度的让步。

1910 年，朝鲜与日本签订《日韩合并条约》，朝鲜亡国。

虎落汉阳：大韩帝国出轨

这是令一幅每个中国人都会震撼的地图。

一头凶悍的猛虎，张牙舞爪，一只虎爪紧紧抓着中国，另一只爪子则抓着俄罗斯的远东地区，它那强悍的身躯，化为朝鲜半岛的三千里江山。而在另一个衍生的版本中，日本列岛则被夸张地画成了这只猛虎的尾巴。这是100多年前的朝鲜（大韩帝国1897—1910）对其版图的阐释。在中国东北的位置上，图上题写着飞扬的八个草书汉字：槿域江山，猛虎气象。这"槿"，就是被朝鲜人称为"无穷花"的木槿，如今大韩民国的国花。

朝鲜人后来则是这样描述自己国家疆域的："地形狭长，恰似猛虎……往昔崇尚领土主义和军阀主义的时代，可以并吞或侵蚀支那大陆。"

这么一只纵横"槿域"、野性勃勃的猛虎，却在1910年的盛夏，在一个名叫汉阳的地方陨命了……

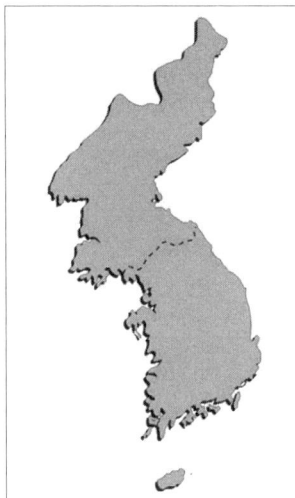

1900 年前后的朝鲜地图。（左图）

朝鲜毫不掩饰地将自己描绘成猛虎，要抓住中国与俄国。

朝鲜地图也像极了一只兔子。（右图）

亡国

枪刺在盛夏的骄阳下闪闪发光。

制服挺括的日军仪仗队，将步枪从肩头卸下，咔咔地发出整齐的声音，右手托枪把，左手扶枪身，直立在身体的右侧。

一片静谧。

蓝底旭日的"统监旗"，连同大韩帝国（1897—1910年）的太极旗，从"统监府"（日本在朝鲜的最高机关）前的旗杆上急速降下。随即，军乐队开始演奏缓慢而凝重的《君之代》，日本帝国的旭日旗升上旗杆。

这是1910年8月29日，大韩帝国首都汉阳（汉城）。日本帝国正式"合并"大韩帝国的第一天，注重实效的日本人，将合并仪式安排得十分低调而简短，天皇的疆域却在这几乎都称不上仪式的"仪式"中，大大扩展，从一个岛国一跃成为半岛国家，与中国、俄国成了山水相连的邻邦。

与统监府紧对着的朝鲜王宫景福宫，也降下了太极旗。在10万日本铁骑的牢牢掌控下，朝鲜三千里江山再也不见太极旗的影子。

这面后来被韩国的史学家普遍说成是"自主知识产权"的太极旗，其实是地地道道的"中国制造"。1882年，朝鲜使臣朴泳孝和金玉筠出使日本，为了与"国际惯例"接轨，准备第一次使用"国旗"，因此向宗主国大清请求使用黄龙国旗，却被北京一口回绝：黄龙旗上为五爪金龙，藩属国只能用四爪金龙，与规制

统监府旗。（上图）
朝鲜总督府徽。（下图）

不符。此时奉命驻节朝鲜的李鸿章幕僚马建忠，建议朝鲜采用中国传统的太极八卦旗作为国旗。于是，朝鲜使团便扛着一面太极旗出访了日本。据 10 月 3 日朴泳孝给本国的报告中记载，他们一登陆日本就在客店外悬挂太极旗："新制国旗悬寓楼，旗竿白质而纵方，长不及广五分之二，主心画太极，填以青红，四隅画乾坤坎离四卦，曾有受命于上也。"这是太极旗最初的样子。

讲究名正言顺，是东方人的古老传统。根据日韩合并条约规定，从 1910 年 8 月 29 日这一天起，"大韩帝国"就不复存在，这块日本帝国的新疆域被恢复了其作为大清属国时的旧名"朝鲜"，大韩帝国的"皇帝"也改称为"李王"。西方各大媒体随即纷纷报道了这一更名启事。此时，距离"朝鲜"从中国属国地位中"独立"称帝、改名"大韩帝国"才 13 年。

喜悦的热浪席卷东瀛列岛，日本各大报纸都出了号外。充满"爱国"激情的民众奔走相告。当家的政府要员们则为"经营朝鲜"面临的巨大开支头疼。因为朝鲜的并入，"新日本"的人均GDP 比"老日本"下降了一半以上。根据预算，"经营朝鲜"的下一年度财政支出预算为 2500 万元，而朝鲜的预期财政收入仅为 1600 万元，赤字部分高达 36%，而这部分只能由日本政府贴补，根据测算，朝鲜在 10 年内都难以实现财政独立。

与日本普通民众的欣喜不同，日韩合并在国际资本市场上则吹响了利空的号角，与日本相关的几乎所有债券、股票，都呈现跳水态势。对于这一意义深远却早在意料之中的国际事件，西方

日军在朝鲜皇宫前列队。

媒体一直冷冷地观察，虽然天天都有相关报道，但多是三言两语的动态而已。列强更为关注的，还是通商口岸、关税等切身利益。

平静的表象下，一场在全球范围内博弈的国际政治大调整，悄然展开。

日韩合并，对于北京来说，并非什么秘密。在合并前一个多月，中国驻日代办吴振麟就向外务部递交了秘密报告，通报了日韩合并的基本安排。根据吴振麟的说法，合并之事，其实是亲日的韩国人率先提起，"韩人既鼓吹于汉城，日人自附和于江户（东京）"。日本人掂量了国际上的各股力量，可能会阻挠日本的，无非俄、德、美三国。俄国在经过惨烈的日俄大战后，反而与日本走得很近，双方秘密缔约，成了不打不相识的哥们；德国虽然一贯反日，而且是"黄祸论"的始作俑者，但其在远东势力并不强大；美国则刚刚吞并了火奴鲁鲁（夏威夷）和菲律宾，刚刚卸任的美国总统西奥多·罗斯福到欧洲游历，公开鼓吹统治和带领"半文明国"是"文明国"的"天职"，因此"可知美国对于日韩合并之事决无异议"。而在时机方面，吴振麟分析认为，日本与列强修改商约的日期又已将近，日本一定会在此前完成日韩合并，以便将朝鲜一并纳入关税和贸易谈判的范围。吴振麟发出警报说："明治以来，始灭琉球，继割台湾，再割桦太（即库页岛，本已割给俄国，日俄战争后被日本夺得），今将欲并朝鲜，自兹以后，日本之雄心其稍已乎，其犹未已乎，诚不敢俱加以臆断。要其得

1905 年前后中国报刊所刊登的"倭奴唆使鲜人惨杀我同胞"图。

步进步，似不能无绸缪牖户之思矣。"

大多数的朝鲜人并不关心政权的更替。对朝鲜大多数平民来说，唯一需要面对的是，可能只是新主人下达的剃发令。传统而保守的朝鲜社会，如满清之前的中国一般，讲究身体发肤受之父母，并不理发，无论男女都是蓄发盘髻。即使两百多年前被迫臣服于八旗兵的军刀下，也以他们的顽强，获得了无须"薙发易服"的特准。这与当时中国本土血腥的"留发不留头"形成鲜明对比，令朝鲜人大有"小中华"传承大文明的使命感。数年前，朝鲜亲日的改革派倒台，其原因之一就是在朝鲜各界强行推行剃发，要在头发的尺度上与全球接轨，最后头没剃成，倒把改革本身给剃除了。

比剃发令更为难以忍受的，是日本人下令除皇族外，全体朝鲜人一律改用日本姓氏。如此"数典忘祖"，自然要激起民愤，但民愤的宣泄口，却是想方设法逃往"满洲"（中国东北）。那里不仅没有闪亮的日本军刀、狰狞的日本警察，在鸭绿江和图们江沿线，还有大量的肥沃土地空置。

朝鲜沉没所激起的惊涛巨浪，终于拍打到了鸭绿江北岸。吉林告急！东三省告急！全中国告急！

越界

早在日韩合并宣布前 4 天（1910 年 8 月 24 日），中国驻汉城总领事马廷亮，就收到了"朝鲜统监府"主管外交事务的小松递交的英文函件，详细通告了8月22日日韩双方秘密签署合并条约之事，但要求中方暂时保密。8月28日，日本外务省和驻北京公使分别召见大清驻日代办、拜会大清外务部，正式照会日韩合并事宜。

北京的会见，由外务部部长（尚书）邹嘉来、副部长（侍郎）曹汝霖主持，主管外交事务的庆亲王亲自出席。日本公使伊集院彦吉通报说，之所以日韩合并，是因为朝鲜即使在日本的保护和教导下，还是进步太慢。伊集院表示，合并条约将在次日向全世界宣布，合并后朝鲜与各国所订合约将全部作废。会谈中涉及一个十分重要的信息，是日本方面明确表示，一年前签订的涉及中韩边界勘定的中日条约将依然有效。

这十分重要。中央立即发出电报通知东三省官员，准备应对日韩合并后出现的新问题。

东三省总督锡良，最先感受到了从朝鲜滚滚而来的热浪。

这位蒙古族高级干部，之前曾担任四川总督和云贵总督，在大西南推行改革开放的"新政"。去年年初（1909年），新的中央领导班子进行了人事大调整，权倾一时的袁世凯因"病"下岗，袁世凯的亲信、首任东三省总督徐世昌随即被内调中央担任邮传部部长。有着丰富的地方工作经验及改革经验的锡良被中央相中，从大西南直调大东北，成为第二任东三省总督，掌管这个在经济、政治、外交和国防各方面，都已经成为大清国重中之重的"龙兴之地"。

锡良在朝鲜建立的一个情报网，此时发挥了巨大的作用。来自朝鲜的情报，经汇总整理后，源源不断地输送到北京。锡良所最为关心也最为忧心的，是新形势下如何确保东北地区的领土主权完整。多年来，在中国境内越界居住的朝鲜人已达3万多，还有更多的朝鲜人"来者源源，相望于道，喧宾夺主，莫此为甚"。这不只是一场生存空间的争夺，而且牵涉到中华帝国的危急存亡

朝鲜农民大规模越境进入中国，私自垦殖，始自1869年的朝鲜大饥荒。大清政府发现此问题后，于1884年将图们江以北长约700里、宽约40~50里的地区划为特区，专供朝鲜人垦殖，给予他们比内地"闯关东"者更为优厚的扶持政策，由政府提供或补贴农具、耕牛、种子，唯一的条件就是归化为大清臣民。但朝鲜政府并不顾及这些背井离乡求温饱的草根们的死活，要求大清国将越境垦民"刷还"回国。清政府无奈同意，但表示，因朝鲜垦民人数过多，为体恤民艰，"刷还"工作计划在一年内完成。而朝鲜居然随即改口，宣称这块土地本就是朝鲜领土，要求重新勘测边界。双方进行了两次勘界，都因朝鲜方面的偏执而谈判破裂，大清政府遂根据共同勘界情况，在边界上设立10座巨大的界碑，一碑一字，镌刻10个大字："华夏金汤固，河山带砺长"，从小白山顶开始，绵延100多公里，直到图们江主流汇合处。

甲午战争之后，中国在朝鲜的影响力大为衰落，朝鲜于是试

朝鲜总督府，现为韩国博物馆。（上图）
汉城南大门前的破败景象。（下图）

图借助日、俄势力，重提边界领土要求，并在边境上不断发动大量的流血冲突，以"间岛"为核心的领土纠纷，成为埋在中朝两国之间的定时炸弹。日本在1905年将朝鲜纳为保护国后，就接掌了朝鲜的外交权，1909年，当中国被迫在满洲的铁路、矿山等利权上向日本大量让步后，日本同意签订了《图们江中韩界务条款》，完全确认了中国对"间岛"地区的领土主权，11月9日，这一条约也得到了大韩帝国政府的正式认可。

根据这一条约，朝鲜农民可以在中国领土上屯垦，但必须完全接受中国政府的管辖。日、朝方面一直要求的领事裁判权，被大清谈判代表严拒。但是，"自日韩合并后，韩人已全归日本统治权之下，与日人一律看待。我沿边数千里地旷人稀，又处处有韩侨踪迹，有为佃户者，有为地主者，日本自此将藉韩侨之力勾引日人扰害沿边矣。"而且，根据中日之间的条约，日本人在华是享有领事裁判权的，日本可藉此"伸张势力，损害主权，恐此数万韩侨将为吞并满洲之导线"（锡良报告）。

"平北"

吞下朝鲜后的日本立即宣布，将紧邻中国的义州府更名，新名称居然是"平北州"，此时日俄已经建立了秘密同盟，所要扫"平"的"北"方，自然就是中国，东三省上空的火药味更浓了。

令人不安的消息接连传来：

日本下令其驻华公使馆及各领事馆，立即组织人力物力，调查在华定居的朝鲜人情况，进行全面摸底……

日本决定朝鲜总督人选今后专用军人，锡良分析道："其目的何在，即在我东三省"……

为了鼓励日本商民开拓朝鲜和中国，日本政府甚至还下调了相应的电报费用，降价幅度高达50%……

日本计划撤销南满铁路会社，将中国境内的南满铁路统归朝鲜总督管辖……

日本内阁计划设置殖民大臣，日本农民如全家移民东三省，政府将给予高额补贴，锡良因此担心："如不速筹抵制取缔之法，恐三五年后东三省将充斥日人之足迹矣"……

更令人担心的是，随着日本势力在东北亚的急剧膨胀，俄国也在此加强了戒备。流亡在俄国境内、尤其是海参崴地区的朝鲜人，一部分要求加入中国国籍，寻求保护，另一部分则积极组建地下反抗军，准备回国武装抗日，中国境内的延边地区，成为走私军火的天堂。

大清国与列强所订的多数条约，都带了"最惠国待遇"条款，一国获得的特殊优待政策，将自动适用于所有"最惠国"。锡良等担心，如果已经在法律意义上成为日本人的朝鲜人继续沿用当年大清国给予属国国民的特殊待遇，在边境乃至内地地区与中国国民杂居，则会造成不可收拾的连锁反应：根据最惠国待遇的条款，英国人可以驱使缅甸人进入云南，法国人则可以动员安南（越南）人进驻西粤，"全局尽溃"。

吉林"西南路道"道台颜世清，从秘密渠道买到了一份日本政府的内部文件。在这份文件中，日本人延续了一贯的细致作风，细化并分解了日韩合并后的对华战略：

对那些有"外交能力"的中国官员，要"多方设法阻其行动，在位者使之退位，去位者使之不得复任"。

"凡官商可为我用者，必多方罗致，或以利动之，俾作侦探向导"。

"我需暗握清国财政用人之权"，如果有官员反对，"当用反间"，"或于报中拨弄"，或动员亲日官员进行弹劾，总之要让中国"上下相扰"。

"蒙古各邦密派游说煽惑，使其离叛清国。如需借款，尽可与之，能使各邦多用日款，并用日人为教员顾问，方能由我方驱使"。

南满沿铁道于半年内当暗中陆续添派兵队，增足至三师团之数，此司令部或驻长春或沈阳。

如果西方人要在东北开办实业或借款给中国，要想方设法阻挠。

东北的出产以豆、盐为大宗，日本政府应支持日本商民积极经营这两类产品……

锡良等人认为，日本"对于东三省野心勃勃，已有经营第二朝鲜之想"。这一估计是准确的，后来日本果然将其政策总结为

341

"日人殖朝、鲜人殖满"八字，而1927年的《田中奏折》就解释得更为清晰："朝鲜民移住东三省之众，可为母国（日本）民而开拓满蒙处女地，以便母国民进取。"

此时首当其冲的，就是立即解决在越界开垦的朝鲜人的国籍认同问题。所有在中国境内的朝鲜人，符合条件的，应当根据上一年通过的大清国《国籍法》归化入籍，剃发易服；不符合条件的或者不愿意归化入籍的，则根据中日有关条约，只准在通商口岸内居住。

对于达成这一点，锡良等充满信心。日本已宣布，日韩合并后，大韩帝国之前签订的所有对外条约一律作废，这当然应包括中朝之间签订的有关优待越界开垦者的条约。而日本吞并了朝鲜后，明确规定"外国人"未经许可，严禁在租界之外擅自从事农业，这一条款所限制的，正是中国人。当时在朝鲜的中国商民，约有四成并不定居在中国租界内，而散布在朝鲜各地，或经商，或种植，不少已经在当地扎根。日本政府既然如此限定，作为对等条款，中国政府对境内的原朝鲜人、新日本人进行限制，就是名正言顺的。

锡良等人继而建议中央，继续加大对东北开发的投入力度，"移民实边"，兴办实业，"以其抵制外力"，同时，在国际上则积极"联美联德，以维国势"。1910年年头，拟议中的"中美德"三国结盟案，因美国退出而放弃，但美国依然是中国赖以对抗日本在满洲扩张的主要力量。

桀骜

锡良等人对越界开垦的朝鲜人如此戒心深重，并非多疑，而是有着血的教训的。

被西方称为"隐士之国"的朝鲜，其民风却相当彪悍。越界的朝鲜人不仅脱离了朝鲜政府的管辖，而且也经常抗拒中国地方政府的管辖，加上日本人在其间的"合纵连横"，令东北边界地区成为东北亚爆发战争冲突的一大热点。

其实，在以猛虎的意象来解释朝鲜地图的同时，朝鲜人还用兔子来比喻。美国著名的朝鲜问题专家 Donald Stone MacDonald 在其著作《朝鲜的当代政治与社会》（*The Koreans: Contemporary Politics and Society*）一书中，就如此描述：

"在朝鲜学者看来，朝鲜的形状如同一只兔子，它的耳朵在东北北纬43度伸向西伯利亚，它的脚伸入了西边的黄海，它的脊梁，正是蜿蜒在东海岸的太白山脉。而在北纬33度的济州岛，则是这只兔子放错了的小尾巴。"

朝鲜学者认为这只兔子正好坐在了日本或者中国的头上，而日本人则认为它无非是日本手中的猎物而已。

无论如何，对于大清来说，这并非一只驯良的兔子。

清朝建立伊始，朝鲜虽然诚服于大清，但他们内心中仍将之看作是"夷狄"，坚信"中国有必伸之理，夷狄无百年之命"。朝鲜使节照例到北京向新主人朝贡，但是他们并非将北京看作是天朝的首善之区，而只是一个别名叫"燕京"的旅行目的地。朝鲜记载朝觐细节的报告书也从《朝天录》改叫《燕行录》。小到服饰、发型，大到社会主流思想，那时中国所发生的一切变化，在朝鲜人看来无一不是礼崩乐坏。除了对清廷公文，朝鲜所有官方文件几乎仍在沿用崇祯年号，直到南明小朝廷灭亡，"复明"大业无望，朝鲜才改用干支纪年和国王在位年号，但仍然不使用大清年号。他们似乎相信，"振兴中华"的使命，已经历史性地落到了自己肩头。因此，无论是南明政权，还是吴三桂、耿仲明、尚可喜等"三藩"，抑或靠海盗起家的台湾郑家父子，甚至包括谋求区域霸权的准噶尔蒙古，朝鲜均愿意与之结成广泛的统一阵线。朝鲜孝宗李淏（1649—1658 年在位）就一直秘密倡议北伐，要使"毡裘穹庐，再归文明"，相信"出其不意，直抵关外，则中原义士豪杰，岂无响应者"。此事暴露后，顺治皇帝特遣敕使巴讫乃赴朝鲜问罪，这就是朝鲜历史上著名的"六使诘责"事件。

三藩之乱（1673—1681 年）时，朝鲜再度兴起北伐热潮，但肃宗李焞（1674—1719 年在位）虽然在口头上赞同，实际上对此并不热心，他积极扩军，却并没打算真的将军队投入到反清复明的大业中，只是借此加强自己在国内的实力。

中国遭受第二次鸦片战争和太平天国动乱之后，朝鲜又重新兴起北伐大讨论。学者们为北伐成功后究竟是拥戴明朝后裔还是自己入主中原而争吵不休。

这种长期积蓄的对"满清鞑虏"的蔑视，令朝鲜在被迫改革开放后，首先将目标锁定在摆脱中国（确切地说，是摆脱满清）的影响上。一场轰轰烈烈的"去中国化"运动次第展开。

著名启蒙学者朴泳孝，在1888年提出的国政改革奏疏中称："先必教育百姓以国史、国文和国语，不教本国历史与文章而教清国的历史与文章，因此百姓亦以清国为典范且重视他，却遗忘自己国家之典故，此乃颠倒本末之举。"

甲午战争中国惨败，朝鲜国王十分喜悦，在昌德宫举行盛大的独立庆典。朝鲜开始大规模地修改历史。在他们笔下，朝鲜不再是周文王分封的箕子朝鲜，而是传说中的檀君所缔造的、已经独立了4200多年的国家。朝鲜学者们开始竭力将中国影响排除在教科书之外，朝鲜各王朝的地位都被抬高，似乎从来不曾臣属于中国，甚至开始臆造朝鲜本可以入主中原、称霸中国的故事。那些在对抗中国"侵略"中表现卓越的人物，如击溃隋军的高句丽将军乙支文德，成了民族英雄。

1896年，朝鲜"独立协会"放火焚毁了汉城内本是朝鲜王国迎接中国使臣专用的迎恩门，代之以独立门，"迎恩门"边上的国宾馆"慕华馆"，也同时被更名为"独立馆"。"独立协会"的机关报《独立新闻》（8月4日）则号召朝鲜人向日本学习，用十年努力建设一个富强的国家，打败中国，夺取辽东和整个东北地区，并向中国索取8亿元。

周旋

借着日本战胜中国的机会，成功地实现了"去中国化"之后，对如日中天的日本，朝鲜也大为蔑视：以俄国为首，在俄、法、德三国进行联合干涉下，日本居然将已经到手的辽东半岛退还给了中国。因此朝鲜认为，在周边强国中，俄罗斯才是腰子最粗、能够罩着自己的老大。

"联俄"成为朝鲜宫廷的主导潮流。1895 年 7 月，在俄国帮助下，朝鲜王后闵氏（明成皇后）发动政变，推翻了亲日的朴泳孝等人，倒向俄国。但这引起了日本方面的巨大反弹，3 个月后（10 月 8 日），日本公使三浦梧楼率军队及浪人闯入宫中，刀劈闵妃并焚尸。随后逼迫朝鲜国王清除了宫中的亲俄派势力，又组成了新的以金弘集为总理的亲日内阁，史称"乙未事变"。

金弘集内阁的改革在表面上大做文章，最为失策的就是效仿日本明治维新的做法，在宣布实行公历纪元后，颁布了"断发令"，要求百姓剃发易服，改作西式打扮，结果激起众怒。俄国人乘机插手，于次年 2 月 11 日，协助朝鲜国王高宗及王世子逃离王宫，改驻俄国公使馆，这就是朝鲜历史上的"俄馆播迁事件"。

得到俄国人的撑腰后，高宗随即下令逮捕金弘集等人，并随即处死，朝鲜重新建立起以金柄植为总理大臣的亲俄政权。高宗在俄国使馆居住了一年才返回王宫，改国号为大韩帝国，自称"皇帝"，正式脱离中国，称孤道寡，与中国分庭抗礼。

IN A TIGHT PLACE.

美国漫画：处在日俄夹缝中的朝鲜。

第七章 亮剑，抑或舔伤

在中国、日本、俄国几个大国之间的复杂周旋下，此时的朝鲜似乎成功地实现了"以夷制夷"，不仅获得了"独立"，而且也似乎摆脱了被日本一家掌控的局面。于是，效仿日本、从中国巨龙身上咬下块肥肉的念头，在朝鲜开始迅速滋长膨胀。

1900 年，中国爆发义和团——八国联军动乱，俄国大军占领东北全境。借此机会，朝鲜与俄国达成了秘密协定，商定共占延边地区，朝鲜并可获得一半的"间岛"主权。朝俄两国将在延边地区设立一个州，州长由"居住该地之韩人及二年以上居住该地之俄人以投标法选任"，并拥有"关于行政、财政、兵事、卫生、教育、宗教上一切之统治权"（宋教仁《间岛问题》）。但是，八国联军的内讧，令朝、俄此举落空。

但朝鲜的胃口已经被吊起来了。自 1903 年开始，朝鲜方面开始不断地派遣小股军队进入中国，攻击中国驻军，在屯垦区烧杀奸淫，按照大清的官方记载，"直与匪徒无异"。1903 年 10 月，朝鲜出动了近千人的大部队，突然攻占了奉天的临江县城，并进攻长生保、会房、上江一带，造成巨大伤亡。而在接到中国的抗议之后，朝鲜方面矢口否认。随后又答复说那是追剿马贼。朝鲜军队入境后，俄国军队处处阻挠清军的行动，显示幕后有俄国的支持。令中国方面痛苦的是，一方面愤恨于朝鲜的恩将仇报，另一方面却担心如果反应过于激烈，朝鲜方面破罐子破摔，反而不好收场，只好拿些大道理在汉城向其官方交涉。在多次碰了软钉子后，负责交涉的驻韩领事也愤恨地说："现今韩庭宵小当道，不宜过于以积弱之言相告。"建议中央进行坚决的武装反击。

直到 1904 年 4 月，朝鲜"北边垦岛管理使"李范允居然率领 6000 多人大举入侵，胡殿甲率领的清军"吉强军"才予以坚决还击，双方爆发了激烈的战斗，朝鲜军队最后被清军歼灭。被打痛了，朝鲜才安分下来，于 7 月份签订了《中韩边界善后章程》。至此，边境武装冲突告一段落。次年，朝鲜被纳入日本"保护"，日本人接手了中朝边境的谈判。

但在"大韩帝国"眼中，中国依然是最容易下手的第一假想敌。日俄战争（1904 年）前夕，朝鲜有学者就建议，日本应在控制满洲以后，将其划为三块，东部归日本，西部归中国，南部归朝鲜，以壮大朝鲜的力量，保障东亚和平。日俄战争之后，一方面朝鲜本身被日本控制得越来越紧；另一方面却在反华及自大方面越演越烈。朝鲜学者郑重宣称并不断论证，中国文化就是朝鲜文化下的一个蛋而已，甚至世界文化也发源于朝鲜文化。朝鲜历史被大规模改写，中国从曾经的宗主国和老大哥，成为思想批判乃至领土扩张的目标，学者们提出了"高句丽旧疆收复论"和"支那殖民论"，古朝鲜和高句丽被描绘成了大帝国，中国则自古是朝鲜的殖民地，连尧舜也只是朝鲜任命的官员，朝鲜是"与黄帝子孙血战数千年"的"无与我比"的"东洋武强之国"。朝鲜刚刚开端的启蒙与改革，被赋予了民族复兴的伟大使命，不仅要"收复"几乎囊括全中国的土地，而且要让"朝鲜国旗可腾飞于欧美诸洲"。

1908 年，大韩帝国终于关闭了设立在首都汉阳后苑春塘台的"大报坛"。这一专门表达对明朝皇帝感恩、怀念之情的祭坛，在历时 204 年后，成为了历史遗迹。朝鲜切断了与中国的最后一缕精神纽带。

几乎随着每一次的疏远，朝鲜国内都要掀起一浪高过一浪的反华浪潮，日韩合并之后，达到了持久的高潮。在日本的严格管制下，作为二等公民的朝鲜人，要在文化上重建民族意识十分艰难。尽管在自己的国土上地位沦为最卑贱者，但他们依然还有一个经过日本批准的可以大肆嘲讽的对象："清国狗"，当时，一首"支那人，清国奴，咪啦，咪啦"的儿歌几乎家喻户晓。

诛心

朝鲜毕竟还是有清醒者的，而令人尴尬的是，其中就有日韩合并的首倡者之一李容九。这位至今仍然无望翻案的"朝奸"，却在其催逼大韩帝国皇帝与日本合并的奏折中，一针见血地指出了朝鲜的核心问题就是"狂妄"，句句都是诛心之论。

李容九在奏折中引用孔子语录说："非所困而困焉，名必辱。非所据而据焉，身必危。"意思是本不该被困，但却困住了，其名誉就必然要受损；本不该占有的东西而去占有，必然会令自己身处危险。朝鲜之所以走到后来求生不得、求死不能的地步，就是因为违背了"北不失礼、南不失信"的祖训。

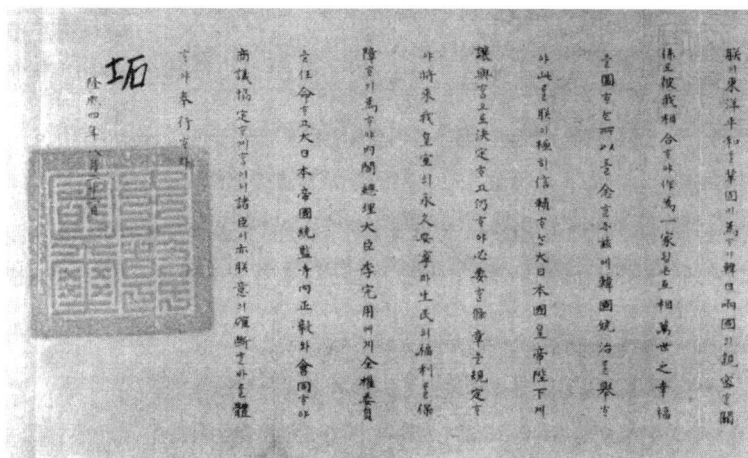

朝鲜任命李容九为全权代表与日谈判合并的文件。（上图）

日韩合并的始作俑者、朝鲜「卖国贼」、深刻地剖析朝鲜弊端的李容九。（下图）

李容九认为，在中日甲午战争时，朝鲜本应"中正不惑"，"执北向之礼与日本绝矣"，如果因此而亡国，那也是"死于正命"，"不亦荣乎"。但是，朝鲜却在一夜间摈弃了500多年的礼义传统（"一夕忽而裂五百年礼服"），"飘飘乎自眩于独立之嘉号"，而听从并且跟从了日本，这是第一误。

　　"独立"之后，"陆无一寨兵，海无一舰卒，此岂国之名焉哉？"此时本应听从日本，韬光养晦，"更始一新"进行变革，却又与日本"二三其德"，"独恃外交之诡变"，结果导致"国母之变、山河含愤"（指闵妃被杀）。这是第二误。

　　随即却"不国其国"，国王居然躲入俄国使馆发号施令，并且在日俄战争中再度"喜外交之巧妙"，导致日俄在议和时，"先定我所服属"，日本人首先就剥夺了朝鲜的外交权。这是第三误。

　　之后，"廷臣未悟"，继续以小动作进行无谓的对抗，鼓动高宗悄悄向海牙国际和会派出代表，控诉日本，却遭到国际的冷遇（史称"海牙密使事件"），结果在日本人逼迫下，高宗被迫禅位给太子。这是第四误。

　　李容九认为，这些"皆莫非失礼丧信自招之寇也"。他在奏折中甚至引用了美国独立战争中"不自由、毋宁死"的口号，表示"二千万臣民"其实都愿意与国同死，但是"屡遭危急存亡之秋，未曾一闻皇诏的确，宣国民以死守"，却只见到国家以"失礼丧信"投机取巧，他质问皇帝："陛下既不忍赐死，岂亦不忍赐生乎？"

在随后上书给日本首相桂太郎的信中，李容九甚至将朝鲜看作是"东洋之祸源"："所谓独立者也，非我韩产物也，此其地势自为然矣耳。是故朝东则可御西与北之侮，通北则可以免东与西之祸，事西则可以排北与东之难。齐楚其情，无有一德；炎附寒离，未曾留止。寄一弱于三强之间，每斗三强以为自保之计。审东亚局势者，谁不云敝邦者东洋之祸源也。"他认为，日韩合并，其实是朝鲜"为东洋自决万古之祸源"，"为民众自脱先天之桎梏"。

日韩合并宣布之日，即日卸任朝鲜统监、就任朝鲜总督的寺内正毅以统监之名发布最后文告，大赦天下，在此文告中，寺内指出："朝鲜古来之流弊，在好恶乖忤，唯以利相争"。他说的虽是朝鲜内部朋党之争，却也贴切地反应了朝鲜的整体国策。

梁启超认为："亡朝鲜者，朝鲜也，非日本也。"他认为当时的朝鲜，上有亡国之君，"葸懦而不自振，多疑而寡断，好听谗言而于事理，多内嬖而昵宵小，喜行小慧而计常拙，依赖他人而不自立，好为虚饰而不务实"。其中，"喜行小慧而计常拙"在朝鲜的外交中展露无遗。中有亡国之臣，"他国之设官，以治国务；而朝鲜之设官，则以养无业之人"，挤入公务员队伍成为"为朝鲜最有利之营业，全国趋之若鹜，丧名败检以求得之"。下有"亡国之社会"，"小民但得一饱，则相与三三两两，煮茗憩树荫，清谈终日，不复计明日从何得食，然若羲皇上人也。其宦达者亦然，但使今日有官有权势，明日国亡，固非所计。故自日本设统监以后，尽人皆知朝鲜命在旦夕，朝鲜人自知之与否，吾不敢言，惟见其争夺政权，然若有至味，视昔为尤剧也"

《纽约时报》在 1910 年 8 月 26 日的报道中也说，日韩合并的消息没有引起任何波动，因为大多数朝鲜人根本不关心国家的变化。而在同一篇报道中，身在美国的"朝鲜爱国者协会"（Korean Patriotic Association）主席，宣布将在朝鲜全境展开抗日游击战，因为他们坚信：美国将会在 5 年内对日宣战。

这一回，宝又押在了美国人身上。

百年弹指一挥间。

2010 年 8 月 29 日，日本吞并韩国 100 周年。邻邦的这个国耻日，似乎并没有多少同胞记得，但这也是中国众多的国耻日中的一天：1842 年 8 月 29 日，《中英南京条约》在南京下关签字。

国家利益的博弈，从来就没有永久的朋友，也没有永久的敌人。"同病"未必"相怜"，而所谓鲜血凝成的友谊，有时甚至比献血凝成的仇恨更经不起风吹浪打……

哈尔滨的枪声

1909 年 10 月 26 日，哈尔滨的几声枪响震撼了整个世界——日本新任枢密院议长、前首相、前朝鲜统监伊藤博文遇刺身亡。

伊藤博文此行担负着重要的外交使命，要与俄国财政大臣柯克甫策夫（M. Kokovtsoff）就满洲铁路等一系列涉及中国东北地区权益的问题进行会谈。有"第〇次世界大战"之称的日俄战争中，日本惨胜，但已无力吞下全东北，满洲地区形成了日俄南北分割的局面。大清国依然在进行着艰难的努力，全力抗俄抵日。

1906 年大清国实行包括政治体制在内的全面改革，东北的开发开放便被以慈禧太后为核心的中央列为重中之重——率先进行干部体制改革，以期提高行政效率；这一封禁了 200 多年的帝国"龙兴之地"全面开禁，在官方优惠政策的扶持下，河北和山东掀起了"闯关东"的高潮，大批人口移民实边。为了解决农村劳动力不足的问题，清政府甚至还对此前偷渡开荒的朝鲜边民实行宽容的移民政策，只要加入中国国籍，就既往不咎，而且给予十分优惠的授田政策。

外交方面，大清政府秉承以夷制夷的传统思路，在袁世凯、唐绍仪等人主导下，与正在积极寻求向满洲和俄国东部地区扩张，且无领土野心的美国资本形成了战略伙伴关系，引入美国资本参与东北大开发。出于地缘政治和经济发展的双重考虑，美国政府提出了满洲铁路中立化的要求，向日俄两国施加压力，要求他们确保中国的领土主权完整及维持满洲门户开放。在德国的推动下，德、美、中三国同盟也在积极筹划当中，尽管最终未能成功，但这些微妙的国际力量平衡，令羸弱的大清国有了一些与日俄周旋的资本。

刚刚从战争的血泊中歇下来的日俄，在满洲共同的利益和危机驱动下，戏剧般地迅速化敌为友。伊藤博文和柯克甫策夫两人的会面，就是为了商讨如何协调应对复杂的国际压力。俄国官方专门派遣了一队电影摄制组，前往拍摄这一次重要的高峰会议。

1909 年 10 月 26 日，俄国东清铁路公司为伊藤博文预备的专列驶入了戒备森严的哈尔滨车站。大清政府和俄国东清铁路作为共同东道主，在车站举行了隆重的欢迎仪式。中国方面以主管哈尔滨海关的滨江关道施肇基为首，除官民代表之外，由一个排新军组成的清军仪仗队也列队在站台上。而俄国领事则率领俄方官民及两个排的东清铁路警卫队，拱卫着已经先期到达的柯克甫策夫，等候着日本客人的到来。

专列停稳后，柯克甫策夫上车，对伊藤博文表示欢迎，两人举行了一次长达 25 分钟的秘密会谈。随后，柯克甫策夫以俄国护境军团名誉军团长的名义，邀请伊藤博文检阅仪仗队和欢迎人群。

因施肇基的特别安排，最接近专列的并非俄军仪仗队，而是清军仪仗队，以强调中国的"第一地主"身份。伊藤与施肇基握手致意，检阅了清军仪仗队，而后检阅俄军并中、日、俄商民欢迎队伍。当伊藤博文折返时，从日本商民队伍中突然冲出一名戴鸭舌帽、穿西服的矮小青年，他掏出手枪，从俄军队伍的缝隙中向伊藤连开三枪，枪枪命中。随后，他又向伊藤周边的日本官员开了四枪。

突如其来的变故，令站台上所有的人都傻了眼；电影摄影机还在运行，记录着这一重大历史事件的原貌。伊藤中枪后，扶着柯克甫策夫的手，委顿在地。回过神来的俄国军警冲向刺客，他却并不逃跑，从容地扔掉手枪，用俄语高呼："高丽亚乌拉（朝鲜万岁）！"然后从容被捕。

刺客的每一颗子弹都被锉去了尖端，并被刻出十字形的凹槽，其杀伤力超过 10 年前被海牙公约禁用的达姆弹（dumdums）。伊藤博文受到致命的枪伤，被抬回专列后没过几分钟就气绝而亡。

被当场捕获的刺客是朝鲜人，名叫安重根，是抗日武装"大韩义兵"中的重要人物，担任参谋中将、特派独立队队长以及俄领地区司令官。安重根是天主教徒兼武术高手，正值而立之年（生于1879 年），曾率部队与日军激战，战败后曾想自杀殉国，在同志劝阻下，潜回俄国占领的远东地区，组织了这次针对伊藤博文的暗杀。

案发后，俄国当局迅速在哈尔滨进行了大搜捕，安重根近 30名同伴被捕，引渡给日本方面。这一事件发生在俄国强占的东清铁路保护地，但毕竟是中国领土。当时又值中日为间岛主权归属及满洲路矿开发长久争执，一个月前刚刚签订了相关条约，中国保住了间岛主权，但在路矿权益上损失惨重。伊藤被刺事件一旦处理不好，将再度给咄咄逼人的日本以施加压力的机会。

施肇基的处置相当明快和老辣，他的第一道命令就是要求傅家甸电报局停发所有对外电报，全面控制消息。与此同时，他紧急报告北京外务部，建议在此案调查清楚前绝对不可以发表任何正式声明："若有人问及此事，政府千万不可有'保护不周'之道歉语句，贻日人以口实。"

施肇基多方跟进日俄审讯。根据安重根口供，暗杀伊藤的目的就是为国报仇；原计划在列车进入哈尔滨之前的弯道处强行登车刺杀，但一则难以获得专列的确切行驶时间，二则"车在中国地段，恐累中国官吏，乃改在车站俄国队伍中乘间击之"。查明此情后，施肇基迅速电告外务部，并以留学美国多年所造就的深厚英文功底草拟了一则英文新闻通稿，由外务部转交在京的英文媒体刊登。等各报刊登后，施肇基才下令傅家甸电报局恢复正常发报，从而抢占话语权的先机，令日本人"对我报道无法辩驳，故日方对此案迄无抗议"。这一事件成为中国近代史上少数被轻松化解的外交危机之一。

日本关东都督府高等法院对安重根一案进行了审判。面对世界舆论的强烈关注，日本方面不敢造次，不仅为安重根指定了两名日本律师，还同意一名英国律师和一名俄国律师参与辩护。安重根对刺杀行动供认不讳，但强调自己并非刺客，而是"大韩义兵"的高级军官，应被视为战俘。安重根在法庭上大力宣扬"东洋和平"，指责伊藤博文是破坏东洋和平、违背日本天皇圣谕的

"逆贼"。

这位抗日英雄赢得了日本宪兵、法官等人的极大尊重，一些日本人到处活动，希望能免其一死。安重根在狱中获得优待，可以撰写书信和著作，甚至经常应邀为日本宪兵们题词留念，这些题词往往成为今日文物拍卖会上的珍品。1910年3月26日，伊藤博文遇刺5个月时，安重根在旅顺日俄监狱内被执行绞刑。

历史的吊诡之处在于，安重根刺杀伊藤博文，反而加速了大韩帝国的灭亡，也极大地抵消了大清国"东北大开发"的努力。对于吞并朝鲜，日本内部本就有急进与缓进两派，伊藤竭力主张缓进，理由就是要顾虑到这一地区的国际力量均衡，以免在列强中树敌过多。随着两派分歧日益尖锐，以伊藤博文的资望，居然也无法安于其位，只得在1909年5月份辞去朝鲜统监的职位，回到日本本土出任枢密院议长。

1910年8月，失去了内部制衡的日本终于成功地吞并了大韩帝国。

对于大清国和美国最为看重的满洲铁路中立化，伊藤博文和柯克甫策夫分别是日、俄两国国内的少数"鸽派"，他们同意并支持将各自的铁路出售给美国。假使伊藤不死，美国的力量或许还能更多地介入满洲地区。当时英国《泰晤士报》记者濮兰德就认为："如果伊藤未被暗杀的话，历史的进程可能会走向与以后发生的事态完全不同的方面。"

刺杀事件之后，满洲铁路中立化彻底失败，日俄两国结成

"双寡头"的独特战略伙伴关系，联合起来牢牢地占据了满洲。这一切，恐怕都是烈性的朝鲜英雄们绝对无法预料到的后果，或许，这也正是手枪和匕首难以真正解决政治问题的一个范例？

日本常青藤

1909 年伊藤博文在哈尔滨遇刺身亡。身在日本的梁启超，怀着复杂的心理作了一首长达 96 句的长诗，题目是《秋风断藤曲》。在诗中，"笔端常带魔力"的梁启超，表达了对安重根"万人攒首看荆卿，从容对薄如平生；男儿死耳安足道，国耻未雪名何成"的景仰，也表达了对伊藤博文的尊敬，将他与安重根并称为"两贤"——"千秋恩怨谁能讼，两贤各有泰山重"。

伊藤博文这根日本常青"藤"，牢牢地缠绕在中国近代史中，不可分割，不是简单的情绪褒贬所能定论的。

伊藤博文是从上海开始睁眼看世界的。此前他曾是一位不折不扣的日本式"义和团"青年，坚信洋人们带来了国家与民族的灾难，所以必须攘夷排外，他们多次策划了针对外国公使的刺杀计划，包括纵火焚烧法国使馆。

高举"尊王攘夷"大旗的长州藩，为了"师夷长技以制夷"，选中了伊藤、井上等 5 名年轻人，转道上海前往欧洲秘密留学并考察。1863 年 5 月，在上海港转船时的短暂停留，令这些日本"义和团"彻底动摇。

因太平天国战乱已然大为逊色的上海，其繁华依然令 22 岁的伊藤大为震撼。面对黄浦江上桅杆如林的"洋船"，伊藤感慨："这些船一旦都闯进日本来，究竟日本该怎么做才好呢？攘夷吗？那不可能！"这种颠覆性的认知甚至令伊藤为自己担心："出国才 4 天，就这么快忘了当初的理想，这怎么得了！"

日本"义和团"持续无理性的排外运动，最终引来了列强巨大的报复。

1864 年，英国、法国、荷兰与美国组建四国联军，准备大举进攻长州。

在英国学习的伊藤博文和井上馨认为日本要与四国抗衡，绝对是以卵击石。他们遂决议返回日本，试图运用自己与英国和藩主的联系管道，阻止攘夷这样的义和团行动及四国联军的军事行动。

两人回到长州藩，向藩主及贵族们切陈攘夷不可能成功，并将给长州藩带来灭顶之灾。如此"卖国"言论，令他们成为攘夷派的眼中钉，欲杀之而后快，他们只好四处躲避。"卖国贼"的游说失败后，四国联军发起强攻，长州藩大败，被迫签订城下之约。痛定思痛，长州藩转而实行全面改革开放，并成为倒幕运动的主力。"卖国贼"伊藤和井上也成为明治维新的风云人物。

伊藤博文第二次踏上中国国土是 1885 年 4 月，他以日本政府委任参议兼宫内卿、伯爵的身份，作为全权大使前来谈判天津条约。1884 年 12 月，朝鲜开化党在日本驻军支持下发生"甲申政变"，杀戮亲华官员，中国驻军则在袁世凯指挥下果断反击，击

长州五杰：远藤谨助（左上），井上馨（左下），井上胜（中），
伊藤博文（右上），山尾庸三（右下）。

溃日军，控制了朝鲜局面。

通过会谈，62 岁的李鸿章对 44 岁的伊藤博文赞赏有加，并专程向总理衙门提交了一份秘密报告——《密陈伊藤有治国之才》，指出伊藤"实有治国之才"，并预测"大约十年内外，日本富强，必有可观"。

这次谈判达成的《中日天津条约》，其核心内容就是，朝鲜若有变乱等重大事件，中日任何一国要派兵应先互行文知照。这其实赋予了日本在朝鲜享有与宗主国中国同样的权利，成为日本 9 年后"合法"出兵朝鲜发动甲午战争的条约依据。这一巨大成果，令伊藤"蔓升"的空间更为广阔。当年 12 月，明治天皇宣布实行内阁制，伊藤成为首届内阁总理大臣兼宫内大臣，并开始了为期 4 年多的宪法起草工作，进入更深层面的政治体制改革。

随着改革路径与深度的不同，中日双方的"软实力"迅速拉开距离。

甲午战争成为检验两国改革开放成果的 PK 台，以日本的完胜与中国的完败而结束。当 72 岁的李鸿章与 54 岁的伊藤博文在马关再度相见，两人感慨万千。就中国的"改革开放"，伊藤博文说："十年前我在津时，已与中堂谈及，何至今一无变更？本大臣深为抱歉！"李鸿章则唯有叹息："维时闻贵大臣谈论及此，不胜钦佩；且深佩贵大臣力为变革俗尚，以至于此。我国之事囿于习俗，未能如愿以偿。当时贵大臣相劝，云中国地广人众，变革诸政应由渐而来。今转瞬十年，依然如故，本大臣更为抱歉！

自惭心有余、力不足而已。贵国兵将悉照西法训练，甚精；各项政治，日新日盛；此次本大臣进京与士大夫相论，亦有深知我国必宜改变方能自立者。"伊藤道："天道无亲，惟德是亲。贵国如愿振作，皇天在上，必能扶助贵国如愿以偿。盖天之待下民也，无所偏倚；要在各国自为耳！"

在艰难的谈判中，两人还多次对中日改革作了对比。根据后人整理的会议记录，两人之间有一段相当有趣的"换位思考"对话——

李鸿章说："我若居贵大臣之位，恐不能如贵大臣办事之卓有成效！"

伊藤说："若使贵大臣易地而处，则政绩当更有可观。"

李鸿章说："贵大臣之所为，皆系本大臣所愿为；然使易地而处，即知我国之难为有不可胜言者。"

伊藤说："要使本大臣在贵国，恐不能服官也。凡在高位者都有难办之事，忌者甚多；敝国亦何独不然！"

显然，伊藤十分清醒地认识到，李鸿章要在中国那种更为险恶的政治环境中生存下来，需要多大的成本和勇气；也无怪乎伊藤安慰李鸿章，甲午之败，绝非安徽人的问题（李是安徽合肥人），而是中国的问题。

甲午之后，中日两国进入了为期近 10 年的"蜜月期"。伊藤积极为大清的改革出谋划策，当然也顺带试图在中国建立对抗沙俄的统一战线。戊戌变法期间，大清政府曾计划聘请伊藤博文与英国传教士李提摩太（Timothy Richard）担任国策顾问。1885 年 9 月开始，伊藤以私人身份"漫游"中国。就在他受到光绪皇帝召见的第二天（9 月 21 日），戊戌政变发生，梁启超逃入日本使馆，日本公使林权助尚未得到东京任何指令，不知所措。根据林权助的回忆录，正在现场的伊藤表态说："那么就救他吧！救他逃往日本，如至日本，由我来照顾他。梁这位青年，对中国来说，实在是宝贵的人物。"有伊藤支持，林权助便先斩后奏，将梁启超秘密送往日本。之后，伊藤又应英国公使的要求，亲自前往李鸿章宅邸，为已经被捕的张荫桓求情。张荫桓此人虽由李鸿章一手栽培，但后来自以为圣眷优厚，对李颇有切割之意。李鸿章明确表示，如无伊藤的情面，他将不会对张荫桓施以援手——险成"戊戌七君子"的张荫桓最后被改判发配新疆。

伊藤离京后，先后到武汉和南京拜访了湖广总督张之洞、两江总督刘坤一，全面掌握中国实力派政治人物的倾向。他返回日本后，于 12 月 10 日在东京帝国饭店发表演说，主题为《远东的形势与日本的财政》。

在谈到中国之行时，他指出："中国的改革并不是不可能的。但是在那么广大的国家里，对于数千年来继承下来的文物制度、风俗习惯进行有效的改革，绝不是一朝一夕所能办到的。要想决议改革，我认为一定要有非常英迈的君主及辅弼人物，像革命似的去彻底改革才可。"

伊藤的这段讲话确定了此后日本对大清改革的总体基调：一

是大清改革绝对不可以急；二是大清改革必须要有相当强有力的政治权威作保障。

梁启超曾经对李鸿章与伊藤博文作过一番对比，认为伊藤只有一事占足上风："曾游学欧洲，知政治之本原是也。此伊所以能制定宪法为日本长治久安之计，李鸿章则惟弥缝补苴，画虎效颦，而终无成就也。"

梁启超认定李鸿章"不识国民之原理，不通世界之大势，不知政治之本原"。其实，梁启超还是没能看透或有难言之隐——只要看看李鸿章出访欧美时的精彩对谈，以其才干和阅历，怎会不知"政治之本原"？

中日近代史中这两根参天长藤的分野，不在于其自身，而只在于其脚下的土地：从来都是时势造英雄！

大清羊皮日本狼

"中国强，日本才能强；中国好，日本才能好。"如此动听的说法，出自伊藤博文。这位喜欢留恋风月场所，酒酣之余引吭高歌、翩然起舞的著名政治家，在荣任日本枢密院议长后来到奉天（沈阳），与大清国东三省总督锡良、奉天巡抚程德全进行了会谈，再度表达了自己对大清政府和大清人民的"深情厚谊"。那是 1909 年 10 月 23 日。谁都没有想到，这次会谈成为伊藤博文外交生涯的最后一幕。

伊藤博文的奉天谈话也可以视作他对中日关系的政治遗嘱。

谈话开始，伊藤博文自陈："我于贵国大计，用心筹划，不自今日始。溯自光绪十一年（1885 年），即与李文忠（李鸿章）相见，切告以两国之关系，贵国总须力图变法自强，方可共保东方之和平。披肝沥胆，力为陈说，文忠颇以为然。迨光绪二十四年（1898 年，戊戌变法之年）又游贵国，晤见北京亲贵大老，告以亚东之大势，两国之关系，贵国极宜变法图存，方能有济。当时诸亲贵大老咸以为然，允为变法。不意未尝实行，以至于今日，我甚惜之。现在贵国方悟非变法无以图强，近年来始行新政，我甚愿贵国事事求根基稳固，政府须担责任，行政机关务求组织完备，万勿半途中止。竭力前进，犹恐或迟。我两国利害相关，贵国如能自强，则日本之幸也。"

当时日本正全力攫取在满洲的特殊利益，已经在事实上成为大清国最为危险的敌人。锡良和程德全试图通过伊藤博文说服日本政府，"不侵中国行政权及不妨各国均等主义"，但伊藤博文先将自己定位在"游人"的身份，表示不便表态，同时指出："自甲午以至日俄战罢，日本政府何尝不存退让之心，以待中国自强。惜我让而人（指西方列强）不让，斯不能不并力直追。"

随后，伊藤就中国改革与中日和平的关系，阐述道：中国要自强，目前就该韬光养晦，"趁此和平之时修明政事，要紧着手者一在财力，二在兵力"，但是，改革绝对不可以走过场，"练兵非铺张门面，财政非空言清理所能济事"，只有兵精粮足才能稳固根本，"中国稳固，东亚和平方可永保"。他坦承，中日之间悬而未决的问题实际上都取决于中国的"内政及国基"。至于锡良等希望的日本能"持平"对待中国，伊藤博文一口回绝："若说到日本人民意思，则凡事只问能力若何，如彼此能力不相当，即无所谓持平办法。"

自然，伊藤博文的谈话充满了外交辞令与自我辩护，但也的确反映了当时日本对华的矛盾心结：一方面，他们认为必须联合中国才能共同对抗西方；另一方面，他们难以等待"腐朽而没落"的中国自我觉醒、自我拯救，必须先下手为强，乃至凭借武力入主中原。

自明治维新以来，日本的对华政策呈现明显的"精神分裂"。一方面它高举"脱亚入欧"的"文明"大旗，以砸烂亚洲一切旧事物并踏上一只脚为己任，极端分子甚至要求日本人应全面与白种人通婚，从人种的根源上进行改良。在这些"脱亚论"者看来，中国就是一块等待瓜分的肥肉而已，日本必须发挥天时地利先下手为强，"脱亚"的前提是"征亚"。另一方面，日本也有不少"兴亚"主义者，认为亚洲是亚洲人的亚洲，日本的主要敌人是西方列强，是白种人，日本只有联合中国才能对抗这种种族入侵，因此日本有责任和义务维护和协助中国；但因中国过于腐败，且颟顸傲慢，必须先将它打痛收服之后，两国才能真正结盟，因此，"兴亚"的前提也是"征亚"。

甲午战争时在军政情报和舆论引领方面发挥关键作用的日本间谍群是清一色的"兴亚"主义者。

甲午战罢，在经历了短暂的亲俄外交后，大清国上下不仅没有形成强烈的仇日反日情绪，反而兴起了向日本学习的浪潮；在两国"兴亚"主义者的共同努力和两国官方的引导下，中日迎来了长达 10 年之久的蜜月期，如胶似漆时甚至密谋结成军事同盟。而对西方来说，崛起的日本如果唤醒中国，恰如蒙古军第二次西征的梦魇，由此导致"黄祸论"大行其道。"中日蜜月"在日俄战争期间达到顶点，基于"同文同种"的兄弟情谊，表面上保持中立的大清国政府和人民给予日军极大的支持：留日学生纷纷回国，组建抗俄义勇队，扛起枪炮与日军并肩作战；战区周围的清军兵营常成为日本特工逃避俄军追杀的避难所，袁世凯、马玉昆等甲午时的坚定抗日分子此时也纷纷为日军提供情报。日本军方资料坦陈，日俄战争时日本在中国几乎获得了主场优势，"在满洲作战中得到不少方便"。

　　等日本打败俄国，付出了惨重代价的大清国却发现这黑眼睛、黑头发、黄皮肤的同种兄弟露出了丝毫不逊于北极熊的凶恶面容。日本从俄国那里继承了在满洲的全部特权，拒绝归还给中国。与此同时，为了消弭西方更为强烈的仇日、恐日情绪，日本在经过激烈的争论后，"兴亚论"被执政者彻底摒弃，中日迅速疏远。

　　1909 年，中日关系降到了冰点。此前一年，日本商船"二辰丸"在澳门海面为革命党走私军火，被大清海军截获没收。在葡萄牙与日本的外交压力下，中国政府被迫释放该船并赔礼道歉，激起朝野上下同仇敌忾，由此爆发了中国历史上第一次大规模的抵制日货运动，波及南洋和美国，日本在外贸方面蒙受巨大损失。进入 1909 年，围绕着南海的东沙岛、中朝边境的间岛及满洲路矿开发等多个热点问题，中日一度剑拔弩张，日本在中朝边境大举屯兵，大清国则派出了多批高级军事代表团出访欧美，试图建立中美德三国同盟，抵御日本的侵略。

可以说，1909 年前后，远东国际问题的核心就是已然发展成为你死我活的零和游戏的中日关系，一衣带水的邻邦俨然成为天敌。

无论中日关系如何变化，中国的改革一直被深刻地烙上了"MADE IN JAPAN"的印记，直到从苏俄传来了十月革命的炮声。

影响和引领中国改革，成为日本的国家战略。除了大量吸纳中国留学生外，日本顾问活跃于中国政界、军界、财界、文化界等方方面面。曾任驻华公使的矢野文雄，在提交给日本外相的《清国留学生招聘策》中指出：吸纳中国留学生"实为将来在东亚大陆树立我势力之良策"，今后中国"从于武事者，不仅限于模仿日本之兵制，军用器械等也必仰给于我，聘用军官等人员也将求于日本，毋庸置疑，清军事之大部行将日本化；理科学生亦必求其器械、工人等于日本；清之商工业自身，则将与日本发生密切关系，而为我商工业乡情扩展打开门路。另，法律、文学等科学生，为谋清之发展，必将遵袭日本之制度。若能至此，我势力将及于大陆，正未可量也。斯时清之官民对我信赖之情，亦必胜于今日十倍。由于此辈学生与日本之关系，将来清政府必陆续不断自派学生来我国。如是，则我国之势力将悄然又骚骏于东亚大陆"。

在支持中国官方改革的同时，日本还大力援助中国的反政府势力，无论是康、梁的保皇党，还是孙黄的革命党，都得到了日本的大量金钱乃至军火的支持。日本娴熟地游走在中国的各种政治势力面前，毫不掩饰地成为大清政局变动背后那个"长胡子的黑手"。

　　在近卫笃麿等的努力下，在中国有强大影响力的日本半官方

日本东阳堂发行的《日清战争图绘》。（1894年12月20日）

第七章　亮剑，抑或舔伤

群众团体——东亚会和同文会，组合成了"东亚同文会"，鲜明提出：日本应该执亚洲之牛耳，为中国的改革保驾护航、确保中国的航船行驶在日本划定的河道内。而1906年，日本更以内阁会议决定的形式正式为中日关系定位，那就是，日本帝国应该"站在清国指导者的地位"。

尽管大清国的反日情绪不断高涨，但大到政治制度改革，中到新的汉语词汇，小到日常生活用品，都越来越受到日本的影响，乃至民众的反日运动也大量借鉴了日本民众反抗西方时的方式方法。

1909年，大清国在外交方面全面修正了之前一个时期亲英、亲俄或亲日的"一边倒"政策，拓展全面外交，升级"以夷制夷"版本。这种新的合纵连横战略，也为日后民国政府迅速恢复和提升中国的大国地位，提供了"摸石头"的有益经验。

中日对抗，从此在两国成为一个漫长的主旋律，"中日友好"也成为真诚者的梦想和伪善者的口号，无法实现。吊诡的是，即使在武装到牙齿的情况下，日本狼也还是要摆出一副和蔼的笑脸，表达着"我愿意为你背负一身羊皮"的高尚情操，情歌绵绵，无非为了"你是我的猎物，是我嘴里的羔羊……就是不愿别人把你分享……"

豺狼之恋：国人对日绵羊观

1909 年 10 月 23 日，日本新任枢密院议长伊藤博文访问东北，与东三省总督锡良、奉天巡抚程德全举行了会谈。此时，日本自认为在日俄战争中为亚洲的解放付出了生命和鲜血的巨大代价，以此为由积极攫取在满洲的特殊利益。锡良和程德全试图能通过伊藤博文说服日本政府，"不侵中国行政权及不妨各国均等主义"。但伊藤博文巧妙地将自己定位在"游人"的身份，表示他的言论"皆非日本政府和人民之意思"。

当锡、程二人对激进的日本民意进行批评时，伊藤博文说道："若说到日本人民意思，则凡事只问能力若何，如彼此能力不相当，即无所谓持平办法。"这样坦率得几乎赤裸裸的直言，在中日交流的史料中并不罕见。1876 年，为琉球和台湾事件，李鸿章与日本使臣森有礼进行了会谈。李鸿章说"两国和好，全凭条约""恃强违约，万国公法所不许"；而森有礼却干脆地宣称"和约没甚用处"，"国家举事，只看谁强，不必尽依着条约"，

"万国公法亦可不用"。日本人早已透彻地看穿了国际政治的达尔文主义本质，崇尚弱肉强食的丛林原则成为日本主流的民意。

可悲的是，从晚清以来，中国但凡评价日本都有一个奇怪的逻辑：日本在历史上所有的暴行和兽性都被归咎到某种"主义"（军国主义或法西斯主义）上，似乎成千上万的日本人都只是误上"主义"的贼船、被蒙蔽而已。除了"极少数"的"幕后黑手"外，任何具体的施暴者似乎都成了"主义"的受害者，被我们一厢情愿地同化为"同是天涯沦落人"。即使"主义"不再成为主流词，也会迅速贴上"人性"之类的"类主义"。

这种伟大的同情和博爱，常常在感动别人（甚至别人毫无感动）之前令我们自己先行感动，如同在舔舐滴血的历史伤口时服用了一剂强烈的麻醉剂，将"耻辱"和"窝囊"（包括无力复仇带来的更大窝囊）的痛感幻化为了占领道义制高点后的巨大快感。

"主义"固然在塑造着人，"主义"本身也是人所创造，更是由人所实践的。同一"主义"，在不同的人群手中，会实践出不同的，甚至完全相反的现实体现来。在电影《拉贝日记》中，那面庇护着中国生灵的巨大纳粹旗帜就是对这种"主义"原教旨观点的最好嘲讽。

日本百年祸华，与其说是军国主义毒害了国民，不如说是其国民性格和利益诉求制造了军国主义。在历次对华战争中，日本"人民"并不是侵略战争的受害者，而是受益者；甚至战争发动本身，也是为了让这些"人民"能提高生活水平、拓展生存空间。

甲午战争作为日本近代史上第一次海外作战，成功地在刚刚兴聚起来的日本推行了强烈的民族主义。而甲午战争令日本"人民"获得了巨大的战争红利，教育、医疗、经济都得到了飞速的发展；此后不断移民朝鲜和中国东北的日本"人民"得到了巨大的殖民利益，洋溢着无比的骄傲和自得。由武装平民组成的"满蒙开拓团"，直到1945年日本战败投降前都在中国扮演着积极的殖民者的角色。

群居的豺狼，疲软的正义

日俄战争结束，日本以倾国之力获得了惨胜，已无力再战，而俄国却还可调动其更为强大的欧洲部队，媾和对双方来说都是明智的选择。

正因如此，双方在美国签订《朴茨茅斯和约》时仅就满洲地区的权益进行了切割，日本没有对俄国提出赔款要求。消息传回日本后，民意哗然，主持签约的小村寿太郎和高平小五郎俨然成了卖国贼。签约当日（1905年9月5日），在东京的日比谷公园举行了七八万人的"爱国群众大游行"，要求拒绝签约，重新战斗。集会者高举吊旗，会场上到处是"呜呼大屈让""肝胆一剑寒""破弃破弃""吾有斩奸剑""死有余辜""风萧萧兮易水寒"等标语。

群众团体"讲和问题联合会"的代表河野广中在会上演说，

号召斩桂太郎、刺小村、打伊藤、屠元老，将矛头直指政府当局。下午5点左右，集会者蜂拥到内相官邸，砖石横飞，护卫官邸的警察挥刀镇压。集会者随后纵火，焚毁了内相官邸，并捣毁了袒护政府政策的国民新闻社。这一暴动持续数日，共烧毁了2个警察署、219个派出所、13个教会、53处民房，动乱波及日本全国，政府宣布紧急戒严。

这之后，民众暴动便成了东京一景，日本开始步入史称"民众暴动的时代"（the Era of Popular Violence）。广大"人民群众"的民意，而不是所谓的某某主义者，开始在日本的政治生活中扮演越来越重要的角色，推动着日本在军国主义的道路上越走越远。从明治初年日本觊觎琉球、台湾和朝鲜，到昭和年间日本兴起征服世界的野心，日本外交官在谈判中惯用的施压方式就是"日本人民"对此如何如何不满，所以除非对方让步，否则难免一战。这绝非外交官的应景辞令，而是日本真实的政治生态。如果非要说广大"日本人民"也是受害者，则他们并不受害于侵略或军国主义，而只是受害于失败。一头狮子率领的一群绵羊并不能纵横草原，而只有团结一心的群狼才具有最可怕的战斗力，即使率领它们的只是一只绵羊。

把"主义"当作分析和解决问题的症结，最后就只能在"主义"的高低和好坏上进行无谓的争论，而偏离了实质的利益分析。简单地妖魔化某种"主义"，并把一切罪孽都安到它头上，其实是对历史解读的偷懒，这固然有利于把民众都统一到某些主流的

日清贸易研究所肄业生。

思想和框架中，但同时也易培养弱智如同东郭先生者，在贷款、援助、下跪道歉等糖衣炮弹面前丧失分辨力。

中国人自古及今总有一个执着而定义模糊、更难操作的信仰：正义。

同时我们中的大多数人还相信另一个没有任何实证验证的神话：正义必胜。

坚信正义必胜的我们，似乎并没有认真思考过：既然我们手持那么多的"正义"，为什么我们在历史上蒙受了那么多的失败和耻辱而没有"必胜"？

所谓的正义与非正义只是一个政治宣传词汇。甲午战争时期，日军俨然以解放者自居，要从爱新觉罗氏的异族统治下解放同文同种的中国，然后"革秕政，除民害，去虚文而从孔孟政教之旨，务核实而复三代帝王之治"。从大量的日本文献中，我们可以发现日本人对"征服支那"充满了正义感，他们坚信这不仅是解放中国，更是推进中国的文明进步，进而联合黄种人对抗西方侵略。他们的文献中十分自然地自称"神州""华夏"乃至"中华"，号召中国人民起来反抗满洲人的暴政。果然，兴中会得到了日本军方的支持，于广州乘时而起，在忙于应对北方战事的清政府后背狠狠地插上了一刀。

其实，百多年来我们所遭受的外侮，其根源与"正义"毫无关系，而是一曰"怀璧其罪"，你的地大物博正是人家所觊觎的发展空间；二曰"落后就要挨打"，外侮只能说明我们无能和软弱，胜利来自于实力。

在国际政治中，或许是有一些诸如人权、民主、自由等普世原则，但核心就只有一个词：利益。这是至今仍奉行丛林原则的国际政治的实质。历史上所有的争斗（无论是民族之间的冲突还是民族内部的冲突），最后一定会归结到利益，区别无非在于为谁的利益和为什么样的利益。

我们研究中日历史，如果真要起到资治通鉴的作用，则必须摈弃毫无意义的道义之辩，而还原和探究其最残酷的本质——中日之间的利益争夺和调整。温情脉脉的道德说教，往往容易蒙蔽自己，培养出一大帮宋襄公，把"正义"当作力量乃至胜利，甚至天真地以为受害本身便可成为获得"正义"乃至"胜利"的通行证。

美国政治学家米尔斯海默（John J. Mearsheimer）深刻地揭示了国际政治的悲剧本质：国际体系是一个险恶而残忍的角斗场，要想在其中生存，无论国家"好坏善恶"，都别无选择，只能为了权利而相互竞争和厮杀，这是一种零和博弈。他认为，中美之间必然形成对峙和相互威胁。而在我看来，在中日这东亚两强之间也必定要面对同样的历史宿命。

国际社会经常处于无政府状态，这决定了安全的稀缺性。为获取安全而展开的激烈竞争，迫使国家采取进攻性的战略（即使初衷只是为了防御），结果常常导致冲突和战争。而这些冲突，与国家的社会制度、政治体系毫无关系。国家无所谓"善恶"之分，仿佛是型号不同的台球，本质上都按照同一逻辑行事。那种将对手描绘成邪恶或不道德的另类，只是国家在给自己以现实主义采取实际行动时，包裹上一层自由主义（理想主义）的外衣。

"安全关切"像是一个魔咒笼罩在防御方和进攻方身上：进攻者为了安全而进行扩张，防御者为了维护安全而拒绝退让。

基于现实主义理论的"中国威胁论"，便与那些躲藏在意识形态糖衣下的"中国威胁论"有了本质区别，它直指问题的核心：一山难容二虎，大国冲突就是利益冲突，而不是什么正义与邪恶的抗衡。这样带有浓厚历史宿命色彩的论断，揆之中日百年情仇，也能得到充分的验证——两大东亚强国，出于自身安全考虑，无论是维持还是攫取权力，都必然导致冲突。

《支那经济全书》

1890 年，日本内阁总理大臣山县有朋向明治天皇上奏《外交政略论》，认为："国家独立自卫之途有二：一曰防守主权线，不容他人侵害；二曰保护利益线，不失形胜地位。何谓主权线，国家之疆土是也；何谓利益线，同我主权线安全紧密相关之区域是也。"山县有朋的利益线，首当其冲的就是朝鲜，"朝鲜半岛是刺向日本的一把匕首"。这种安全焦虑对于日本来说十分自然，并非为侵略寻找"借口"的造作。从地缘战略的角度，这和中国将朝鲜、越南、缅甸等视为御敌的天然缓冲区一样，没有本质区别。

日本对于中国的防范与顾虑并非杞人忧天。1886 年，北洋舰队在访问长崎时，清军水兵因争妓而与日本警察发生械斗，各有死伤。北洋舰队褪去炮衣，炮口对准了长崎。谈判中，中国方面有人提出"撤使绝交，以兵相胁"的主张。在中国的强大压力下，日本最终被迫赔款。"长崎事件"从此被日本看作国耻。除了对大清本身心存顾虑外，日本人更担心中国和朝鲜一旦沦于列强之手，日本将唇亡齿寒，"征韩论""征清论"的一大动机就是获取大陆基地，"制驭白人之跳梁"。

同样，李鸿章本人也清醒地看到了日本"阴柔有大志"，主张韬光养晦，在表面上与日结好，但实质上处处防范。从国家利益的角度看，当时中日之间的相互猜忌与防范，乃至相互妖魔化，都相当正常，亦无本质区别。日本侵华的根本动力，不在于邪恶，而在于利益。

因为对利益的迟钝，和对道义抱有宋襄公般的执着，我们在对日关系上便呈现出一种"以德报怨"的单恋，以为靠单向的宽容就可以弥合历史的伤痕，缓解现实利益的冲突。

这种"以德报怨"的事例，比比皆是：大到日本理应支付的战争赔款，因时事的需要而慷慨地一笔勾销，数十年后再让人家以所谓"援助贷款"的名义进来支援建设——自己应得的钱，非要变成仰人鼻息的贷款，天下似乎很难找出如此先亏里子、后丢面子的窝心事；小到《南京！南京！》之类的电影，在人家连基本史实都还在竭力否认的时候，急不可待地要从人性的角度去"理解万岁"……

纵观国际冲突历史，放弃大笔战争赔款，基本是只有"善良的中国人民"才能做出来的伟大举动。而列强之中，无论是所谓的民主国家，还是所谓的法西斯国家，在有机会索要中国赔款时，从来都没有客气过。

美国曾经退回了部分庚子赔款，令国人感激涕零，以至于忘记了这本是人家浮收多算而应退的。至于日本，则是中国赔款的最大得益者：先是来自中国的甲午战争巨额赔款，奠定了明治崛起的基础；随后是来自中国的放弃索赔，对第二次世界大战之后日本的复兴起到了重大作用。

孔子当年就对"以德报怨"嗤之以鼻，雄辩地质问：如果"以德报怨"，那"何以报德"呢？大汉王朝时，出于"安全关切"，多次出兵"侵略"匈奴，著名将领陈汤从前线给汉元帝发去一份奏折，表示了"宜将剩勇追穷寇"的决心，"以示万里，明犯强汉者，虽远必诛！"这种"虽远必诛"的阳刚精神，后来便逐渐消亡。小小的以色列和一贯羸弱的犹太民族，却对纳粹战犯表现出了"虽远必诛""一个都不宽恕"的精神，用自己的执着，给我们上了一堂关于什么是脊梁骨的大课。

英雄绝唱，无用悲情

纵观中日历史，一个有趣的现象是：中国英雄多为悲剧的主角，故事也多发生在民族内忧外患的悲秋。岳飞、文天祥、戚继光、林则徐、张自忠，每一位都因为抗击外侮而将英名铭刻在我们民族的凌霄阁中。而日本的英雄，如伊藤博文、乃木希典（日本陆军军神）、东乡平八郎（日本海军军神）等，都是因为开疆拓土而被供奉在靖国神社，受亿万日本人的祭奠。

回眸历史，除了本身就是"异族入主"的元、清以外，自汉以降的整个中国历史，几乎没有任何基于扩张的战争。中国历史的英雄都是被动地被异族的铁蹄激发起来，都是要到了"不愿做奴隶"的"最危险时候"才"被迫着发出最后的吼声"。大汉王朝霍去病主动出击、纵兵大漠的神武事迹，在其之后几乎是绝迹的。"敌可摧，旄头灭，履胡之肠涉胡血。悬胡青天上，埋胡紫塞傍。胡无人，汉道昌。"李太白吟咏霍骠姚的《胡无人》，成为中国文学的绝唱。

与此相比，日本的"英雄"们野心勃勃，甚至某种程度上说是兽性勃勃。日本整个国家战略都是进攻性的，有不少学者都论证了。这是因为其乃小国浮于大洋之上，必须御敌甚至主动迎敌于国门之外，否则，小小的本土毫无战略纵深，很容易被逼到"最危险的时候"。客观地看，所谓军国主义和扩张战略也有其相当的必然性，就如二战前的德国要争取"生存空间"一样，这是一个资源贫乏、区位局促的国家的本能。

自明治维新开始，日本便确立了"继承列祖列宗伟业……宣布国威于四方"的基本国策，与中国历来奉行的"人不犯我，我不犯人"不同，日本十分明确地提出了国家在主权线之外还有一条利益线。1890 年，日本内阁总理大臣山县有朋上奏《外交政略论》，认为"国家独立自卫之途有二：一曰防守主权线，不容他人侵害；二曰保护利益线，不失形胜地位"。所谓的"防守主权线"就是守住碗里的，"保护利益线"则是看着锅里的。这一利益线理论直接成为甲午战争的推动剂。

我们在时刻提醒日本勿忘侵略史的同时，却只提醒自己是个受害者，没有提醒自己去反省何以成为历史悲情的主角呢？受害者这样的身份究竟是耻辱还是荣光？是否因为有了一个可供谴责的强盗和匪徒，我们就可以有理由和借口将窝囊与无能包装成悲壮和高尚呢？

日本在中国的一场场大屠杀，是我们民族的悲剧，更是我们的耻辱。

仅仅控诉暴行，仅仅诉诸悲情，丝毫不能减弱我们应有的自

靖国神社大祭图。

第七章 亮剑，抑或舔伤

责。遗憾的是，日本人被打回老家都已一个甲子，我们却还只沉溺于悲情之中，停留在哭诉的"伤痕文学"阶段，难以自拔，难以深入。一个遭受了过度苦难的民族，如果把精力只是放在控诉上，而不是放在自省和自强上，如果把纪念只是寄托在罹难者身上，而不是寄托在抗争者身上，那它在心理上还是一个弱者。

悲痛如果不化作力量，眼泪就是最无用的化妆品。我们今天或许该问问自己：我们是应该让日本正视历史，但如果它就是不正视呢？我们是应该让日本道歉下跪，但如果它就是不道歉不下跪呢？我们是应该反对日本政要参拜靖国神社，但如果他们就是拒绝接受呢？我们除了叫嚷，还能干些别的吗？

与悲情的眼泪同样滔滔不绝的，就是高喊"抗日"的口水。1895 年，日本著名间谍宗方小太郎在发给大本营的战略分析中认为："中国实属不明日本之真相，虽识者亦甘于表面之观察，轻侮指笑，自以为得者滔滔皆是也。"而以翁同龢为代表的所谓"主战派"，战事未起时，爱国分贝就十分高昂，一力主战，大大压缩了本就回旋艰难的外交空间；战败之后，则"声泪并发，罔知所措"。清廷在无奈之下只好劳动李鸿章出面议和，翁同龢又想设定"赔款可以，不可割地"的限制，李鸿章就将了他一军——"割地不可行，议不成则归耳"——并要求翁同龢一同前往。翁只好说："若余办洋务必不辞，今胡可哉？"其实他也知道在那样的环境下不割地是不可能的了，无非是多割与少割而已，而且最好不要从自己手上割，于是便将和谈的重担及几乎必然招来的汉奸骂名一股脑儿地推给李鸿章。

口水抗日者，正如陆奥宗光在指责胜利后浅薄的日本人一样："对于一切事情往往只出于主观的判断，丝毫不做客观的分析研究，只重内而不顾外，只知进而不知止"，"此时如有深谋远虑的人，提出稳健中庸的主张，就被目为毫无爱国心、胆小卑怯之徒，将为社会所不齿，势不能不忍气吞声，闭门蛰居"。梁启超对口水抗日英雄进行了深刻的描述，说："夫虚骄嚣张之徒，毫无责任，而立于他人之背后，折其短长以为快谈，而迄未尝思所以易彼之道，盖此辈实亡国之利器也。"

这种口头的、激情的、追求剧场效果的"爱国主义"，与需要静下心、沉住气、卧薪尝胆般地学习敌人（师夷长技以制夷）相比，成本低，代价小，见效快。一方面是逢日必反；另一方面是对日本的无知，甚至毫无"知"的愿望。

甲午战争之前，日本的一些热血青年来到中国从事谍报工作，几乎走遍大江南北，进行艰苦卓绝的实地调查；根据他们的情报编纂而成的《清国通商综览》，出版后居然有 2300 多页之巨，比当时绝大多数中国人都更深地吃透了中国国情，至今仍是重要的研究文献。他们当然是中华的敌人，但这样的敌人，在让我们痛恨之外，难道不值得我们尊敬和学习吗？

甲午战争以降的 100 多年，日本不仅成为中国的一面镜子，更深深地成为中国人生活的一部分，甚至成为中国人心理的阀门。

甲午战争的惨败，令中国从这面镜子里看到了自己的落后与

日本明治天皇的官方画像。

愚昧，所以要以日本为师，变法自强；日俄战争中貌似强大的俄国的惨败，中国人又从这面镜子里看到了立宪制度的伟力（当时大国中只有中俄两国是君主专制的"灯塔"，两国为此还曾惺惺相惜过一段时间），所以推动了立宪，乃至共和革命；日本全面侵华后，中国人又从这面镜子里看到了"中华民族到了最危险的时刻"，所以放手一搏，以铁血牺牲换取了重新崛起，一洗百年耻辱。

镜鉴之外，"日本"和"日本人"这两个词已经融入了中国人的主流语汇。

地无分南北、人无分老幼，似都对"日本"和"日本人"有着自己坚定的见解。我甚至于常常想：如果没有日本的话题，中国人的生活会不会单调？如果没有日本这个被诅咒的对象，中国人的心理会不会失衡？如果没有日本这个卧榻之侧的劲敌，中国人还会不会有"冒着敌人的炮火前进"如此强烈的忧患意识？甚至，颇为流行的口水抗日，尽管于事无补，但这种情绪于国于民未尝不失为一种心理诊疗手段——从国家的角度而言，这样一个假想敌的真实存在，或许能有效地凝聚民心士气；从个人的角度来说，能极大地宣泄个人的不平心态，尤其在这个风云激荡、容易积郁的年代。

国家竞争，固然需要激情，但更需要冷静，这和近身肉搏需要气定神稳的道理是一致的。日本作为我们的"全民公敌"和"移情寄托物"，给了我们难得的全民认同的宣泄口；而日本作为镜子，也让我们看到了一个未必是变革年代所独有的心浮气躁。

进一步看，即使民意只是寻找宣泄的出口，一旦汹汹成势，也能裹胁政策，再加上政府对民意浪潮的本能地规避或有意识地引导，其势必更为汹涌，最终形成国家意志的宣泄。中日民间的敌对情绪，在考量中日之间冲突的必然性以及可能达到的烈度时，是一个不能被漠视的重要向量。

中日百多年来充满爱恨情仇的历史，其骨子里依然是"利益"二字。

为了国家利益，日本发动甲午战争，它的铁蹄却唤醒了中国人的民族意识；为了国家利益，中国人在民族意识支配下，真诚地以日为师，甚至幻想着黄种兄弟联手对抗西方；为了国家利益，日俄战争前后日本竭力拉拢中国，随后又从中国"兄弟"这里攫取更多利权，乃至欲图吞并；为了国家利益，觉醒了的中国要奋起反抗，"把我们的血肉筑成我们新的长城"；为了国家利益，中日两国至今也在有意无意地利用历史资源进行博弈……

1887年，日本参谋本部陆军部第二局局长小川又次大佐在《清国征讨方略》一书中写道："今日乃豺狼世界，完全不能以道理、信义交往。最紧要者，莫过于研究断然进取方略，谋求国运隆盛"，"兵力不整之时，万国公法亦决不可信……既不足恃，亦不足守"，这样有见地的、赤裸裸地直指国际秩序核心的想法，即便出自我们的敌人之口，至今亦值得回味与咀嚼。

流产的中美德联盟

这个世界，谁都不是省油的灯，即使是弱者。上天给了所有人下棋的能力与机会，这就叫博弈。大清国尽管积弱，但从来没有停止过突围的挣扎与崛起的努力。1909 年年初，载沣就下了一着相当生猛的棋，矛头直指大清国最为凶狠的两大劲敌——北方的俄国熊与东方的日本狼。这一外交突围的核心就是：左挽美利坚，右携德意志，共同对抗英日俄法的松散同盟。

中美德三国跨越亚洲、美洲与欧洲，一旦建立同志加兄弟关系，就必将改写中国历史乃至世界历史……

最早提出中美德三国同盟的是德国皇帝威廉二世。吊诡的是，威廉二世也是"黄祸论"的大力提倡者，但这并不矛盾——无论是"黄祸论"还是与中国结盟，其核心都是德国的国家利益。

值得注意的是，当威廉二世大声嚷嚷"黄祸论"时，他的矛头从不针对中国，而是日本。西方的梦魇是，崛起的日本如果与中国结成黄种人的大同盟，那西方将面临又一次成吉思汗般的威胁。为了对抗这种"黄祸"，必须将中日区别对待，西方应该在中国的改革和进步方面主动地发挥引导作用，使中国成为一个于西方"无害"的温和大国。

德国的宿敌是英国。英国在甲午战争前一直是中国的"准同盟国"，中英关系密切；但甲午战争中英国选择了日本，中英关系迅速疏远。英德两国在欧洲剑拔弩张，在远东也不消停，随着英日关系迅速升温，英日两国在 1902 年缔结了同盟条约，这使日本可以在远东与沙俄放手一搏。

日俄战争后，英日同盟在远东占上风，并积极拉拢法国和俄国，几乎形成了寡头垄断的局面，这显然不符合后起的德国与美国的利益。因此，德国在 1906 年正式提出了中美德三国同盟的构想，威廉二世亲自召见大清驻德公使孙宝琦，兜售这一对世界和平与中国独立有着非凡意义的方案。

当时掌舵的慈禧太后对此十分重视，但经过慎重研究，考虑到英、日可能的激烈反弹，暂时没有接受德国抛出的这一绣球。

随后，列强在远东的均势进一步倾斜。在英国的斡旋下，日本甚至与宿敌俄国握手言欢，通过一系列复杂的双边条约，英、法、日、俄四国结成了事实上的松散的战略同盟，德国在远东遭到"封杀"，同样受到冷遇的还有美国及其主张保持中国独立的"门户开放"政策。

对于德国的建议，美国相当积极。在罗斯福总统的推动下，美国国会通过决议，向中国退还多收的庚子赔款，专门用于招收中国的公派留学生。美国在严正重申"门户开放"、维护中国独立与主权完整的同时，还派出 16 艘最先进的战舰组成远洋舰队，巡视太平洋，向日本进行武装示威。

日俄两国握手言欢后，在大清的龙兴之地东北采取了咄咄逼人的进攻态势，东北面临着被瓜分的危险。当时袁世凯已经升任军机大臣，主管外交事务，在他的主导下，大清政府开始积极回应中美德三国同盟。

美国"海归"、袁世凯最为亲密的助手唐绍仪，受命于1908年秋率领代表团出访美国，表面上是为了答谢美国退还庚子赔款，实际上肩负两大使命：一是为东北的开发开放争取美国援助，二是推动中美德三国同盟的建立。美国朝野对此也高度重视，《纽约时报》破天荒地专门刊发了两个整版的长篇报道，配发了唐绍仪的大幅照片。

为了防止干扰，中美德三国在接触中采取了严格的保密措施，但还是没有能躲过日本在华庞大的谍报网及英国在欧洲的谍报网。这成为中日之间的一场赛跑：还被蒙在鼓里的唐绍仪代表团在途经日本时被日本人以各种理由拖住行程（从之后的历史中，我们将一再地发现日本在这些方面的不择手段）；而日本则迅速加快了与美国的秘密谈判，以重大让步换取美国的支持，并赶在唐绍仪到达美国的当天签订了《罗脱－高平协议》——美国以承认日本在东北亚的特权，来换取日本对维护该地区工商业机会均等的承诺。

唐绍仪访美实在不是时候。他刚到美国，就从国内传来了光绪皇帝与慈禧太后相继驾崩的消息，美国政府面对中国不确定的局势，尤其是"改革旗手"袁世凯的去留未卜，犹豫了。在康有为、梁启超等人多年的政治抹黑运动中，西方普遍相信袁世凯与光绪皇帝是不共戴天的仇人，慈禧太后逝世后，大权在握的摄政王载沣一定会对袁世凯进行政治报复，甚至杀戮，为其兄光绪皇帝报仇。康有为在第一时间向国内发出电报，要求诛杀"奸臣"袁世凯，并在美国积极活动，争取国际援助。这些倒袁行动都得到了日本的大力支持。事实上，赶在唐绍仪之前签订日美协约并无本质的意义，但美国有史学家认为，这正是日本人要通过破坏唐绍仪的出访来间接打击大清国的头号"抗日分子"袁世凯。

美国方面此时正值大选结束，已担任两届总统的罗斯福铁定下台，共和党的塔夫脱（William Howard Taft）在选战中胜出。虽然塔夫脱的任职经历表现出了对华的友好姿态，但处于新旧衔接之中，观察与等待是必然的。

美国人的态度还是相当友好的，即将卸任的罗斯福总统选择了新皇帝登基这天（1908 年 12 月 2 日）接见唐绍仪，重申美国将继续重视发展与中国的友好关系，推动中国的改革与进步。候任总统塔夫脱也作了类似表示，同时委婉地指责中国因保密工作不严，被日本占得先机。

日美条约的缔结，标志着中美德三国同盟已经难以在形式上建立。但是，以中国为核心、着眼于远东角逐的中美德三国友好关系并没有受到本质的影响。

塔夫脱上任时，美国著名记者汤姆斯·密勒（Thomas F. Millard）在《纽约时报》上指出："在西方国家中，没有任何国家像美国这样真诚地祝愿大清国繁荣昌盛，也没有任何国家像美国这样在帮助大清国实现其合理的发展志向方面给予它精神鼓励和物质支持。在未来的 4 年中，一个很有价值的参考因素将是塔夫脱总统本人会发挥出怎样的影响。在所有到访过大清国的外国人中，没有任何人能比塔夫脱总统对大清国所有阶层所形成的印象更深刻……很难想象，大清国这个正在露出端倪的新政治集团不会把它自己的国家与美国的关系拉得更近，并且增加我们美国的威信和影响力，而我们自己的国家战略也应是通过一切正当手段以达到此目的。"

事实也证明，在塔夫脱总统任内，中美关系得到了长足的发展。大清随后派遣多个级别很高的代表团出访美国，中美在政治、军事和经济领域进行了全面的合作，连极少接收海外学生的美国西点军校也罕见地对大清学子敞开了大门。

一纸相当原则的条约并没有能消磨日美之间的猜疑，日俄开战时，不少日本士兵在到达前线时还以为是对美作战。美国的远东政策核心就是帮助中国对抗日本，可以说，如果没有美国的强力介入，日俄早已瓜分中国东北。中美自此开始了长达 40 多年的蜜月期。

中德也迅速成为同志加兄弟。大清高级军事代表团接连出访德国，受到了超规格的接待。德国一如甲午战争前，继续在军事上强力支持大清国。即使在大清政权最为动荡的 1910—1911 年，德国依然决定如期推进其皇太子的访华，这被视为对清政权的有力支撑。中德这种因抗日而生的"友谊"，一直保留到了第二次世界大战，民国政府即使在一战中选择了对德宣战，也没有受到实质的伤害，德国军援在后来抗击日本的全面侵略中发挥了巨大

大清国的夫人外交：王公眷属与外国使节夫人合影。

的作用。有意思的是，威廉二世后来拒绝希特勒的邀请回到德国，根本原因就是希特勒放弃了抗日的大旗而与日本人勾搭在一起。

在辛亥革命爆发前，美国已承诺帮助大清重整海军，而德国则成为大清陆军建设的主要后援。暴动发生后，美、德两国都对清政府表现强力的支持，对反叛势力并不看好，德国驻华军队甚至直接为清军提供武装支援。这样的举动，一般被主流史家解读为"帝国主义亡我之心不死"，但考虑到在所谓的"革命党"背后同样有着更为浓烈的日本"帝国主义"，美、德的"反动"行为便似乎有了更为合理的逻辑解释。

辛亥年，包括美、德在内的驻京外交使团联合发表了一个声明，内称："中国若能和平停战主持立宪，则全球所欲盼；倘匆匆于战斗之际，急欲成立共和国，恐非时势所能，亦适启内地纷争之祸，实非中国之福。"

此后的事实被不幸而言中，早产的共和只是推翻了一个皇帝的名称而已，更多的不用皇帝头衔的"准皇帝"们风起云涌，中国的宪政很久都难以恢复到晚清的水准。自然，流产于1909年的中美德三国同盟也成为历史的一声叹息……

大清海军搁浅泥沼

1909年9月3日，东海之滨的浙江象山举行了开港仪式，大清国重整海军强国梦。

这一天，"风和日丽，景象倍形佳胜"（载洵奏折），24 艘新式战舰和无数的旧式水师炮艇及民船聚集在海湾内，岸上则聚满了无数的绅商士庶，一同见证这一振奋人心的时刻。

大清国最先进的"海圻"号巡洋舰是此次开港典礼的旗舰，只见"海圻"号上红旗舞动，发出了信号，岸上的工兵便点燃引信，引爆炸药。大块大块的山石崩裂开来，落入海中，激起巨大的浪花。湾内的军舰此时一同鸣放 21 响礼炮，制服鲜亮的官兵们站坡列队，向黄龙旗庄严敬礼。

礼炮声停止后，筹办海军大臣、郡王衔多罗贝勒载洵与大清海军总司令（海军提督）萨镇冰在旗舰上领头高喊："大清国万岁！皇上万岁！军港永久！"所有在船人员，包括闽浙总督松寿、浙江巡抚增温，以及围观的民众，此时也一起放声高喊万岁。官绅商学、军民人等群情振奋。

载洵事后写给中央的报告中，说深深地为百姓"爱戴我皇上而深盼海军早日成立，藉资卫国以卫民"的殷殷期盼所感动。

大清国以巨大的热情，依托强大民意，试图在百废待兴、捉襟见肘的穷困财政下，勒紧裤腰带，建立一支强大的海军，重振当年北洋舰队名列世界八强的雄风，在这个靠坚船利炮才能获得发言权的国际政治丛林里发出属于中国的强音。

一个月前，雄心勃勃的重建海军七年规划公布。这个规划提出，在整顿各洋旧有各式兵轮的基础上，在第 3~7 年的 5 年里，添造头等战舰 8 艘、巡洋舰 20 余艘、各种兵轮 10 艘，编制第一、第二、第三各队水鱼雷艇；编定北洋舰队、南洋舰队及闽省等各洋舰队；成立各洋军港和船坞；设立海军大学，等等。规划刚一公布，载洵、萨镇冰就冒着酷暑，出京巡视沿江沿海各省防备，足迹遍及天津、山东、江苏（含上海）、浙江、福建、广东、江西、安徽、湖北9省，历时一个多月。

这是中国历史上最为系统的一次海防江防大检查。

令大清中央政府头疼的是，重整海军的雄伟蓝图被困于财政的泥沼之中。根据规划，重建海军需筹措1800万两开办经费和200万两常年经费，1909年10月就必须至少筹得开办费1134万两、常年经费168万两。这笔巨款，由中央财政和全国各省分摊，但始终遥遥无期。

大清国实在是太穷了。《马关条约》和《辛丑条约》的两笔赔款，其数额之巨创下了人类历史上战争赔款之最高纪录，大清财政基本成为"赔款财政"。此时，正在努力塑造国际新形象的大清国又全力推行"禁烟运动"——这是一件从根本上利国利民的大好事，但其骤然实施，造成作为财政收入主要来源的鸦片税（"洋药税"及"土药税"）锐减，财政更为拮据。

新设立的财政部（度支部）由满洲贵族中最为能干的载泽出任部长，而他并不认同中央发展海军的战略，认为应当首先发展陆军才能将有限的资源发挥出最佳的作用。有关陆军与海军的发展顺序，本是一个见仁见智的话题，自同治年间就一直成为政争的焦点，但问题在于，既然中央已经形成了同步发展海军的决议，并在经费筹措上进行了详细分解，作为财政部门就该严格地执行，而载泽却表现出了畏难和退缩，甚至要求辞去其所兼任的海军协办之职，理由是自己连在颐和园的昆明湖开船的经验都不具备（疏浚昆明湖的一大理由就是开设海军学校，这被普遍认为是慈禧太后挪用海军军费的罪证），没有资格参与纵横四海的海军大计。

载部长的牢骚自然是相当刺耳的。重建海军的决策层中，除了萨镇冰参加过甲午海战外，摄政王载沣、筹办海军大臣载洵都是20多岁的年轻人，同样没在昆明湖里开过船。载沣装傻，降旨挽留载泽。根据当时的报纸披露，在讨论海军经费筹划时，这位财政部长装聋作哑，不置一词。

除了中央内部扯皮外，地方大员对重建海军多是坚决拥护而一毛不拔——表态很积极，行动很迟缓，虽然踊跃认摊，但都带着"设法腾挪""稍宽期限"的前提。地方大员们的阳奉阴违激怒了年轻气盛的载洵。根据《申报》报道，他提出各省如能切实执行，至少可以节省靡费1000余万两，足够海军开销。享受郡王级别的载洵，有办事的雄心，但毕竟是出身大宅门的公子哥，对官场的水有多深多浑并不了解——那些铺张浪费、大吃大喝而靡费的钱，如果靠一道政令就能节俭起来，大清国早几年就足以建立起好几支强大的舰队了。

其实，真正困扰着大清海军的，除了经费困难的财政泥沼外，更为根本的还是政令不通的行政泥沼。

自太平天国运动以来，清政府下放给地方的，不仅是财政权，还有以财政权为核心的几乎所有行政权力。中央权力所赖以运行的，只留下组织人事权的杠杆，而这一杠杆的运用很大程度上也要依赖决策者的个人威望和手腕，否则难以对抗地方大员的本位主义与离心倾向。咸丰三年，河南地方官就敢截留路过河南地界的陕西协饷，俨然收取买路钱的山大王，49000两的银子只还给中央14000两，最后也还是不了了之。

在晚清有关财政的上谕中，经常能发现诸如要求地方督抚们"发现天良，力顾大局"之类的"软话"。曾国藩也曾指出："户部之权日轻，疆臣之权日重。"《泰晤士报》记者、后来担任袁世凯顾问的澳大利亚人莫里循也指出："在中国，财政无疑像一块礁石，而国家这只航船很可能触礁沉没。"这其实成为晚清包括财政权在内的资源控制地方化的最好写照。

财政散漫造成"一切政治皆有空言而无实效"，成立度支部就成为宣统朝改革的重要内容，不仅是预备行宪的关键环节，更是"综理全国财政"的要端。度支部将全国税收分为国税和地税两部分，国税必须无条件上缴中央，中央并据此编订全国预算，其核心为军费预算。应该说，这是建立一个高效统一的国家财政的必由之路，并非所谓的"腐败的满清政府的垂死挣扎"。但军费开支一直成为地方与中央博弈的焦点，在新设立的准议会资政院内，多数由地方督抚选拔推荐的议员也要求缓办海军，令中央政府十分尴尬。

尾大不掉实际上成为大清国致命的顽疾。地方大员们以地方利益为重，往往自行其是，乃至以邻为壑。大规模"改革开放"带来的新增经济实力，并没有能集中服务及服从于国家的整体建设，却为根基于天下观念和乡土意识的地方离心倾向提供了坚强的经济基础。中央财政日益枯竭，无法为社会提供足够的公共品，连重建海军这样得到民意支持的国防大计也难以实施。

在重建的海军中，大量官兵来自福建和广东，在军内形成了浓厚的同乡会地方势力。根据未被后世修正过的原始记录，辛亥年间大清海军集体"投奔革命"，主要并非意识形态上的追求，而是因为革命党人中多有广东和福建老乡，老乡见老乡，就跟着一起反政府了。何况，作为当时最现代化的武装力量，海军自身也在全社会的"靠山吃山"氛围中，成为独立的利益追求者，要在这风云诡谲的乱世中实现自身的利益最大化。

一支强大的海军，必须要有大到政治体制、小到财政体制的"深水良港"的配套支持。晚清海军虽有亮剑南海的勇气、巡航美洲的实力，但终究还是搁浅在了财政枯竭和地方离心的泥沼中……

蛟龙捍海：晚清海军扬威世界的五个瞬间

大西洋上，一支并不庞大却装备精良的舰队正在鼓浪向东。金发碧眼的英国海军官兵驾驶着军舰，舰桥上高高飘扬的却并非大英帝国的海军旗，而是一面新旗：黄色的对角交叉线贯穿绿底，旗帜中间是一条舞动的青龙。

这是大清帝国海军的首面军旗，它导引的这支舰队就是西方军史宣称的"中英联合舰队"（Angelo-Chinese Squadron）或"中欧联合海军"（European Chinese Naval），被历史学界多称之为"阿思本舰队"（Osborn Fleet）。

这是大清国第一支现代化的海军舰队，采用了完全引进技术、引进人才的方式——所有舰艇均采购自英国，舰队官兵也都从英国海军中招募。英国朝野对此给予了高度重视。为加强自己与大清国的"友谊"，抗衡法国和俄国在远东越来越咄咄逼人的进取态势，英国人同意这一单巨额的军火交易，而且不惜提供了最先进的技术，其中的"江苏"号（Kiang-Soo）就采用了不少专利新技术，其最新式的引擎速率达到普通引擎的 7.5 倍！这是 1863 年，中国人从这一年开始重回大洋，在百废待兴的艰难中兴建海军。尽管之后的海军历史充满了屡战屡败的屈辱，甚至被后世人为地贬抑并妖魔化，但那面明黄大旗上飞舞的青龙、那亮剑大洋的骨气却从来没有中断过。屡败屡战的同时，大清海军的坚船利炮在历史上留下了"该出手时就出手"的阳刚瞬间……

1886，炮指长崎

8 月 15 日，在日本历史上似乎总是屈辱的日子：1945 年的这天，日本帝国向全世界低头，宣告无条件投降；而一个甲子前（1886 年）的这一天，日本人同样将它作为国耻日记入了历史。

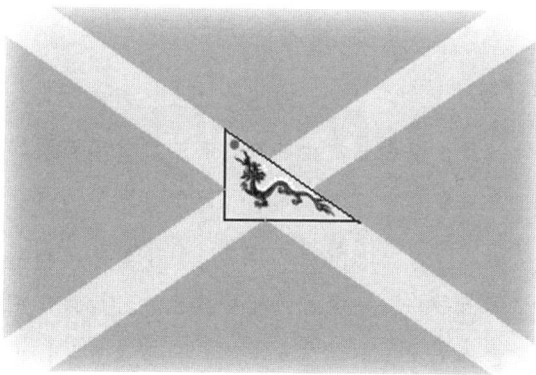

英国人设计的第一面大清海军旗。

这一令日本人没齿不忘的耻辱来自于正在长崎访问的北洋舰队。数百名中国水兵与日本警察相互械斗，双方都有严重的伤亡。这一事件，如同中日近代史上的其他事件一样，在两国历史界出现了不同的结论乃至史料，甚至连事件的名称也出现了"各自表述"：中国称为"长崎兵捕互斗案"（简称"崎案"），日本则称为"长崎暴动""长崎清国水兵暴行"。

根据日本人的记载，两天前（8 月 13 日），日本方面邀请北洋官兵登岸"血拼"，以期拉动长崎的 GDP。一些水兵却"血拼"到了当地妓院"丸山家"，酗酒之后与当地人发生冲突。闻讯赶来的日本警察没有携带武器。中国水兵和警察发生冲突，两人被捕，其余的逃离了现场。

随后，逃走的中国水兵召集了约 15 名同伴，冲入警察局。当时，根据北洋舰队司令丁汝昌的命令，水兵登岸一律不得携带武器，但有一名水兵在岸上购买了一把日本刀，在双方打斗过程中将一名日本警察刺成重伤，他本人也受了轻伤并被捕，之后被移交给大清国领事馆。

8 月 15 日，北洋舰队放假一天，450 名水兵上岸自由观光。上岸后的水兵们到处滋事，与警察发生冲突，有的将日本警察的帽子打落，有的辱骂日本警察。日本警察在"忍无可忍"的情况下要抓捕肇事者，结果双方发生大规模的械斗。日本警察全副武装上阵，长崎市民"同仇敌忾"，群起攻击中国水兵。最后，中国方面"致死五名，重伤六名，轻伤三十八名，无下落五"；也有说中方"死八名，伤四十五名"，日方"死二人，伤二十七人"。

根据中国方面的记载，这一事件起因于之前的妓院纠纷，完全是日本人"有组织有预谋"的报复。前一天，日本人就在周边的乡镇遍传消息，召集拳师，暗藏利刃，并事先通知长崎闹市各商铺提前关门。中国水兵一上岸，即陷入了长崎"人民战争的汪洋大海"，不仅有警察、地痞的正面攻击，街道两边店铺内的人也或向北洋水兵扔石块，或从二楼泼开水。手无寸铁的北洋水兵伤亡惨重，事后验查，其伤亡者几乎都是背后受伤。

事件发生后，北洋水师群情激愤。据未经核实的有关记载，定远、镇远、济远、威远四舰迅速进入临战状态，退去炮衣，将炮口对准了长崎市区。中国国内也是一片愤怒，北洋水师的外籍教官琅威理建议立即对日宣战，武力解决。

日本史料记载，李鸿章紧急召见日本驻天津领事波多野时明确表示，如果日本方面不能妥善处理该事件，将电令在日本的北洋舰队"自由开战"，等于是发出了战争的威胁。

次年，这一事件甚至被东京的明进堂出版社编入了英语会话教材《英和独习会话篇》中，用英文问答的方式，将事件的责任完全归咎于中国方面，"控诉"北洋军队的暴行，以向西方进行宣传。至今，我所接触的日本史书，多数依然将其定性为中国水兵的"暴行"。

这一事件中可以肯定的是：

一、事件导火线的确是北洋水兵嫖妓肇事，李鸿章也承认长崎事件后，日本幻想着自己的舰队有朝一日能令中韩望而生畏。

这是长崎事件后的日本漫画。

"争杀肇自妓楼，约束之疏，万无可辞"，但他也说："弁兵登岸为狭邪游生事，亦系恒情。即为统将约束不严，尚非不可当之重咎，自不必过为急饰也。"

二、北洋舰队访问日本，固然有利用长崎船坞对大型军舰进行修理的客观因素（中国当时的船坞均无法容纳定远等巨舰），也的确有"宣威"日本的意图在内。当时中日之间已经因朝鲜和琉球问题而关系紧张，相互之间已将对方看作第一假想敌。在琉球问题的刺激下，大清大力发展海军，北洋舰队迅速跻身世界八强，访问日本。

在宣威日本的动机下发生了这样的事件，强大的北洋舰队又待在人家大门口，即使没有直接将炮口对准长崎市区，日本人也会将这看作是一种严重的威胁。这一事件在英国斡旋下，双方妥协，同意各自缉拿凶犯，相互赔偿伤亡者。但日本人认为自己是在中国的坚船利炮下无奈妥协，耿耿于怀。中国威胁论立即成为日本主流民意，外交交涉完毕后一个月，明治天皇就颁发赦令："立国之务在海防，一日不可缓。"特别拨出私房钱（内帑）30万日元，给海军专用。日本上下掀起了建设海军的高潮，大清国最为强大的定远、镇远两舰成为日本家喻户晓的第一敌人，击沉定远、镇远两舰模型成为日本孩子最热衷的游戏。

长崎事件，无论其间是非曲直，都是大清海军第一次"以威压人"。在这个奉行弱肉强食的丛林世界中，从所谓的"以德服人"进化到"以威压人"。

1894，争权东海

1894 年 9 月 20 日下午 3 点，福建白犬山左近洋面，一艘没有旗号的神秘商船正向北快速航行，船舷上书写着船名 Pathan（"巴山"号）。

忽然，从它的后方高速出现了一艘大清军舰，这就是南洋舰队的主力舰、当年曾经重创法军尼埃利舰队的"南琛"号。

"南琛"舰以旗语命令"巴山"号停船，"巴山"号置之不理；"南琛"舰于是放空炮两响，"巴山"号立即挂出英国国旗，但依然不停；"南琛"舰再度鸣炮示警，该船始停。

这几日，"南琛"舰奉命在这一带海域搜寻一条为日本走私军火的英国商船。"巴山"号不仅不悬挂国旗航行，而且在相关的船运公报中根本就没有登记航讯，十分可疑。

"南琛"舰舰长袁九皋命令三副带队，登上"巴山"号取回货单、船牌（执照）。经核查，货单内就有运往日本的手枪、枪弹等。"南琛"舰果断扣押"巴山"号，押送到基隆港，请淡水海关税务司马士（Hosea Ballou Morse）派人进行检查。

"巴山"号是满载之船，发往日本的货都在舱底，如果要查，必须把上面发往上海的所有货物清卸干净。马士建议，可以派人押送"巴山"号到上海卸货后，再将运往日本的货物逐件检查。但"巴山"号船长将舱门封闭，拒绝检查。中国官员随即强行开舱。英国领事则提出抗议，并发出了最后通牒。中国官员无奈，终于同意到上海再进行搜查。

10 月 5 日，"巴山"号在海关押送下离开台湾前往上海。上海方面，江南苏松太道刘麟祥已经做好充分准备，并行文英国总领事韩能，要求其派员一同查验。

10 月 7 日晚，"巴山"号抵达上海，因吃水过深，暂泊吴淞口，以驳船装卸。海关为"一昭慎重"，命令过驳时将其所有舱柜加贴封条，送达码头后统一开验。货物驳至招商局虹口码头，海关约请苏松太道于 10 月 10 日上午 7 点开始共同查验。

10 月 9 日，韩能照会刘麟祥，表示将协助"巴山"号的船东就中国"无故扣押"一事进行索赔，遭到刘麟祥严词驳斥。

"巴山"号上舱运送到上海的货清卸完毕，发往日本的货物已经露了出来；但此时，江海关税务司、英国人贺璧理（Alfred Edward Hippisley）却另生枝节，声称因该船离开纽约时中日尚未宣战，如有军火，货单上应该不会隐瞒，所以只要查验货单就可以。

刘麟祥对此绝不同意，双方发生激烈争执，英国公使也在北京向总理衙门施加巨大压力。在中国衙门之间扯皮之际，10 月 26 日，"巴山"号在没有进行必要搜查的情况下，被大清海关中的英国籍洋干部们放行，离开上海开往日本。

"巴山"号走后，英国驻上海领事馆随即要求中国对"违例扣留"之事进行赔偿。刘麟祥据理力争，英国外交官胡搅蛮缠，甚至说那些在台湾就已被查获的手枪"专作玩具"。

英国政府将此事提交给了伦敦的皇家法院，法院认为，虽然"巴山"号携带了违禁品，但因为"该船系被带往一不合理地偏离该船航线的港口，而且既没有起诉也没有打算到任何捕获法庭起诉便被扣留，没有经过任何审判程序"，所以英国政府"支持船主一方提出合理的赔偿要求"。英国随后正式向中国提出了5000英镑的索赔要求。

署理台湾巡抚唐景崧激愤地质问英国人："若谓仅弹枪三箱，所值无多，何以指为军火？试问枪与弹不算军火，何物谓之军火？既可少载，岂不可以多载？当日南琛在洋面既见巴山军火，确凿有据，焉能不带至基隆听候查验？该船既无违禁之件，何以先不进口？何以一经查至下舱，即封闭不服查验？所称延误，乃其自取……此案考之公法，中国既有应查之权，即无违例之处，更无认偿之理也。"

刘麟祥则更一针见血指出："历来中外交涉，领事本以偏袒为能事，以期见好于商人。故遇事必多方辩难，迨知理屈，又以护前不肯自休。"他认为对此事应"设法因应，从容理论"。

当时中日甲午战争正在关键时刻，中国需要英国的支持。总理衙门经过多方权衡，只能违心地接受了英国方面的勒索，赔款了事。

"巴山"号事件中，南洋舰队在面对英国商船时毫不手软。而从台湾、上海到北京，中国各级官员们都表现出了寸土必争的信念，最后虽然出于大局不得不妥协，但这也给更大范围内的外交折冲提供了回旋余地和讨价还价的砝码，"南琛"舰也因此在外交史上留下了强悍的一页。

1900，阻寇三门湾

1899 年 10 月，重建后的北洋舰队接到命令：做好南下浙江沿海的准备，要对即将入侵的意大利舰队予以痛击。北洋上下士气高昂，大型主力驱逐舰"海天"号舰长刘冠雄表示：主客异势，"义（意）人远涉重洋，劳逸殊形，况我有海天、海容、海筹、海琛等舰，尚堪一战"。北洋舰队司令（统领）叶祖珪命令各舰做好相应的战斗准备。

在天津小站的袁世凯也同时接到命令，率领新建陆军秘密向山东沿海集结，准备抗击意大利人可能的入侵。山东巡抚毓贤下令全境严防任何意大利人以任何名义进入。甲午战争之后，中国陆海军第一次动员起来，准备打一场国土保卫战。

面对大清帝国的强硬，意大利人相当郁闷：他们好不容易从地图上选中浙江沿海的三门湾，发现那里还无列强问津，本以为只要稍加恫吓，中国人就会乖乖就范。当时正被内政和外交弄得焦头烂额的意大利，实在太需要一点点好消息来振奋一下低迷的民心士气。其国内矛盾重重，民众与政府严重对抗，政府向示威群众开枪；对外方面，装备精良的意大利军队在阿杜瓦战役（Battle of Adowa）中败给埃塞俄比亚——"不敢想象，一个文明的欧洲国家的军队会在一名非洲酋长和士兵的手中遭到如此巨大的灾难"，意大利随即被迫退出埃塞俄比亚。

在非洲大丢颜面的意大利，决心在东方找回自己的尊严和利益。具有讽刺意义的是，他们派遣到远东想打开中国大门的驱逐舰，名字居然是"马可波罗"号。这位身怀利刃、心怀叵意的"马可波罗"号，在中国沿海转来转去，选中了浙江的三门湾——这是个天然的良港，而且最接近中国的生丝产地。此时丝绸工业是意大利的支柱产业，必须依赖中国的生丝供应。

1899 年 2 月，意大利向中国政府发出了照会，要求参照旅顺、大连湾先例，租借三门湾为军港，要求修筑一条从三门湾通往鄱阳湖的铁路，将浙江南部列为其势力范围。

意大利人没有想到，中国方面因为事先得到了法国透露的情报，对此照会干脆就不拆看，原封退回。这下子意大利人感觉受了奇耻大辱。

在国内好战派的鼓动下，意大利政府准备向中国政府提交最后通牒。在罗马向其驻北京公使马蒂诺发出这一电报之后，因英国愿意帮助意中调解，罗马又立即发出了第二封电报，要求驻京公使不必提交最后通牒。

但不知何故，两封电报到达的顺序被颠倒了，马蒂诺以为那封后到的递交最后通牒的是最新指示，于是强硬地向中国政府提出：如果在 4 天之内不接受意大利的要求，意大利将与中国断交，其舰队将攻取三门湾。

意大利的最后通牒成为西方各大报的头条新闻，而罗马外交部并不知情，还在竭力辟谣；弄清情况后，意大利政府尴尬万分，下令马蒂诺立即撤回最后通牒，并回国述职。

新任公使萨瓦戈勉强上任，来收拾马蒂诺留下的烂摊子，他带了4艘军舰同行，到达上海后便不再北上，意在施加压力。此时，意大利内阁在国内政治危机中倒台，新上任的外交部长一改前任的强硬立场，希望只要能让意大利体面下台阶，哪怕只租借到一个小小的加煤站，就可以息事宁人。但萨瓦戈认为事到如今，只有与中国强硬到底。萨瓦戈带着舰队在上海干等了一个多月，中国方面对他冷处理。在罗马的严令下，他只好到北京任职，了解到中国政府已做了全面开战的准备，慈禧太后在宫廷会议上表示，一把黄土都不给意大利人。

列强们纷纷与此一事件进行"切割"，意大利陷入孤家寡人的境地，其海军当局也表示，面对中国的军力，意大利没有能力开战。无奈之下，外交部最后严令萨瓦戈放弃任何进一步的行动。

更令意大利人颜面丧尽的是，在谈判中，萨瓦戈向中国方面强调意大利不仅是文明的摇篮，而且是现实欧洲政治的一支重要力量，是"欧洲公会"（Concept of Europe）的重要成员——但他们的翻译却将"公会"翻译成了"剧场"，中国代表们听得一头雾水。《泰晤士报》驻京记者莫里循将这一丑闻刊登到了报纸上，并嘲讽意大利人在整个三门湾事件中的表现果然是一场"闹剧"。

这场"闹剧"以中国的完胜而告终，包括北洋海军在内的军事动员与反威慑在其中发挥了重要作用。而此次胜利，彻底断绝了欧洲众多小国想跟在列强身后从中国龙身上咬一块肥肉的念头，阻止了中国外交环境的进一步恶化。

1909，巡航西沙

1909 年 5 月，广东水师驾驶着两条破旧的军舰登上了西沙群岛，勒石刻碑，宣示主权。这两艘军舰，一名"琛航"，另一名"伏波"，均是福建船政自行建造的木壳军舰，船龄老，马力小，在 1884 年的马尾海战中均被法国舰队击沉过，后来打捞修复，属于废物利用。

这两艘军舰是当时广东水师提督李准唯一能立即调遣的力量，虽然部下都建议他为了稳妥起见还是电告海军部另派大型巡洋舰，但他坚持认为时不我待，必须立即成行，在西沙各岛宣示主权。

李准的急切是有原因的。此时，与日本人进行的东沙岛谈判已经结束，日本同意归还东沙岛，而谈判争执的焦点就在于日本人认为东沙岛为"无主荒地"。李准亲自检查了"琛航""伏波"两舰，进行了严格的维护和加固；并在准备大米、罐头、淡水等的同时，另行准备了种羊、种猪和种鸡，以及各种稻粱麦豆种子，以备在西沙各岛上放养种植。

这支考察队伍是庞大的，包括两艘官兵和李准的卫队排在内，加上当地官员、商人、测绘员、化验员、工程师、医生、各种工人等，共有 170 多人。

从李准留下来的回忆录看，此次西沙宣示主权更多是一种开疆拓土的感觉，整个过程充满了兴奋和激动。

舰队在榆林港停留了几天，5 月 29 日（农历四月十一）下午

4点起锚航向西沙，但因为两艘老式军舰马力太小，被洋流带偏了航道，本应当天晚上到达的第一个岛屿，直到次日中午才靠岸。

李准将此岛用坐舰之名命名为伏波岛，并指挥军人和工人，在珊瑚石上刻下了"大清广东水师提督李准巡阅至此"的字样。他们还在岛上伐木建屋，在屋侧树了一根5丈高的白色桅杆，在桅杆上高悬黄龙旗，"此地从此即为中国之领土矣"。

次日，李准下令将所带的种羊等留在岛上几对，随后便离开了伏波岛，相继登陆其他各岛，逐一命名，勒石树碑，升起国旗。

此次巡航，李准共考察命名了14个岛屿，除伏波、琛航两岛以军舰名命名，珊瑚、甘泉两岛以地理特征命名之外，其余10个岛屿使用随行官员们的籍贯地命名，计有邻水（四川）、休宁（安徽）、新会（广东）、宁波（浙江）、霍邱（安徽）、归安（浙江）、乌程（浙江）、华阳（四川）、番禺（广东）、阳湖（江苏）、丰润（直隶）。这些官职普遍并不显赫且多为候补的官员们，因缘际会地在西沙群岛中为自己的家乡留下了大名，也是一次意想不到的收获。

李准返航后，两广总督张人骏立即将随行测绘员所画的海图飞章呈交陆军部和军机处，而李准所收集的各种珍奇开始巡回展览，进行生动的"爱国主义教育"。

1933年4月，当中国军队正在长城各口奋勇抗击日军时，法国人趁机侵占了南沙九岛。全国军民在高喊抗日的同时也开始关注南海主权。

这时已 60 多岁隐居在天津的李准，向天津《大公报》详细回忆了他当年率领舰队巡航西沙、宣示主权的故事，被全球各地中文报纸争相转载，极大地鼓舞了正处身于"最危险的时候"的全国军民。

1911，宣威加勒比

1910 年，墨西哥爆发革命，一片动荡，华侨再度成为动乱的牺牲品，共有 300 多人遇害，财产损失高达百万元，居各国居墨侨民之首。

大清国驻墨西哥代办沈艾孙向墨西哥政府提起交涉，要求惩办凶手、抚恤死难者家属、设法保护华侨并给予经济赔偿。沈艾孙提出的索赔令墨西哥政府大吃一惊，共计 3000 万墨西哥银元。

沈艾孙的强硬立场是因为有了坚强的后盾，当时大清国的主力驱逐舰"海圻"号正在海军巡洋舰队统领（相当于少将）程璧光的率领下出席英国国王加冕庆典，按计划将访问美国。墨西哥动乱发生后，北京电令"海圻"号在访美结束后出访墨西哥和古巴，宣示军威，保护侨胞。而美国也建议大清应当利用这一机会对墨西哥政府进行武力威慑。制造于英国的"海圻"号是一艘重巡洋舰，火力配备相当强大，在当时世界海军中也算一流战舰，这对国力衰弱的墨西哥是有一定震慑作用的。

9 月 11 日，"海圻"号抵达纽约。这是中国军舰首次出访美国本土，受到了美国海军和民众的热烈欢迎。"海圻"号成了美国媒体的宠儿，从正式的官方仪式到官兵的娱乐活动，从黄龙军旗的详细解说到舰上伙食为什么没有大米，从军官们的流利英语到那与美国海军十分相似的制服，美国各大报均以友好的基调进行了不厌其详的报道。

美国国务卿、海军部部长代表美国政府主持了欢迎仪式，会见了程璧光和"海圻"号舰长汤廷光，随后为全体官兵举行了盛大的招待酒会。正在波士顿休假的美国总统塔夫脱接见了程璧光与汤廷光。

美国已故总统格兰特是李鸿章的好朋友，李鸿章1896年访问美国时曾亲往其墓悼念。随后，拜谒格兰特墓就成了大清国官员访问美国的例行行程。格兰特总统的儿子小格兰特此时是驻扎纽约的美国陆军最高司令官，接见了程璧光等，并派夫人陪同"海圻"号官兵向格兰特墓敬献花圈。拜谒墓园这天，"海圻"号官兵伴随着嘹亮军乐，全副武装列队行进在纽约大街上，这是中国军人第一次在美国国土上的武装行进，而且脑后均没有大清臣民惯常的辫子（程璧光在"海圻"号出发后就命令全舰官兵剪去辫子），观者如堵。

每天中午到下午5点，是"海圻"号开放参观的时间，舰上除了军官生活区，全面开放。纽约市民争相登上这艘威武的中国战舰，中国官兵们十分有礼貌，尽力为每人都提供一杯中国茶及最好的讲解。旅美华人华侨更是兴奋异常，各侨团举行了各种联

CHINESE ADMIRAL'S

TH FOR GRANT'S TOMB

『海圻』号官兵全副武装前往格兰特墓敬献花圈。

欢会、招待会——"海圻"号的到来显然令华人华侨大长威风。

"海圻"号随后访问了古巴，在哈瓦那停留了10天，受到了古巴总统的接见，古巴总统表示古巴将绝不会歧视华人。古巴的华人华侨也如同美国华人华侨一样，举行了各种联欢活动。

此时，在中国政府的压力下，墨西哥政府基本接受了惩凶、抚恤和赔偿等义务，双方开始谈判赔偿数额，国内电令"海圻"号不必再访问墨西哥了。

"海圻"号在美洲大陆掀起了一轮新的中国热，而在其回国航程中辛亥革命爆发，程璧光决心响应共和，将黄龙旗降下，升起了民国的五色旗帜……

尾声

晚清政改，飙车与出轨

改革最为关键的中央权威资源和社会动员能力，在混乱的改革中日趋分散，导致国家机器功能性紊乱，各种势力纷纷以改革为口号竞相自肥。高喊宪政或者高喊共和的人未必真心相信自己的所谓主义，但绝对相信这是很管用的口号。政治实用主义成为主流，大清帝国果然如伊藤博文预料，不过两年就轰然而倒。

1909 年 8 月 28 日，美国驻华公使馆代办费莱齐（Henry P. Fletcher）向华盛顿发出警告：中国过快的政治改革，将可能失控，"土耳其和波斯最近发生的事也可能在中国发生"。这位外交官兼汉学家写道："袁世凯和慈禧太后的宪政改革正在由摄政王加以筹备，在执行预备立宪上，他显然是真诚的。的确，很有可能他感到无力逆潮流而动，相信缓慢地往前走，试图减少一些风险。但对于中国引入代议制的不安，不仅限于保守派，一些最开明的官员，由于了解中国人的性格，也担心宪政运动很可能失控。"

　　此前，日本人伊藤博文曾发出了同样的警告：中国过快地政改将导致帝国的颠覆，革命将在 3 年内发生。

　　英国驻日公使窦纳乐（Claude Maxwell MacDonald）在与伊藤博文会谈后，向伦敦做了详细的汇报。在这次会谈中，日本人向老大哥英国发出急切的呼吁，不能因世界上的其他事务而忽视中国问题，英国应该在华继续保持"优势的影响力"。

自甲午战争以来，日本一直为大清国的改革传经送宝。而实行"宪政"这一中国历史上破天荒的改革，也是受刺激于日本在日俄战争中出人意料的胜利。大清国的知识分子们拿着显微镜对交战双方进行了分析，坚信其中的根源在于日本实行的是君主立宪，而俄国实行的是君主独裁。

战后，痛定思痛的俄国迅即开始了轰轰烈烈的宪政改革。大清国也不落后，加快政治体制改革的步伐，并从起步开始便呈现了急切的心情，甚至不惜"大放卫星"。在慈禧太后的主持下，大清中央将立宪预备期确定为 9 年；而作为其师法对象的日本，从 1868 年开始明治维新到 1889 年颁布《大日本帝国宪法》，历时 23 年。即使如此，国内各利益群体依然抱怨政改如同小脚老太婆，呼吁"大跃进"，跑步进入宪政主义。宪政改革最为关键的中央权威资源和社会动员能力，在混乱的改革中日趋分散，导致国家机器功能性紊乱，各种势力纷纷以改革为口号竞相自肥。

时人曾痛切指出："论日本之政，其所以致富强者，以其能振主权而伸国威也。今之议者不察其本，而切切以立宪为务，是殆欲夺我自有之权，而假之以自便自私也……夫日本以收将权而存其国，而我国以限君权而速其祸，不可谓善谋国者也。"

大清国稳定压倒一切，为了安定和谐，政治改革应该在中央的强有力引导下有序地、缓慢地进行，这是日本人的见解，也是美国人及大清的改革操盘者（不是那些在边上嚷嚷的呼吁者）们的想法。

就在费莱齐发出警报后一年（1910 年 9 月），美国驻华公使嘉乐恒（William James Calhoun）会见湖广总督瑞澂，谈到提前召开国会一事。瑞澂对于立宪派速开国会的要求大不以为然，他认为，作为国会议员来源的各省咨议局只是被一些"海归"及文化人充斥，此时召开国会，绝不可能真正代表人民的利益，而只是一小部分人的名利场。嘉乐恒对此深表赞同，认为中国目前不具备行使这种权利的条件，建议应首先改善国会的人员组成。

美国总统塔夫脱在接见中国特使梁敦彦时也明确表示，中国在推进政治改革中实行有限民主是合理和明智的。他以自己在菲律宾、古巴和波多黎各的经历，认为过快的民主进程将只能带来混乱与失控。至于梁敦彦担心美国可能会支持那些激进的立宪派，塔夫脱表态："就美国来说，他虽然关心民选政府的普及，但不认为普选权应该匆忙扩大，首先应该是有一个人民接受教育的良好基础。"

与日本、美国的相对含蓄不同，同样关注着大清改革的德国皇帝威廉二世，在接见 1909 年先后到访的大清高级军事代表团时毫不隐讳地建议：无论改革如何发展，大清的中央核心必须牢牢地将枪杆子抓在手里，这是维持安定团结的关键因素。数年前，载沣访问德国时，威廉二世就此对这位年轻的中国接班人提出过更为具体的建议。

无论列强们的动机如何，他们的关切，都点中了大清改革的软肋：改革，尤其政改，正在成为地方分离主义势力得心应手的工具。随着改革的深化，国家不仅没有凝聚，相反更加涣散。以民主为导向的宪政彻底走样为政治帮派之间的火并，无数小的专制团体、党派纷纷冒头，一边用宪政为掩护，从强者碗里分羹，一边在内部全套照搬专制的作风，关起门来过过"小皇上"的瘾，并日思夜想"彼可取而代之"。

促使帝国分裂加剧的，正是政改之后出现的新生事物——地方议会（咨议局）。据美国驻华公使嘉乐恒观察，"地方咨议局的行为可能会使民众激动，而不是使民众变得平静"，在地方与中央的博弈中，"中央政府不希望增添他们所已遭受的公愤，似乎愈来愈准备屈服于地方意见的压力。在袁世凯和张之洞时代几乎没有听说的地方运动成为头等大事，现在看来能威胁北京。大清王朝的最大危险就在于这个弱点，以及由灾荒引发的不满"。

嘉乐恒甚至悲观地认为，共和制并不适合中国国情："中国人普遍不识字，他们的地方偏见和不了解自治的原则，使得他们不可能成功地建立一个稳定的政府，如果没有由世袭的统治者提供这种基础。"当仓促组成的国家议会（资政院）派代表向他讨教中国未来政体时，他建议应当充分重视维持地方自治和国家最高权威之间的平衡。

立场决定态度，屁股指挥脑袋，古今中外无非如此。对于列强而言，中华帝国的稳定是第一位的，这与大清中央的诉求当然一致，后世"太史公"们指责"封建主义与帝国主义穿同一条裤子"，倒也不算冤枉。

而对于激进的改革者、造反者们而言，乱中才能夺权，越乱越好；大乱之后是否必然能大治，并不重要，重要的是不乱就没有机会。高喊宪政或者高喊共和的人未必真心相信自己的所谓主义，但绝对相信这是很管用的口号。政治实用主义成为主流，大清帝国果然如伊藤博文预料，不过两年就轰然而倒，中国的宪政乃至共和却并没有及时出现。

距离产生了美。当1911年加速改革催生了第一届责任内阁后，国内多数政治派系十分失望，随即指责政府"伪改革""弥缝主义"，但美国外交官依然认为这是"中国历史上一件具有划时代意义的标志性事件，虽然充满希望的人会对这一结果感到失望，但没有理由怀疑皇帝和许多爱国官员要求改革的愿望是真诚的，并且一些改进措施也将随之而来"，"至少，我们可以希望目前所发动的这场变革将被证明是一场使中国沿着世界最先进国家方向迈进的改革运动的起点"。

历史总是充满了吊诡与荒谬。

晚清的新政，尤其是其中的政治体制改革，无论从广度、深度还是力度，在中国历史上堪称"前无古人，后乏来者"，在国际上也得到了持续的高度好评，但在国内却成了日后政客和史家们冷嘲热讽的对象。

1909年开始的宣统新朝，在统治者并非做作的努力下，开始了扩大执政基础、权力分享的艰难历程。后世无法否认，那个年代所能达到的政治开明（当然绝不清明）与宽容程度，都是后人望尘难及的。两年后，大清王朝覆灭，并非亡于所谓的革命，而是亡于政权的分崩离析——狂飙突进的政治改革在各种势力强行或巧妙搭车后，失控出轨。

着眼于扩大执政基础的政改，最后却挖空了执政的墙脚；着眼于民主的地方自治，最后却推动了地方离心；着眼于提高民生的各项改革，却演变成了扰民的各种法术；着眼于政治和解的宽容，却被解读成了软弱无能……这究竟是一个王朝的悲剧，还是一个民族的悲剧呢？

可以肯定的是，清亡之后，民国并没有变得更清明、廉洁、宽容、和解。相反，一个大规模的赤裸裸得连潜规则都不屑拥有的痞子运动时代到来了……

有关中国 1909 年的各方声音

当年说法

醇亲王是个年轻人，他成长的时代正处于现代思想在东方世界取得立足点之际，他通过自己的眼睛看到了西方世界，其心智和视野并没有因为紫禁城的城墙而受到限制。因此，他可以做到中国其他统治者所没有做到的事情，即立足于现代观点，以透视的目光，从与其他世界强国的对比中来认识自己的国家。

——《纽约时报》，1908 年 11 月 22 日

袁世凯和慈禧太后的宪政改革正在由摄政王加以筹备，在执行预备立宪上，他显然是真诚的。的确，很有可能他感到无力逆潮流而动，相信缓慢地往前走，试图减少一些风险。但对于中国引入代议制的不安，不仅限于保守派，相反，一些最开明的官员，由于了解中国人的性格，也担心宪政运动很可能失控。

——美国驻华公使馆代办费莱齐（Henry P. Fletcher），1909 年 8 月 28 日

中国初办宪政，一切正在艰难，民意断难即恃，更不可妄恃强力……贵国办理新政，外面极为安帖，一旦有意外不测，危险不可不防。

——伊藤博文，1909 年 10 月 23 日

学者说法

清政府开始搞改革时姿态很消极，但随着时间的流逝，特别是在日俄战争之后，它对改革的活动就越来越认真了。可是在这时候，改革并不如康有为和梁启超所主张的那样是为了富国强兵以防御列强的侵略，改革的目的毋宁说是为了保卫清政府不受汉人与外国人两者的攻击。换言之，改革是为了保住清王朝。

——费正清（John King Fairbank）等，《剑桥晚清史》

将清末的"预备立宪"说成是清政府的一种欺骗行为，认为这种观点是当时革命党人宣传的需要，是不公正的……宪政的某些改革未能付诸实施，其因在清政府的无能和地方官员的不合作，而非出于欺骗。对于在预备立宪中所宣布的各项政治改革的性质，清朝的最高统治者不一定有清楚的认识，但他们还是抓住了一些重要的原则。首先，他们意识到必须通过政治改革，使中国有一个统一的政府，而不能是一群半独立的"古波斯帝国的省长"。其次，他们认识到必须建立一套新式的公务员制度，以专

业化和正规化取代过去官员中的兼职和责任不清。再次，他们认识到中国必须建立一个能够让国内各阶层代表表达意见的立宪政府，以密切统治者和被统治者之间的关系。

——卡麦隆（Meribeth Cameron），《中国的维新运动 1898—1912》

清政府的宪政改革是真诚的，那种指责宪政改革不真诚和拖延的观点是缺乏根据、站不住脚的，只是代表了革命党人和一部分激进的立宪派人士的意见……作为一场"传统内的改革"，清政府所认可的宪政概念含有维护过去的传统和王朝统治的企图，这是显而易见的，对一个相信自己还有足够的权威"钦定"宪法和国会的王朝来说，维护自身权力的企图自然是其最本质的目的。

——梅恩伯格（Norbert Meienberger），《中国立宪政府的出现 1905 1908》

清末自治运动所取得的民主成绩并不是表面的。1909 年的选举动员了几乎 200 万非官员精英，而 1912 年和 1913 年的选举则将数千万中国人卷入政治之中，虽然不能说是大众的，但也不能看作是精英主义的。就 1905—1913 年中国民主政治所取得的进步来看，其发展要好于同时代的俄国和美国的民主改革。

——傅因彻（John H.Fincher），

《中国的民主：1905—1914 年地方、省和中央三层次的自治运动》

大清帝国害了癌症，气数已尽，非垮不可了。"墙倒众人推！"众人推的方向是完全一致的，方法也完全相同，只是你推你的、我推我的罢了——这便是清朝末年，中国革命运动的形势和性质。

——唐德刚，《晚清七十年》

附录二
落花流水春去也：1909 年大事盘点

独自莫凭栏，

无限江山，

别时容易见时难。

流水落花春去也，

天上人间。

——李煜《浪淘沙》

1908 年：落花

8 月 27 日，大清中央公布《宪法大纲》，中国数千年来第一次试图对权力划定边界，尽管依然浩渺无垠。后人出于种种目的诋毁和蔑视这部准宪法，但层出不穷的效颦之作似乎也无非是五十步与一百步的差距。这部准宪法的划时代意义远没有得到应有的重视。

11月13日，醇亲王载沣之子溥仪入宫教养，载沣被封为摄政王。大清入关，政权由摄政王始（多尔衮），由摄政王终（载沣）——冥冥中或许果真有什么天意？

11月14日，光绪皇帝逝世，享年38岁；溥仪继位，慈禧太后在她的生命终点第三次为大清国指定了接班人。次日，慈禧太后逝世，享年73岁。帝后之争，乃至太后谋杀皇帝，此后被大多数人接受为历史事实，尽管毫无依据，这充分证明康梁抹黑运动在政治需要下发挥的巨大成效。

11月18日，确定新朝年号为"宣统"。追求吉祥，讨一个好的口彩，无疑是中华文化的坚强传统。

11月21日，摄政王首次接见各国公使，袁世凯参加会见。中国政坛的风云雨雪，有时就是通过人物的曝光度进行解读。袁领导的露脸，令西方有关其被处死、中国改革即将停顿的流言和谣言不攻自破。

11月30日，大清专使唐绍仪抵达美国首都华盛顿，这位英语说得比一般美国人还地道的留美海归并不知道，当天日本与美国签订了《罗脱—高平协议》而成功瓦解拟议中的中美德同盟。世界历史不小心在这里拐了个小弯。

12月2日，溥仪举行登基大典，相传载沣在典礼上为安慰哭泣的溥仪，说出了"快完了"的谶语。王朝败落后总有很多传言，描绘末代君主的种种不堪，如同开国圣君们总被许多不经的神话萦绕着一样。历代的写史者与读史者也都难免趋炎附势。

12月3日，新的中央核心重申政治改革时间表，约定于1916年（臆想中的宣统八年）颁布宪法。大清的立宪预备期远远少于师傅日本，但依然被嘲讽为保守僵化。那些高呼着胆子再大一些、步子再快一些的人，绝大多数为的只是自己能在改革的洪流中成为先富或先贵起来的一部分人中的一员。

12月13日，颁布监国摄政王礼节。这是个十分敏感的话题，后人多因此认为载沣揽权，却不知道——真正揽权的人还需要白纸黑字地规定自己的权力边界吗？

12月16日，中央发布文件，要求各省督抚司道认真考察吏治。两天后，中央再度下文，要求各级官员崇尚节俭，摒戒浮华。腐败亡国，大清中央从来不缺乏对此的清醒认识，但腐败却越反越烈。

12月19日，庆亲王奕劻被赏加世袭罔替，成为大清最后一位铁帽子王。同时，载沣的兄弟载洵、载涛加郡王衔，张之洞、袁世凯等加太子太保衔。奕劻在当时就是著名的腐败分子，与那桐被合称"庆那公司"，但此人政治立场坚定、办事能力强、群众基础好，是大清改革最强力的保驾护航者，对李鸿章、袁世凯等都颇有助力。他的贪腐或许正是政治上韬光养晦的绝招，毕竟当上了如此高级别的领导干部，在当时弄点钱财实在不是什么要紧的大事，关键是要站队正确。

12月25日，中央组建禁卫军，直属于摄政王载沣。载沣三兄弟紧抓兵权，后世因此指责其独裁专断，仿佛中国历史上还居然有不靠枪杆子而坐稳天下的先例。

12 月 28 日，"改革老将"张之洞兼任督办鄂境川汉铁路大臣，他用自己的威望，成功地抑制了借修建铁路而勃发的地方分离势力。

1909 年：流水

1 月 1 日，颁布调查户口章程。宪政首在民主选举，而选举必需选民登记，改革也需要摸清家底。但户口调查在执行中被各地干部当成敛财的新工具，严重走样，反对派趁机进行抹黑宣传，声称户口调查是为了防止偷税漏税，便于征粮征款，最终引发各地大量群体性事件，仁政成为弊政。

1 月 2 日，中央发布公告，军机大臣、外务部尚书袁世凯因脚病而"彻底"离开领导岗位。根据康梁提供的材料，媒体一般报道说这是载沣为乃兄光绪皇帝报仇。随后袁系人马普遍遭到清洗整肃，袁世凯自此淡出政治中心达 3 年之久。

1 月 11 日，颁布清理财政章程。

1 月 18 日，颁布城镇乡自治章程，并要求民政部与各地立即筹办。效仿英国推出的地方自治变形走样，成为地方分离主义的巢穴。

2 月 1 日，第二次万国禁烟会议在上海举行。这是大清帝国第一次承办如此大型的国际会议，两江总督端方率团参加。作为世界上最大的毒品受害国，中国的禁毒努力受到国际广泛好评。

2 月 7 日，中央发文，要求今后官员调任选拔必须由吏部严格考核，禁止兼薪，希望从源头上抓好干部队伍的建设。次日，邮传部尚书陈璧腐败一案审结，陈被开除出大清公务员队伍，永不叙用。

2月17日，中央要求各省在年内成立咨议局，筹办各州县地方自治，设立自治研究所，为国家议会（资政院）作准备。

2月19日，中央决定重整海军，任命庆亲王总监督，善耆、载泽、铁良、萨镇冰等具体筹划。自甲午战争海军覆灭后，大清一直没有停止重建海军的努力。

2月22日，中央要求认真整顿司法与监狱。司法腐败、狱政黑暗是中国的悠久传统之一。随后，模范监狱纷纷建立，司法独立也成为大清中央的基本信条。

3月2日，南洋舰队"飞鹰"号军舰前往被日本人偷占的东沙岛调查，欧美报纸罕见地予以高度关注，《纽约时报》刊发了该舰舰长的照片。

3月4日，美国新任总统塔夫脱宣誓就职，中美德三国虽未能缔结战略同盟，但在塔夫脱任期内中美关系进入蜜月期。

3月6日，中央再次发表诏书，宣示推行政治体制改革的坚强决心。3周后，又发文责成中央各部门及地方大员务必认真推进立宪改革。各部随即纷纷上报各自的立宪筹办情况进展。

4月3日，邮传部第二副部长（右侍郎）盛宣怀奏请推广中央银行，并建议从币制改革入手。作为商而优则仕的典型，盛宣怀锱铢必较的严谨工作作风到处树敌。在四川铁路国有中，他断然拒绝为挪用公款炒股而造成的损失埋单，激发了四川铁路的股东们以民族情感为号召进行反抗，最终酿成辛亥年的巨变。盛宣怀本人则"有幸"成为新生民国的公敌。

4月25日，广东士民为澳门划界再开大会。"民众外交"在晚清愈演愈烈，各种激烈的对外事件中，在民族主义的灿烂外衣下，都有地方既得利益者与中央博弈、与大局博弈，进而导引民心舆论的影子。

4月30日，安徽路矿会召开全体大会，要求从英国人手中收回铜官山矿权。收回路矿权益成为宣统年的主流事件，不时酿成群体性冲突。日本政治家伊藤博文就曾当面告诫中国官员：内政不修是难以真正收回流失的利权的。

5月15日，于右任主办的《民呼报》发刊，不久因捐款账目不清而被查封，于声称那是政府的政治迫害。随后他又创办《民吁报》，在日本人的压力下，又被租界当局关闭。最后，他创办了《民立日报》，宣称"不让疾呼，只好叹息；不让叹息，只好站立起来"。晚清报刊涌现，在标榜自由之下依然成为某些利益团体的代言人，党同伐异。

同日，中央改订中小学课程，掀开全面教育体制改革。

5月31日，英国就福公司就地售煤受阻要求索赔。福公司是最具有大清特色的外资企业，据雪珥在海外考证，李鸿章本人疑似是该公司的幕后股东之一。

6月13日，江苏设立咨议局研究会，张謇担任会长。张謇头顶"状元资本家"的桂冠，游走于官商两界；虽然生意做得不怎么样，但政商两头相互掩护，倒也成为一代著名企业家，与胡雪岩、盛宣怀等并列"政治经济学"实践的楷模。

6月20日，廷试游学毕业生120人。洋学历回国，经考试合格，就立即可以进入公务员队伍，这是造成晚清留学盛行的一大因素。日本留学生普遍成绩不好，革命造反精神便最强；欧美留学生普遍成绩优异，日后从事技术和教育的便大大多于玩儿政治的。

6月23日，陕甘总督升允被免职，理由是"反对立宪改革"。实际上，升允并非顽固派，而是主张改革的风云人物，他只是认为改革不应该冒进。据估计，其被整肃的真正原因是得罪了庆亲王奕劻。

7月7日，开复原户部尚书、协办大学士翁同龢原官。此时，翁已去世多年。主流史家多认为翁是受到了顽固派的迫害，其实翁本人就是个典型的口头改革者、口头抗战者，永远以口水代替行动。更为靠谱的研究表明，是光绪皇帝本人乾纲独断，辞退了这位"司农常熟世间荒"的老师。为一个死人恢复级别，是载沣的宽容之处。

7月10日，根据外务部与学部的建议，用美国的庚子退款派遣学生留美，自此开始了中国学子赴美的高潮。在庚子退款使用上，中美两国经过激烈争论，美方一则出于增强对中国青年一代影响力的利益考量，一则出于对大清国官僚体系管理这笔巨款的能力与操守的极端不信任，坚持要求专款专用于教育事业，并且实行先付后退原则。

7月15日，宣布皇帝为国家海陆军大元帅，由摄政王代理。这是中国历史上第一次为皇帝明确定位。任命载洵为筹办海军大臣，次日任命载涛管理总参谋部（军咨处）事务。载沣兄弟加紧巩固军权。

同日，美国总统塔夫脱亲自致函摄政王载沣，要求以美国资本建筑铁路。美国成为中国抗衡日俄的关键外援。

同日，浙江德清因官吏腐败，民众被逼无奈，发生暴动。三天后，江西丰城因户口调查发生大规模群体性事件。

8月13日，筹办海军大臣载洵、萨镇冰上报海军基础办法，提出用7年时间重建强大海军。两周后，载洵等开始巡视全国海防江防。随着中央的推动和民族意识的蓬勃兴起，大清海军开始在南海大有作为，全国掀起了大建海军的热潮。

8月23日，中央颁行国家议会（资政院）章程。

9月4日，中日订立东三省交涉五案协约，以在路矿方面的巨大让步换取了日本在中朝边界间岛主权问题上的支持。次日，日本代表朝鲜与大清签订《间岛协议》，明确间岛属于中国，杜绝了朝鲜对此地的长期觊觎。

9月16日，江西宜春爆发大规模武装暴动，乡民持重武器围攻县城。

9月28日，云南讲武堂建立。与之前之后的其他军校相仿，其所培养的许多军事人才成为日后军阀，内战内行，外战外行，但高喊民主、宪政口号的力度丝毫不逊于职业政客。

10月2日，中美订立《锦州瑷珲铁路借款草约》，美国更深介入东北事务，日俄的扩张受到国际阻力。同日，由美国海归詹天佑主持设计施工的京张铁路举行通车典礼。

10月4日，大清中央沉痛宣告，久经考验的大学士、军机大臣张之洞逝世，终年73岁。张之洞是改革的旗手，但与李鸿章及袁世凯相比，终其一生，他的改革可以凝聚为三个字：瞎折腾。

10月5日，两广总督袁树勋与日本领事订立东沙岛协定，日本承认东沙为中国领土。大清海军编队第一次巡视南海，宣誓主权，南海各岛上升起了黄龙旗。

10月14日，各省咨议局开幕。这是大清国政治生活中的一件大事，大清国人民，至少人民中的一部分人，可以堂而皇之地参政议政了。背靠中央的铁腕支持，咨议局一开始就摆脱了橡皮图章的命运，而成为地方行政长官的监督者，但这也导致地方督抚唯议会是从，中央政令更难以畅通。

10月18日，大清国批准《海牙国际和平公约》，中国更主动地参与到国际事务中。

10月26日，伊藤博文在哈尔滨被朝鲜志士刺杀身亡。伊藤是少数反对日本兼并朝鲜的实力派政治家，在他死后不久，朝鲜被日本兼并。

11月11日，直隶抚宁乡民以食盐掺和泥沙，发生重大群体性事件，政府动用武力镇压，死伤百余人。

11月20日，御史、李鸿章之孙李国杰弹劾直隶总督端方在承办国丧期间不知大体，3天后端方即被革职，大出舆论意料。李国杰自承弹劾本是游戏，未想到弄假成真。端方是体制内的激进改革者，甚至能同情革命分子，最后却成为被革命夺走性命的极少数清廷高官之一。

11月27日，各省咨议局代表在上海召开正式大会，次日推举进京请愿代表。

11月28日，《神京白话报》因登载宫廷新闻等低俗行为被查封。

12月7日，企图闹分裂的十三世达赖喇嘛通过英国驻江孜商务委员，请求英俄日法驻华公使向大清中央抗议其对藏措施。大清中央派遣军队进入西藏。湖北驻防因此空虚，引发辛亥革命。

12月18日，以玩误宪政将甘肃布政使毛庆蕃革职。改革越没有时效的地方越容易出改革的新闻，改革其实已经成为政治斗争的武器。

12月19日，民政部上报府厅州县自治选举章程。

1910年：春去也

春天已经去了，冬天还会远吗？

…… ……

后记

百年改革史，也是一部"石头记"

1

12 月的盛夏阳光，明晃晃得有些伤眼。窗外已是 30℃多的高温，花园里的各种花卉和蔬菜都被晒得蔫不拉唧。据说，地球臭氧层的空洞正好在澳洲上方。

在这样的炎炎夏日里，到处飘荡着《铃儿响叮当》（*Jingle Bell*）那悦耳的雪橇铃声，海滩上的比基尼女郎们居然也戴着圣诞帽，自信地展示着她们的身材，而穿着汗衫短裤超短裙的宅男宅女们则徜徉在用棉花装饰出来的"雪花"中，尽兴购物。

冰火两重天。即使在如此盛夏，人们依然能营造出一个冰雪天地，假装这个世界还是充满了纯洁晶莹，充满了温馨浪漫。

我很喜欢这种季节反差带来的奇妙感觉，尤其是澳洲人那天生的乐观与豁达。上天安排了四季，人们却可以在自己心里另有一番春秋。

2

圣诞节前一个月，我从澳洲的盛夏飞回了北京的冰天雪地。钻出机舱时，我还穿着短袖，却并不感觉寒冷，而是清冽。鹅毛般的雪花漫天飞洒，给大地遮掩上厚厚的白纱，假装一切都是如此纯洁。

踏着厚厚的积雪，站在衔接后海与前海的银锭桥上，当然是看不到西山的美景的。海子边上酒幌林立，吆喝声四起，泛滥着似乎有点虚幻的盛世浮华。没有人注意到，脚下的土地百年前差点发生惊天动地的大事：一个名叫汪精卫的青年人，在这桥下埋下了炸弹，试图谋刺与他同样年轻的摄政王载沣，以阻止清廷正在推进的改革，为革命创造更好的条件。

因为执政者的宽容，小汪意外地拣回了一条命，但他从中汲取到的最宝贵经验就是：执政者绝不应该如此养虎成患。若干年后，小汪自己也成了执政者，身居总理（行政院院长）高位，在接见"国难会议"代表时明确宣布："我们流血革命，打出来的政权，岂能随便说开放就开放！"显然，仅此一点就足以证明历史总是在进步的：汪总理的执政能力已大大超越摄政王，民国比前清大大地进步了。

3

银锭桥不远处，大雪覆盖不住的，就是那些曾经显赫的王府，尤其是醇王府和恭王府。

醇王府的主人奕譞，据说是道光众儿子中资质最差的，和其兄咸丰皇帝、恭亲王难以相比；但晚清最后的半个世纪基本上就是奕譞一门的天下，光绪、宣统两任皇帝都出自他的门户。可见，政治上的最后胜利者和最大受益人，绝非那些聪明外露、个性张扬的人。

"待业"时的醇亲王是一个坚定的"左"派，对执政的六哥恭亲王多有不满，认为他是个当权的"走资派"。等到将六哥挤对下岗，他喜滋滋地挑上权力的担子，才掂量出那不可承受之重。据说，尝到当家人的难处后，醇亲王曾跑到六哥家中，道歉认错，虚心讨教。看人挑担不吃力，站着说话不腰疼，这是中国社会的常态。

恭王府离醇王府并不远，是目前北京城仅存的完整王府之一。在北京的一周时间，我五进恭王府，其中三次是冒雪而行，盘桓徘徊，难以割舍。

恭王府去得最勤的，或许是周恩来。大量的回忆录证实，周恩来生前曾经无数次地来到这里，而且十分低调。周恩来交给谷牧的三条遗嘱中就包括尽早开放恭王府。在日理万机的周恩来心中，恭王府何以会有如此重要的地位呢？

恭王府里如今游人如织、熙熙攘攘，但他们在乎的只是和珅的故居。

导游卖力地讲解着和珅成为大清国超级富豪的故事，人们张大嘴听着，哈喇子直往下滴，心向往之。历史，很多时候或许就是被八卦出来的，却还端着个一本正经的架势。

4

100年后，我们还在河里摸着石头。

2009年，也在水里挣扎着想找到个小石块的雪珥，不自量力地萌发了撰写一部"石头记"的梦想——回顾中国百年改革史。

于是，有了这些浅薄而粗陋的文字。一年来，这些文字每周一次在《中国经营报》上与读者见面，居然在这打酱油盛行的蜗居时代也能引起小小的反响。我深知，那只是因为这话题搔到了大家的痒处：在河里挣扎的你我实在很想知道前人是如何摸着石头过河的。

没有任何一部宝典能指引河中的十八摸，但希望这本书能不断提醒你我：此处水深、王八多、鲨鱼凶猛……

雪珥
记于2010年

别册

他人说

目录

编辑说别册
收录各界人士对雪珥—中国改革史系列的评论。
为保留原貌，对之前不同版本的书名不做统一修改。

《中国经营报》马连鹏

雪珥：国运本无宿命

自称为非职业历史拾荒者，却在海外史料的金山中淘出不少宝物，这就是澳大利亚华裔历史学者雪珥近些年带给国内读者的惊喜。为人十分低调的雪珥，其围绕晚清历史的独到研究和文字却尖锐而高调，且多暗扣现实话题，时常在海内外引起如潮的议论。雪珥于2009年在《中国经营报》开设的"中国1909"专栏，畅谈晚清改革，针砭时弊，反响热烈。

改革是个永恒的话题

《中国经营报》：您在本报的"中国1909"历史专栏已经全部推完，在整个专栏的写作过程中，您最大的感触是什么？能不能和我们介绍一下，您是在什么样的环境下完成这些作品的？

雪珥：中国的改革史，在可预见的未来，是一个永恒的话题。从19世纪60年代的洋务运动开始，改革的探索延绵了一个半世纪，主题就是"救亡""启蒙""富强"，内容也大同小异：攘外与安内、中央与地方、集权与分治、专制与民主、国有与民营、效率与公平、钱权交易与反腐败……

"中国1909"这个专栏开了一年，尽管有相当多的不同意见，但得到了各方热情的鼓励和支持，包括体制内外的一些大腕们，这是我作为作者十分欣慰的。《中国经营报》的编辑团队，在这一过程中展现出浓烈的现实关怀、历史情愫和十分有技巧的分寸拿捏，都令我十分感佩。

要创作这个既需要激情、更需要冷静，既是历史也是另类时政的专栏，远在南半球又近在中国经济辐射圈的澳大利亚，或许为我提供了一个足够宁静、足够便利的场所。白天，我必须为客户、员工、股东们去奋斗，但夜晚，在浩瀚的南十字星空下，开轩面对中国蔬菜与西洋花卉夹杂的后花园，听着松涛与蛙鸣，读历史落泪，为改革操心，指点江山，激扬文字，也堪称快哉快哉！

《中国经营报》：我们知道，您的本职并不是写作，能不能简单介绍一下您的个人史，又是什么因素把您和写作联系起来？

雪珥：我是个商人，下海10多年了。但之前，写作一度是我的饭碗，最初做秘书，后来做记者，都是靠笔杆子吃饭。

1991年我从中国青年政治学院毕业后，在某省级机关做秘书，当幕僚。不久，东方风来满眼春，政治气候大改变，大家都在找方向，幕僚们便派上了大用场。为了掌握第一手情况，我走遍了浙江的每一个县，到处蹲点，一蹲就是几个月，采集和分析民情，深切见证了浙江的改革开放。几年后，我下派到机关报挂职锻炼，一挂就是5年。在写腻了空洞的社论后，我把主要精力放在了财经评论上，开了一些个人专栏，同时还自学考取了律师、报关员资格等。再后来就停薪留职，帮家族内的一位长辈打理在上海的制药厂，从圈地谈判到原料采购，从员工招募到出口营销……彻底下海后，觉得自己以前的文字简直是隔靴搔痒，赶紧封笔，踏实经商。但没有想到，以前那些文字却得到了澳大利亚当局的认可，我得以凭中文财经评论员的"技能"移民。在澳洲，除了业余兼任一家亲大陆的中文报纸的总编外，主要就是从事金融管理（按揭债券），一干近3年，并因此对地产投资产生了兴趣。然后就是回国找机会做地产开发。因不喜晚间应酬，就重新拣起了这支笔，以打发漫漫长夜，结果富豪梦还没做成，爬格子的梦倒夜夜上门。

《中国经营报》：看了您的文章，第一个感触是您占有、收集资料之丰博，您又是怎样得到这些资料的呢？

雪珥：与其他的"70后"相比，我在浙江老家开蒙时接受的教育类似传统的私塾，看的是竖排的繁体字，"之乎者也"的。从大学开始，我就不断阅读和收集各种史书和地方志，移民澳大利亚后又开始收集海外有关中国的文物和史料。海外文物和资料可以说是汗牛充栋，听一个德国朋友说，在柏林有关中国历史的文献馆藏，其体积绝对不亚于一个体育馆的容量。

中国的问题是药方太多

《中国经营报》：您的研究方向就是清史吗？为什么会对清史感兴趣？

雪珥：确切地说，我的研究方向是中国近代改革史，以晚清为主。"中国 1909"专栏是第一次比较系统地以一个年代断面来描摹改革史的尝试。

中国人研究历史都有一种"资治通鉴"的济世情怀。晚清史对当代的影响最为巨大，其"资治通鉴"的意义也最大。举凡当下面临的几乎所有问题，都能在晚清的改革中找到相应或相似的参照物。而对于清史的解读，在民国建立之后的历次政治运动中都完全服从、服务于现实政治的需要，弄成了一笔糊涂账。这也在客观上为我这样的"发烧友"提供了更大的舞台。

《中国经营报》：看了"中国 1909"专栏，最大的感触就是百年之前的世事与当今中国的相似性，作为研究者和观察者，您认为跨过百年之后，中国没有解决的最大的问题是什么？为什么没能解决？您认为当今中国与百年前最相似的社会问题又是什么？

雪珥：国运本无宿命，历史却会轮回，关键是要先认识到这种轮回。我们总相信历史是在不断向前进步，其实，这种观点本身很是一厢情愿，甚至疑似"唯心"。每个当下的人，都会本能地夸大当下在历史中的特殊性，实际上，当下出现的很多问题只是陈年老酒而已，无非换了新瓶。为什么百年前的情境，当下之人会感到如此熟悉？这说明，一定有一些参照物历经百年而未改变，我的任务，就是找出这些参照物。

忙乎了百年，面上很热闹，但忙的基本是枝节问题，主题词就是一个——夺取政权，用鲁迅的话来说，就是"城头变幻大王旗"。大家总是掐得你死我活，争夺谁来掌舵，这船还能安稳地走在航道上吗？好不容易消停一歇，掌舵人刚熟悉了点机器的性能、航道的特点，就又有人冲进驾驶舱，说你不行，该我了，推倒再重来——一次次的折腾，很像西西弗神话里的主角。

如果非要拿当下与百年前对比，最需要关注的问题，就是如何不折腾。"不积跬步，无以至千里；不积小流，无以成江海"，"主义"再动听，还是要靠解决一个个"问题"才能实现的。

《中国经营报》：时评作者以笔为刀，剖析出弊病所在就算圆满了，解决问题并不是他们的责任；历史学者也是如此吗？中国人常讲"以史为鉴"，有没有想过，以更建设的方式来回溯历史，并对当今之事开出药方？

雪珥：发现问题总是比解决问题容易，中国史学界乃至中国知识分子历来的毛病，就是拔高自己的地位，明明是个只有资格操作体检的护士，却非把自己当成能做心脏搭桥、器官移植的医生。中国的百年折腾，不是良医太少，而是庸医太多；不是药方太少，而是药方太滥，漫天飞舞。

"资治通鉴"，是历史学者必须拥有的现实情怀，但绝不可因此而将自己当作暗夜的灯塔。我们需要建设性的思考，但绝不可把自己的思考当作建设的蓝图。研究历史是个盲人摸象的过程，我摸到小小的象尾巴，可能以为历史很猥琐，如同毒蛇；而你可能摸到了丰满的象屁股，会以为历史很伟大。如此而已。知道自己能力的边界，是宽容与协作的基础。

《中国经营报》：有人说，读您的文章，感觉您对清末体制内的精英颇多溢美之词，但对体制外的各类"革新势力"却以批判居多。为何会有这样的倾向？您的这种历史观是如何形成的？

雪珥：这并非我的倾向，而只是读者的感觉反差而已。自晚清以来，每一个历史时期，那些摸着石头过河的体制内精英，承受了太多的苛责，摸不到石头、摸错了石头，乃至不慎溺水而亡的，统统成为妖魔化和嘲弄的对象，而那些站在干河沿上瞧热闹、讲风凉话、等待着时机以便取而代之的人，看人挑担不吃力，站着说话不腰疼，只喊号子不出工，当然永远正确了。一旦这些批判者得偿所愿，自己挑上了担子，又真能在多大程度上超越他们当年的批判对象呢？

体制内的改革者，其所承受的机会成本、风险成本远大于体制外的人士，其最终发挥的作用也远超过体制外的人士。百年来，所谓体制外的批判者几乎已经发展为一个职业，在他们那些华丽的词藻背后，其苟且、阴暗、腐化、猥琐，与体制内的被批判者相比，有过之而无不及。他们未必真正相信自己高喊的口号、高举的旗帜，那些无非是令他们从体制外进入到体制内的桥梁和工具。百年来，太多的"伪君子"充斥了我们的历史，以至于连"真小人"都显得十分可贵。

没有任何一种体制、一种文化、一种弊病是无端地被某种力量强加的，它一定来自一片肥沃的土壤，而构成这片土壤的就是你、我、他。因此，千万别因为没照到镜子，就以为自己居然不是猪八戒。如此势禁形格，你凭什么断言，换了你就一定更伟大、光辉、正确呢？

百年之后，我们不仅需要真正的建设者，也需要真正的批判者。

（原载《中国经营报》2010 年 1 月 4 日，有删节）

《北京晨报》陈辉

雪珥：跨越历史的宿命

《国运 1909》，实在不是个火爆的书名，将它与《万历十五年》参照来读，你会发现，两者有太多相似之处。除去逻辑脉络的近似之外，更重要的是，你会发现历史曾在一个低层次上循环：各式各样的精英风起云涌，凭着几乎相同的借口，采取几乎相同的手法，却走在完全相反的道路上，他们在彼此的仇恨中，互相消耗着……

精英们苦撑危局，而岸上的人骂声一片，可当他们也步入深水区时，他们又立刻成了他人嘲骂的对象。

无数的新药方在空中飘扬，然而，它们所遮盖的，却只有两个字：利益。为了利益，人们不惜党同伐异，一次次超越底线。于是，历史成了一堂生动的流氓课：只要你入局，无论怎样奋斗，最终都无法逃脱被妖魔化的命运。

一切都是被动式，一切无从改变。

1909 年，或者曾是一次机遇，然而，在无休止的零和博弈中，历史驶入了弯道。这究竟是谁的责任？是游戏规则？是文化？还是我们自己？

百年易过，但激荡与辛酸的历程，我们收获了什么？

无论从哪个角度看，《国运 1909》都是一本值得反复阅读的好书，因为写作它的人充满沧桑：有过漫长的愤青岁月，当过官，经过商，撒过谎，受过"左"与右不同意见的折腾，如今，他天天在打孕妇的主意——开了一家孕装厂。无聊的小生意与有聊的历史写作，这就是雪珥。

从不同的角度看世界

像许多不甘寂寞的小人物一样，雪珥的人生充满纠结。16 岁时，作为省级三好学生，考入中国青年政治学院。回想在北京的日子，他的感觉是"自由"——可以到各大学去听课，上课反而不用考勤，从那时起，他喜欢上了历史。

大三在宁波实习，一顿招待宴震惊了他。"太豪华了"，多年以后，雪珥仍感慨万分。毕业后，在杭州当公务员，月薪 76 元，凭借在大学里恶补的英文，雪珥靠翻译赚点外快，有时收入竟能超过工资的 10 倍。在单位，年年受表扬，却年年被同事厌恶，雪珥迷茫了。

以后，转去经商，在一个地产项目中，股东间的纠纷，酿成大案，无聊中的雪珥开始写财经评论，居然成了"财经专栏作家"，并因此拿到"技术移民"的资格。在澳大利亚，雪珥白天用英文做生意，晚上用中文写作，几乎是误打误撞，他翻开了国外的史料，由此，打开了一个全新的解读方式。

从"忽悠"开始历史创作

雪珥最初专攻南宋史，2006 年，他在网上开玩笑写了《秦桧遗嘱被发现》的博文。在遗嘱中，他模仿秦桧的语气，自称与岳飞是哥们儿，一切阴谋缘于不得已。好玩的是，该文被平媒评为"2006 年十大考古发现"之一，没人意识到遗嘱"出土"与"壶侑"，那是"忽悠"的谐音。

"编辑们并不傻，他们只是偷懒。"这个玩笑让雪珥看到，历史原来如此有吸引力。从此他一发不可收拾，关注的年代从南宋直插清末。

2009 年，媒体找他开专栏，定下跨越百年的选题，雪珥由此切开了 1909 这个历史断面。令他震惊的是，这个似乎并不特殊的年代，蕴含着近代史的重大契机，太多的可能从这里开始。1909，仿佛是大河的源头，放入一粒石子，就会改变它的流向。

袁世凯、胡雪岩、唐绍仪、张之洞、康有为、善耆……他们都在这一年中粉墨登场。不可思议的是，他们的主张惊人一致：强国。

仅有愿望是不够的

然而，问题是他们谁获成功了？

雪珥的幸运在于，他有太多的视角来看历史。曾经学生的幼稚，曾经公务员的努力，曾经商人的经营，曾经海外的旁观，最终他看到的是一个死结：民意绑架了权力，台上的永远挨骂，台下的永远正确。

每一次为民请命，每一次痛斥腐败的背后，都暗含了一个主题：如果我来干，这一切就都不会发生。然而，真的如此吗？

不断颠沛与易手，历史并没呈现出"换手如换刀"效应，相反，在折腾中，国家越来越艰难，陷入了更大的悲剧中。回首曾经，除了制造出大批名人（有正面的也有负面的）之外，还有什么？这一切，难道仅仅是因为他们个人品质所决定的？

每个人都有责任

"没有任何一种体制、一种文化、一种弊病是无端地被某种力量强加的，它一定来自一片肥沃的土壤。"土壤是什么？雪珥的声音振聋发聩："就是你、我、他。"

伊藤博文与李鸿章第一次见面时，李鸿章密奏称伊藤有经国之才，日本必将崛起。10年后，两人再度见面时，已是《马关条约》谈判现场，回首各自持国的艰难，伊藤坦承，李鸿章如在日本，定会有更大的成绩。

伊藤说的也许是客套话，也许是真实看法，这并不重要，因为历史无法假设，但翻开当时人们假爱国之名，对"洋务"连篇累牍的抨击时，我们又该有怎样的感慨？该有怎样的感悟？正义曾如此被借用、被玩弄，最终成了民族自救的阻力，对此，我们又能说些什么？

悄然间，雪珥已出了3本书。用雪珥的说法，没有哪本书，能真正指点未来，但"千万别因为没照到镜子，就以为自己居然不是猪八戒"。单凭这句话，《国运1909》就绝对值得一读。

2010 年 3 月 7 日

《华商报》狄蕊红

雪珥：历史属刺猬，越近越看不清

一个美而多金的女子焦急地站在河边，面对湍急的河水，问："今晚要过河，哪个来背我嘛？"黑暗中响起了无数的声音："还不是我来背你嘛！"夜色如墨，掩盖了这些人的真正面容。这个美而多金的女子，名叫"中华"，她将开始一段怎样的暗夜行程……中国近代改革史或许就是一部"石头记"，一部有关一个民族摸着石头过河的记录。

撰写"石头记"《国运1909》的人名叫雪珥，他并非历史学家，而是历史"拾荒者"。他远在澳大利亚经商，据说服装品牌居澳洲"前三甲"，但其文字作品却在中国民间风行。他在浩如烟海的国外媒体报道中寻找中国的影子，因而拥有了一种不同的眼光看待中国近代史。

有人说，他"美化"了昏庸的晚清；也有人说，他笔下的历史，比教科书更贴近真相。

为历史"杀毒"，
"肯定"慈禧，"否定"康梁

记者：拿到你这本《国运 1909》，我看到了很多跟历史教科书截然相反的观点，例如，对慈禧太后的肯定、对康梁的否定等。

雪珥：历史是属刺猬的，越近的越看不清。晚清历史在发生的那一刻，就同步被篡改。植入这个"木马病毒"的，起初是那些自称的改革家们，康有为和梁启超师徒，然后就是一大串的革命宣传家。康梁开创了中国近代史的抹黑宣传先河，中国历史上不乏小人，刘邦就是其中的佼佼者，但在康梁面前，他也只能被 PK 下去。康梁为自己营造了虚幻的形象，顺带将晚清历史改造成了一部小说，最为著名的就是伪造了大清中央有两个司令部的神话，将慈禧太后和光绪皇帝安上了两条不同的政治路线，以便自抬身价，将"职业反对派"这个饭碗捧得更好、吃得更香甜。没有任何坚实的史料来支持他们的说法（后世以讹传讹、循环自证的不算），倒是有个基本的逻辑很少有人去考虑：太后太后，那就是皇帝的妈，太后再专权，那也必须是儿子还在位，儿子都不是皇帝了，太后还能是太后吗？从这点上讲，与光绪皇帝的利益最为一致的，就是慈禧太后。晚清的改革，开创中国历史先河，如果慈禧太后果然是个颟顸的保守派，又果然是个权力欲很强而且也成功地拿到了权柄的女人，那怎么还会可能有改革呢？反证推理后，我们就只能说，在晚清改革实际进展的前提下，通常安在慈禧头上的"保守派"与"实权派"这两个定位，是相互矛盾的：如果她是保守者，她必定是无权阻挠改革；如果她是实权者，她就必定没有去阻挠改革。梁启超在晚年就很直率地承认，当年的文字都是宣传用的，不可信，不可当作信史。

为史料"解锁"真实，
多多益善、中立解读

记者：得到不同历史观点的前提是看到更多不同的历史资料，在写作过程中，你的资料来源是什么？书中选用了一些国外媒体的资料照片，如何发掘在浩如烟海的国外媒体关于清王朝的报道？

雪珥：史料是研究历史的基本面，它也有一个中心、两个基本点：一个中心就是"真实"，两个基本点就是"多多益善"及"中立解读"。有一些曾经长期被史学界运用的材料，是假的，比如两个英国人写的《慈禧外记》，1976年就已经确认为假，但国内学界还在运用，今年甚至还有家出版社重新组织翻译出版，但在前言后记并没有提到这只能当作小说来阅读，相反还是大张旗鼓地宣扬这本书在史学上如何有价值。我们对于慈禧乃至晚清一些基本史实的歪曲，基本上根源于此，当然还有康梁师徒的歪曲性宣传。

在"多多益善"方面，我可能比国内同道较为便利，我私人收藏和积累了一些海外史料，包括《纽约时报》和《泰晤士报》

以及十多种美国主要报纸、刊物上有关晚清的报道、述评等，以及一些当事人的日记、笔记，西方外交乃至军事谍报部门的中国情报。"中立解读"，就是不能戴着任何有色眼镜去看，尤其是对那些所谓有定论的史料，往往越有定论，越能读出新意，因为之前的"定论"是被某种力量强加的。比较典型的，如所谓的慈禧太后对11国宣战诏书，这是研究义和团、八国联军乃至慈禧太后的关键史料，但只要静心查看，那根本就是一份中央内部文件而已，中国从来就没有对任何国家宣战，也没有任何国家在庚子年对中国宣战。弄清这点十分关键，正因为在国际法上，中外从未处于战争状态，列强的军事行动，其本质是一次国际维和行动（尽管他们都打着各自的小算盘），因此，东南地区才能宣布"中立"，辛丑条约谈判时，才能只赔款不割地。只有弄清这个基本史实，慈禧太后才能从那个歇斯底里的、为了个人权力不惜牺牲国家的恶魔形象中还原其本来面目。

海外媒体关于晚清的报道，的确可以说是浩如烟海。信息查找方面，没有更多的捷径，只能下苦功夫、死功夫，多读多看。现在比以前方便多了，比如《纽约时报》就出了全套的档案光碟，检索起来就容易多了，当然，价格很贵。基本功还是需要日积月累，熟悉基本史实，才能找到相应的文献，否则连一些人名地名都弄不清楚拼法，容易遗漏。

记者：相对于国内的史料，你在国外见到的关于晚清的史料有何不同?

雪珥:我将海外的资料,分成两类,一类是基本史料,如当时的报道、当事人的回忆录、各国驻华外交官的报告等,另一类是史论,海外学者们对某一事件或某段历史的评价。这两部分有交集,一些年代久远的史论,本身也成为珍贵的史料,比如李鸿章的外文传记,我已经收集到了十多种,最早的成书于1896年,这即使从版本学的意义上,也有着卓越的史料价值。

这些海外史料和史论,给我最大的帮助就是提供了新的思考角度、思考方式。我最早接触日本史料时,很震撼地发现他们总是称自己为神州、中华,而在甲午战争中,日军发布的文告,都是号召中国人起来,推翻满清这个外来的侵略者。

为自己"剖白",
"美化"晚清是虚,还原真相是实

记者:在你的书中,对晚清帝王、大臣的改革做了很多评价,相对于一般人概念中的晚清昏庸形象,似乎有为其"美化"的嫌疑。

雪珥:其实,我的书中绝对没有美化任何人的倾向,而只是在尝试还原真相。

中国历史,一个很典型的现象就是:在野者永远将自己打扮成天使,将执政者描绘成魔鬼,这是一种夺权的策略需要;同样的,后世的执政者也永远把前代的执政者妖魔化,以便证明自己是伟大、光荣、正确的。

中国人从骨子里喜欢"革命"思维，"皇帝轮流做，明年到我家"，政治游戏的核心就是夺权，为此可以不择手段。而在口号的动听悦耳方面，执政者永远比不上在野者，因为人家不挑担子，站着说话不腰疼。我们从来都不缺乏慷慨激昂的挑刺者，却一直很少踏实勤勉、能够真正前半夜想想自己、后半夜想想别人的人。历朝历代的反政府者，往往把自己当成了正义和真理的化身。

自晚清以来，几乎任何一个历史时期，那些摸着石头过河的体制内精英承受了太多的苛责，摸不到石头、摸错了石头、乃至不慎溺水而亡的，统统成为妖魔化和嘲弄的对象，而那些站在干河沿上瞧热闹、讲风凉话、等待着时机以便"彼可取而代之"的人，只喊号子不出工，当然永远正确了。但当这些批判者终于得偿所愿，自己挑上了担子后，又真能在多大程度上超越他们当年的批判对象呢？体制内的改革者，其所承受的机会成本、风险成本，远大于体制外的人士，其最终发挥的作用，也远超过体制外的人士。150年来，所谓体制外的批判者，几乎已经发展为一个职业，在他们那些华丽的词藻背后，其苟且、阴暗、腐化、猥琐，与体制内的被批判者相比，有过之而无不及。他们未必真正相信自己高喊的口号、高举的旗帜，那些无非是令他们从体制外进入到体制内的桥梁和工具而已。百年来，太多的"伪君子"充斥了我们的历史，以至于连"真小人"都显得十分可贵。

晚清当然腐败，当然昏庸，当然颠顸，但这种腐败、昏庸、颟顸，不是那个执政群体的独有共性。中国的改革，从 19 世纪 60 年代开始，已经有 150 年的历史了，其间有过折腾，总想通过疾风暴雨、乃至腥风血雨的革命，来抄小路、走捷径，但最后，还是不得不回到一步一个脚印的改革上来。而晚清的改革，给我们留下的最大的历史财富就是：一个血腥到了"留发不留头、留头不留发"的政权，居然主动地大力推行包括政治体制在内的全面改革，积极地、冒险地扩大执政基础，并且在面对政敌时，表现出了在中国历史极为罕见的政治宽容。26 岁的摄政王载沣甚至宽待了 26 岁的刺客汪精卫，而后者本要取他的性命，这对于血气方刚的年轻人而言，我坚信是相当难得的自我控制。古今中外的皇族，能如同爱新觉罗家族这样最后平安地实现"软着陆"，在下台后没有被赶尽杀绝的，绝对是异数。这当然得益于清末改革造成的政治宽容气氛，所谓种瓜得瓜。

为现实"把脉"，
吸取教训，做到"不折腾"

记者：现在，你远离中国大陆，却在书写 100 年前的中国历史，这样的时间加空间的距离，有什么优势？

雪珥：在于两方面：一是掌握的材料更为全面和便利，造成视角上的不同；二是距离远了，说话的嗓门就可以相应地大些，尺度和分寸上可能也更放开一些。

记者：一些书评人认为，在《国运 1909》中晚清的改革和目前中国有相似之处，你觉得，当下现实可以从晚清汲取哪些教训？

雪珥：那就是"如何不折腾"。项羽那种"彼可取而代之"的思维，不管贴上了什么时髦的包装，都是危险的，无论结果如何，只能是少数人站立在多数人的泪水乃至血泊之中。我们太需要相互妥协、相互"勾兑"，别把自己当大爷，也不将别人当孙子，"肝胆相照、荣辱与共"的前提就是真正的"长期共存、互相监督"。

记者：你自称历史拾荒者，而不以历史学家自居，你觉得在给自己定位时，如何考虑两者区别？对自己目前的历史研究，是如何定位的？

雪珥：被称为"××学家"是很神圣的，我觉得自己远不够格，包括绝大多数吃"历史"这碗饭的人，也都不够格。我不是职业选手，另有饭碗，历史研究对我来说，首先就是兴趣，并且自以为这是生命中最有意义的事，不仅比做生意高尚，而且更好玩，但吃饭穿衣还得靠做生意。兴趣之外，我才考虑自己作品的传播效果，希望能与更多的人分享，这是多年做记者后的职业病，我见过悉尼一些大学的专家们，根本就不屑与小圈子外的人分享，我觉得那是社会财富的巨大闲置和浪费。最后，希望自己的发掘、体会能对现实有所裨益，聊尽寸心，我本将心向明月，也管不上明月是否照沟渠了。

记者：人们常说，历史是个任人打扮的小姑娘，请问，如果想尽量做到还原历史真相，你认为，这一领域的研究者应该如何来做？

雪珥：还原历史真相，那基本是个不可能实现的目标。我曾经说过研究历史就是盲人摸象，你摸到大象屁股，觉得历史好伟大，我摸到大象的尾巴，觉得历史就如同毒蛇。我们唯一能做的，就是别自以为是，别端着，无非是个拾荒者嘛，别整得倒像拥有整个金矿似的。和任何领域一样，我觉得研究也是必须低调地做人、高调地做事，能忍受锄禾日当午、汗滴禾下土的艰辛。

记者：你的行文风格颇受读者欢迎，这种阐释历史的口吻，生动而犀利，得益于你人生的什么经历？

雪珥：我出道已经20年了，很多时候都是身兼多个身份，机关干部、记者、律师、商人，万金油，到处抹，这几种身份可能令我更多地看到这个世界的残酷一面，所以我对任何将自己打扮为天使的人，都存有浓厚的好奇，想立马掀开他那灿烂的外衣，看看底下是如何的一副皮囊。很遗憾，无论在哪个领域，我都发现臭皮囊就是臭皮囊。掀得多了，便觉得"真小人"实在是比"伪君子"更为可爱，一个社会如果多些"真小人"，这一定是比较美好而且有趣的。为了不浪费自己宝贵的愤怒与激情，我就只好悠着写，无论历史还是现实，都当作是邻家发生的故事，严谨加好看，然后再撒上些思想的芥末。形成现在这种风格，我觉得这是当记者时对生动细节的追求和当律师时对严谨推理的追求带给我的，这是对读者负责，他们掏钱买书，你必须对得起他们的这份真诚。

2010 年 3 月 20 日

《济南时报》郑连根

雪珥：太多的"伪君子"充斥我们的历史

最近，一本名为《国运1909》的图书热销大江南北，备受关注。这本书深入剖析了晚清改革（比如清末新政）失败的诸多原因。作者通过解读丰富的史料，力图还原一百多年前那场自上而下的改革图景。在作者笔下，到了1909年，改革已经成了大清国的全民共识，成了主流话语体系。无论是官还是民，大家都承认：不改革是没出路的。可是，精心设计的各项改革措施，在经过官僚体系的执行之后总会变成"烂尾"工程。明明是利国利民的仁政，最后也会被大小领导干部转变为扰民和敛财的工具。改革本来就意味着各种利益的重新调整，可就在调整的过程中，很多矛盾纠结在一处，无法化解，改革的巨轮驶进了暗礁丛生的险滩。随后，1909年这个春天的故事演绎成了大清王朝的一曲挽歌———改革失败，王朝解体。读这本书，人们总感觉历史的风景似曾相识，百年前的国运足以成为今天的镜鉴。

这本书的作者叫雪珥，是位澳大利亚籍华人。他的本职工作既非学者，亦非作家，而是一个商人。2009 年，他在《中国经营报》上开设专栏，专门写 1909 年大清国的相关历史。专栏文章在 2010 年结集成书，就是这本广受关注的《国运 1909》。

近日，记者几经辗转，联系上了雪珥，并对其进行了采访。

我与历史如何结缘

记者：《国运 1909》一书正在热销，因为这本书，不少人也对您这个作者很感兴趣，您能不能介绍一下自己？

雪珥：我是个商人，下海十多年了。但之前，写作一度是我的饭碗，最初做秘书，后来做记者，都是靠笔杆子吃饭。

1991 年我从中国青年政治学院毕业后，在某省级机关做秘书，当幕僚。不久，东方风来满眼春，政治气候大改变，大家都在找方向，幕僚们便派上了大用场。为了掌握第一手情况，我走遍了浙江的每一个县，到处蹲点，一蹲就是几个月，采集和分析民情，深切见证了浙江的改革开放。几年后，我下派到机关报挂职锻炼，一挂就是五年。在写腻了空洞的社论后，我把主要精力放在了财经评论上，开了一些个人专栏，同时还自学考出了律师、报关员资格等。再后来就停薪留职，帮家族内的一位长辈打理在上海的制药厂，从圈地谈判到原料采购，从员工招募到出口营销……一样也没落下。

彻底下海后，觉得自己以前的文字简直是隔靴搔痒，赶紧封笔，踏实经商。在澳洲，除了业余兼任一家中文报纸的总编外，主要就是从事金融管理（按揭债券），一干近三年，并因此对地产投资产生了兴趣。然后就是回国找机会做地产开发。因不喜晚间应酬，就重新拿起了这支笔，以打发漫漫长夜，结果富豪梦还没做成，爬格子的梦倒夜夜上门。

记者：那您为什么热衷于历史的研究与写作呢？在一般人眼里，商人大多忙着赚钱，很少像您这样钻故纸堆的。

雪珥：我是浙江人，还是个"70后"。我在浙江老家开蒙时接受的教育类似于私塾，看的是竖排、繁体的线装书，"之乎者也"之类的。从大学开始，我就不断阅读和收集各种史书和地方志，移民澳洲后又开始收集海外有关中国的文物和史料。海外文物和资料可以说是汗牛充栋，听一个德国朋友说，在柏林，有关中国历史的文献馆藏，其体积绝对不亚于一个体育馆的容量。就因为这个机缘，我在业余时间写起了历史方面的文章。

没有细节支撑的思想就是妄想

记者：看您的书，依稀有黄仁宇《万历十五年》的感觉，都是通过看似平常的一年做切入点，然后深刻剖析历史演进的脉络和逻辑。我想问的是：您写这本书是不是受到黄仁宇的影响？您觉得晚清改革最大的症结在哪里？

雪珥：应该说，这其中有《万历十五年》的影响，但很小，主要还是受到西方学者们治史方式的影响。我研究历史，完全是半道出家，起步晚，但也有一个好处，起步时还算是一张白纸，可以从头画起，受条条框框的约束比较少。我所精读的外文史学论文，数量大大超出了中文论文，这并非贬低中文论文，但的确很多中文论文只是为了拿职称、拿文凭。我本人就收到过不少所谓的核心刊物的广告信，出多少钱就可以发论文。市场有这个需求嘛。从这些应景之作、饭碗之作里沙里淘金，成本太高，但还是不得不淘。国内的史学者中有很多优秀人才，但出于主观和客观的很多原因，他们并没有、甚至不愿意在这方面多下工夫。我不想在此讨论史学理论，但西方学者们带给我的最大启发就是：一、从细节入手；二、兼听则明，掌握更多史料；三、不盲从，尤其是不能在意识形态先导的前提下盲从。《国运 1909》就是从一个年代切入，将这个年代所发生的很多历史碎片，慢慢解析、串联、铺展。其实，真正能淘到"独家"史料的机会并不多，关键还在于史料的解读，这本书能在报上连载时就吸引读者，我觉得不是因为我挖掘了多少内幕，而在于我可能比以前的研究者对史料咀嚼得更细致些、思考得更独立些。可能有人不赞同，但我相信在历史研究领域，也同样是"细节决定成败"，而不是思想决定成败。没有细节支撑，思想就是妄想，史学就成了研究者的个人梦呓或混饭的饭碗。

至于晚清改革的最大症结，我认为在于对改革的节奏失控，最后导致内部瓦解，苏联的解体与此相似。晚清政府急切地想迎合改革的呼声，这并没错，但是，当"改革"成为政治正确的唯一标签时，那些呼声中也掺杂了各种各样的旋律，如何从中辨别音律，也是对执政者素质的考验。有关改革的节奏，尤其权力资源在改革中的重要性，美国学者亨廷顿做过很精辟的论证，值得我们深思。

"不折腾"很重要

记者：您觉得晚清变革对当今中国有哪些借鉴意义？

雪珥：中国是个大国，而改革是一种利益调整，因此，在改革过程中必须有一个强有力的政权体系来支撑。我认为，实现公平、公正的前提之一是稳定，在稳定状态下尚且不容易达成的目标，是绝对不可能在动荡中达成的，动荡时的唯一追求就是先稳定下来，大家能喘口气。但中国人的传统思维方式是：出现了问题，首先痛骂执政者，尤其是痛骂前朝的执政者，所谓万恶的旧社会，却从不检讨自己，谁都可以将自己打扮成暴政或庸政的受害者。换了城头的大王旗，结果还是一样，总在权力更替的层面上不断换手。中国历来的革命者在成功后都会面对同样的尴尬：面对那些令自己揭竿而起并得到民众普遍支持和热望的社会问题，自己似乎并不比被推翻了的前任高明多少，所以往往只好先在包装上大下工夫，换旗帜、换口号，但包装是有保质期的，新鲜劲过去后，又进入了下一个循环。

明年就是辛亥革命一百周年纪念了，我真希望能将纪念的重心从"革命""造反"转移到辛亥留下的真正财富———"宽容""和解"上去，从这场中国历史上流血最少、变化最大的"革命"中汲取真正的营养。晚清很多改革，在辛亥后都被继承了下来，比如议会制度，比如选举制度，当然在不断的完善过程之中，其间还有反复，但这些都被再一场"革命"推翻，进而建立了国民党的一党专政，转身进入了所谓"军政""训政"这些"宪政"的初级阶段。

在思想文化上最该宽容

记者：所谓"旁观者清"，国外的生活和文化氛围可能会让您对中国的历史和现实有更清晰的把握。您对国内的思想文化环境如何评判？中国要成为真正意义上的强国，还应在思想文化上做哪些扎扎实实的工作？

雪珥："旁观者"未必一定"清"，只能说在一定的距离下，说法的嗓门和写作的尺度可以放大些，禁区会少一些。能肯定的是，我在这里能够搜集到大量的海外史料，这当然有利于"兼听则明"。

前几年我在国内，主要经商，就所接触的范围看，无论官场还是商场，似乎什么禁区都敢闯，胆子之大，常令外商们瞠目结舌，这方面，中国还真是冒险家的乐园。至于思想文化领域，我觉得禁区也在不断缩小。任何禁区一旦经过官僚体系的过滤，从理论上说，都有扩大化的先天冲动：一是怕麻烦，无非混口饭吃，多一事不如少一事，从而扩大禁区，宁"左"勿右；另一种是将禁制本身变为权力寻租的机会，这也导致禁区的扩大化。晚清推出政治体制改革时，中央政府很清楚：改革利国、利民、利君，就是不利官，但恰恰是这个"官"的改变，十分艰难，不是靠口号就能解决的。

　　中国要成为真正意义上的强国，在思想文化上最该做的是宽容，先贤说"己所不欲，勿施于人"，你自己首先必须谦卑下来，你把文字和语言当作投枪与匕首，那你怎么能指望别人不举起防卫的盾牌或同样向你投掷投枪与匕首呢？正人先正己，尤其是作为社会良心的知识分子，在拥有对抗强权的勇气时，能否还同时拥有容纳异端的度量，而不是将自己美化成天使，将别人矮化为妖魔。批评者首先自己要找到批评的边界，我们真正要对抗的敌人，绝对不是"权力"，而是"邪恶"，这种邪恶甚至经常表现为自以为是的"真理在握"的傲慢与偏见。

2010 年 4 月 1 日

各界人士评点

晚清穿越，亦真亦幻，步步惊心

学界

梁小民（著名经济学家，北京工商大学教授，国务院特邀监查员，国家价格指导委员会委员、国家社科基金与国家自然科学基金专家评委，享受国务院特殊津贴——

从洋务运动以来，一场以挽救大清帝国为目的的改革终于失败了。总结这场改革，对我们的意义不仅仅是回顾历史。《国运1909》一书总结的是这场改革最后三年的历史，作者雪珥先生用的是报告文学的写法，尽管不是十分严肃，但读起来更有趣，也更轻松。不过轻松笔调背后的历史决不轻松。让我感到沉重的，并不是大清的灭亡，而是封建专制制度的顽固。从形式上看，大清灭亡，封建专制也就结束了，但实质上封建思想的亡灵仍然阴魂不散。这是我们在未来的改革中要彻底解决的问题。

夏斌（著名经济学家，国务院发展研究中心金融研究所所长）——

读《国运 1909：清帝国的改革突围》一书有感：一是此"历史拾荒者"视角独特，二是此书值得深思、深思、再深思！三是历史涉事无数，以往写史者在史料上的择此选彼，往往难免受史学者视角影响。鄙人愿向网友推荐这本为今下安世与民生计，厘清清末真正衰落轨迹之书。

郎咸平（著名经济学家），摘自"郎咸平财经论坛"微博——

《国运 1909：清帝国的改革突围》，19 世纪末 20 世纪初，大清帝国外困内忧，连统治者也有了强烈的危机感，改革成为共识。

王晓乐（中央财经大学金融品牌研究所所长、文化与传媒学院副院长）——

雪珥的文章在《中国经营报》陆续读过，一度是每个周日最享受的阅读。这本《国运 1909》要好好看！

金矢（城市发展战略和规划专家、中国农大博士生导师、世博会中国馆咨询专家）——

在看雪珥写的《绝版恭亲王》和《国运 1909》，看来我们了解的晚清政治格局仍有许多虚构的内容。晚清如此，现在有多少是真实的呢？小到一个社会事件，大到几十年政坛的风云变幻。为什么历史脱离了原貌，因为写历史的人被利益和情感所异化了。然而，这些非真实的历史影响了未来的世界！

政界

伍皓（著名官员，云南红河州州委常委、宣传部长）——

一本《国运 1909：清帝国的改革突围》，一本新版的《苏联的最后一年》。两个特殊的年份，分别折射两个国家的命运。国家的前途在改革，改革的路径又应怎样？鉴古知今，居安思危。

商界

柳传志（著名企业家），摘自《创业邦》杂志 2011 年 07 月 08 日——

柳传志最近遇人便推荐的两本书分别是《侯卫东官场笔记》和《国运 1909：清帝国的改革突围》。前者讲如何跟地方政府打交道；后者关乎国家命运和改革。

王立新（银华基金总经理），摘自邓妍（《投资者报》总编助理）微博——

专访银华基金总经理王立新时，他推荐了两本书，一本是美国著名的成长股基金经理弗雷德里克科布里克所著《大钱》，一为《国运 1909：清帝国的改革突围》，两本书都很不错。

胡若笛（红杉资本中国基金分析师）——

放假读了两本书，《绝版恭亲王》和《国运 1909》，据说某位国家领导人读了之后批得满书都是红字……站着批评当权者易，脚踏实地搞改革难啊。

王文彪（亿利资源集团董事长），《财经国家周刊》2011 年 07 月 13 日——

读《国运 1909》：一些东西的坚持与否将改变整个历史。

倪正东（清科集团创始人、CEO)——

推荐雪珥的《国运 1909》《绝版甲午：从海外史料看中日甲午战争》。

沈可（上海联通西区分公司总经理、网名"飞驰在上海的蜗牛"）——

雪珥的《国运 1909》反复看了好久才算"看完"。一部 1909 的断代史，凝结了太多中国的命运，那些改革、突围、创新与历史的纠结、阻挠、困顿，让后来人唏嘘不已。黄龙旗的偶尔亮剑与整个国家的长期赢弱形成了鲜明对比。历史总有些细节不忍细看，历史总有些细节让人唏嘘。但愿国家强盛。

媒体界

香港《星岛日报》2010 年 10 月 20 日，香港电台《好书在手》节目（粤语）——

雪珥做的可能就是突破中国人的思想瓶颈。时兴平反，《国运 1909》为极晚清的一干 19 世纪"80 后"来一个平反。

秦朔（著名媒体人，《第一财经日报》总编辑）——

看《国运 1909》，确有闪光点，如司法独立变成"私法独利"；改革利国、利君、利民，就是不利于官；真正令大清国如冰山般融化的，绝非改革本身，而是信用和信任的普遍缺失；庆亲王家就是中国官场集市 (market)，连门房都设了收费站 (toll)；利国利民的仁政，经过官僚体系的执行，"烂尾"成扰民敛财工具。

彭振东（海峡都市报文体副刊部主任、新浪微博社区委员会专家成员）——

《国运 1909》最让我欣赏的是用当下最流行的话语述说当时的故事，很喜欢这种写法。

唐朝金（《经济视点报》）——

小平南巡二十周年那天，清早起床阅读雪珥先生的《国运1909：清帝的改革和突围》，发现历史是如此的相似，今天中国的改革同样驶入深水区，而如何才能不折腾是今天的中国同样需要考虑的问题。

叶克飞（专栏作家）——

《国运 1909》我认为是国内出版物中最好的晚清读本。从经济学角度分析晚清大厦将倾的走向。每个王朝的覆灭，最终根源都是经济问题。本书的另一个意义是还原被教科书歪曲的历史，晚清权贵并没有那么腐朽，而是有锐意进取的一面，但孙中山的暗杀党却拖累了历史进程。

王兆军（作家、中国作协成员）——

《国运1909》，本人郑重推荐该书。该书详细描述并分析了晚清中国社会的方方面面，资料丰富，见识高妙，值得一读。

网友

有恐高症的猫（网友）——

《国运1909》最令我赞赏的，是在讲述百年前那场变革时，作者思考的是百年后的今天。正如雪珥所说，相信历史在上升，本身就是一种"唯心"。所以，在探寻百年前的改革史，发现历史总是惊人的相似。满清皇室面对的问题，在百年后的今天依然存在。一百年过去了，在有些问题上，我们并没有进步。

cxydangdang（网友）——

我得承认，看完雪珥的《国运1909》是需要勇气的：因为它将我脑中以前对"旧中国"的认识完全涤荡一新！……从来没有一本书教我们这样看问题，也从来没有一本书是这样地推心置腹。看了它，真的觉得自己以前就像是受了"愚民"教育一样——这话可能不中听，但中用！

霜落（网友）——

关于 1909，宣统元年及前后的这次宪政改革，本可以看成清王朝最后的回光返照，但一百年这个历史轮回却将其披上了"风景旧曾谙"的诡秘外套。百年前的那些世态百相，在今天看来仍有似曾相识的感受，这不得不让人感到一丝心惊肉跳。但从另一个方面讲，这些"历史照进现实"的景观，同样也是"资治通鉴"式历史经验的优质写本。

omaner（网友）——

对于这样一本书（《国运 1909》），如果仅仅用深受启发来形容，只能说读者还是未得要领。以 1909 年为轴，穿过一个世纪以来的谎言与迷信，海外史料终于与中土史料在此合流，并以手术刀般的剖析将大清国最后的改革完整呈现。丧钟为谁而鸣——相比之下更重要的是，丧钟为何敲响。

The_Mechanic（网友）——

《国运 1909》，历史转折点附近的史书最值得读。强推。读的时候不许浮想联翩。

孔明没灯 _ 不空不有（网友）——

《国运 1909：清帝国的改革突围》实是本好书，明明是一篇篇小文，却写得纵横捭阖、波澜壮阔，酣畅之余发人省思，作者是位热爱收集文物的澳籍华商，实在值得敬礼。可是……不该睡前看，现在不困了。

八个轧路（网友）——

民主只是追求人权的过程而不是目的，去年买过一本《国运1909》，一个叫雪珥的家伙写的，将哥们从二逼愤青的深渊拉了出来。

流星 xin1983（网友）——

《国运1909》，这是一本让人看见心灵自由是何种模样的书！！

小东邪 hb（网友）——

合上《国运1909》，结束了25天的大清穿越，真是亦真亦幻、步步惊心。

（京）新登字083号

图书在版编目（CIP）数据

国运1909：晚清帝国的改革突围／雪珥著. — 北京：中国青年出版社, 2017.8
（中国改革史系列）

ISBN 978-7-5153-4858-2

Ⅰ.①国… Ⅱ.①雪… Ⅲ.①改革—研究—中国—清期 Ⅳ.①D691.21

中国版本图书馆CIP数据核字（2017）第192048号

总 策 划：皮　钧
责任编辑：吴晓梅
助理编辑：马　绒
书籍设计：瞿中华

出版发行：中国青年出版社
社址：北京东四12条21号
邮政编码：100708
网址：www.cyp.com.cn
门市部：010-57350370
编辑部：010-57350521
印刷：鸿博昊天科技有限公司
经销：新华书店
开本：880×1230　1/32
印张：16.25
字数：400千字
版次：2017年8月北京第1版
印次：2018年3月北京第2次印刷
印数：10001—20000
定价：80.00元

本图书如有印装质量问题，请凭购书发票与质检部联系调换
联系电话：（010）57350337